全球金融与投资
佳|作|精|选

AI AND THE FUTURE OF BANKING

银行业的未来与人工智能

[英] 托尼·博伯尔 著
（Tony Boobier）

徐超◎译

清华大学出版社
北京

北京市版权局著作权合同登记号　图字：01-2021-5172

图书在版编目(CIP)数据

银行业的未来与人工智能 / (英) 托尼·博伯尔(Tony Boobier) 著 ; 徐超译. —北京：清华大学出
版社，2023.10
（全球金融与投资佳作精选）
书名原文：AI and the future of banking
ISBN 978-7-302-58978-5

Ⅰ.①银⋯　Ⅱ.①托⋯ ②徐⋯　Ⅲ.①人工智能－应用－银行业－研究　Ⅳ.①F830.3-39

中国版本图书馆CIP数据核字(2021)第173532号

责任编辑：刘　洋
封面设计：李召霞
版式设计：方加青
责任校对：王荣静
责任印制：丛怀宇

出版发行：清华大学出版社
　　　　网　　　址：http://www.tup.com.cn，http://www.wqbook.com
　　　　地　　　址：北京清华大学学研大厦 A 座　　　　　　邮　　编：100084
　　　　社 总 机：010-83470000　　　　　　　　　　　　　邮　　购：010-62786544
　　　　投稿与读者服务：010-62776969，c-service@tup.tsinghua.edu.cn
　　　　质 量 反 馈：010-62772015，zhiliang@tup.tsinghua.edu.cn
印 装 者：三河市东方印刷有限公司
经　　销：全国新华书店
开　　本：170mm×240mm　　　　印　　张：19.5　　　　字　　数：300 千字
版　　次：2023 年 10 月第 1 版　　　印　　次：2023 年 10 月第 1 次印刷
定　　价：118.00 元

产品编号：089384-01

内 容 简 介

　　随着人工智能、区块链、大数据分析等新科技的出现，银行业"一切照旧"已不再可能，未来银行业主要做的事情可能是管理金融数据和数字资产。如何运用数据产生价值——更能以客户为中心、提高运营效率和提升风险管理能力，将成为银行业未来成功与否的关键。就如苹果公司追求极致的客户体验一样，被新科技重塑的未来银行可能更像是一家咖啡厅或商店。本书从介绍一些基础概念开始，并逐步深入探讨，对新科技如何重塑未来银行业感兴趣的读者非常适合阅读本书。

这本书献给我的孙子孙女们，他们有一天可能只能在博物馆里看到硬币和纸币了。

"托尼不仅是金融行业的知名专家，而且对全球的银行和保险公司都有独到见解。我很确定这本书很快就会成为畅销书。"

——罗宾·基拉博士，国际知名数字思想领袖

"对于那些渴望与不断发展的金融服务业保持同步发展的人来说，这本书是极好的资源。它讨论了人工智能和高级分析如何影响银行业，包括开放式银行和区块链，这种见解将引起所有人的共鸣——从行业新手到经验丰富的行业老兵。"

——弗朗西丝卡·布里斯，英国金融服务公关顾问

"一本关于技术如何改变银行在社会中扮演的角色以及银行与其他机构之间相互关系的现代指南，它是进一步理解这场变革的必读书。"

——马西里奥·奥利维拉，塞斯蒂亚创始人

"托尼·博伯尔为金融服务的数字革命提供了背景知识和广泛的指导。金融科技的颠覆性发展使本书成为所有关注银行业未来人士的必备之选。"

——理查德·塞奎拉，加拿大泰拉斯金融服务部总监

"托尼在 AI 和银行业整合方面做得非常出色。长期以来，IT 一直在推动银行业发展，而人工智能是新的推动力。他凭借其远见卓识，为读者提供

了结构清晰的银行业从现在到未来的发展路径。"

——拉斐尔·富内斯，洛维斯执行主席

"托尼提供的是关于实然和应然的深刻叙述。既引人入胜又富有见地。这本书会带给您前进和学习的渴望，而最重要的是，这是一本非常令人愉悦的读物。"

——艾登·费尔南德斯，客户分析领袖

"作者广泛、深入的经验是极富力量的。他完成了艰巨的挑战，清晰地概述了不断变化的银行业以及人工智能给现在和未来银行业角色带去的转变。"

——道格拉斯·希利托，贸易投资委员会银行新闻编辑兼发行人

"本书完美地描绘了银行业的景象。我们现在聚焦于无现金社会和人工智能，它们是银行业这台机器上的关键齿轮，银行业是一台始终按照自己特定步调运行的机器。"

——罗伊·索珀，柯尼卡美能达解决方案顾问

"银行业已被数字化技术和人工智能彻底重塑，在这种情况下，像以前一样经营对银行而言不再是可行的选择，本书为公司领导者们提供了一些非常有价值的技巧，以帮助他们更好地应对高度不稳定和瞬息万变的市场环境，并提出了一套在未来切实可行的发展战略。"

——兰迪普·古格博士，惠誉学习董事总经理

致 谢

这是我出版的第三本书，在主题广度和复杂性方面最具挑战性。我希望至少能满足一些读者的期望，并鼓励他们进行自己的研究。

40 年前，我开始从事银行业但并没有真正了解所从事工作的内容，可能很多人和我是一样的。差不多 20 年前我开始对银行业的专业研究产生了兴趣。

在这段时间里有很多人对我提供了极大的帮助。我要感谢他们和多家机构，尤其要提到格雷厄姆·科布（Graham Cobb）、弗兰克·麦肯（Frank McKeon）和劳伦斯·特里格威尔（Laurence Trigwell），他们使我开始对银行业产生好奇。我希望他们能为我感到骄傲。

后来，Tilney 公司的大卫·卡明斯（David Cummings）为在财富管理中使用人工智能提供了帮助，加里·努塔尔（Gary Nuttall）提供了关于使用区块链的帮助，弗朗切斯卡·史密斯（Francesca Smith）提供了关于开放式银行的帮助。本书内容上的任何不足完全是我自己的原因，与他们无关。曾任职于 IBM 的克雷格·贝德尔（Craig Bedell）也一直为我提供支持。

由于我阅读了大量公开信息，不可能每个作者都提及，但我想特别感谢 OnlyStrategic 公司的道格·希利托（Doug Shillito），他提供了宝贵的见解并给了我很大鼓励。对于其他人，我已经尽我所能罗列了所有参考文献，希望没有人漏掉，但是如果有漏掉的，我会很高兴在之后的版本中感谢他们。

在本书中，所有公司和产品都通过说明的方式加以引用。这些公司并不代表我的个人推荐，我鼓励读者进行自主研究。我与任何书中提及的个人或公司都没有商业利益关系。除此之外，附录还涉及各种初创企业，但这些初创企业仅出于从事行业或成立年限的考虑而被包括在内。

还要特别感谢谢杰玛·瓦勒（Gemma Valler）和威利图书（Wiley）的团队，包括以利沙·本杰明 [Elisha Benjamin（Benji）] 和格拉迪斯·加纳登 [Gladys Ganaden（Syd）]，以及其他使本书得以出版的"幕后力量"。

最后，当然要感谢我的家人，尤其是我的妻子米歇尔，她的观点和建议让我受益良多。

托尼·博伯尔（Tony Boobier）是一位致力于金融服务领域技术应用的前公司高管。他拥有 30 多年的工作经验，出版了多部著作，进行过多次国际公开演讲。他对金融和人工智能领域具有深刻的理解，尤其是关于如何应用商业智能和高级分析去增强产品和服务的管理与交付。

他是客户分析、风险管理和运营效率方面公认的专家，倡导全公司范围内的数据分析，以及使用人工智能来改善服务和降低成本。

他住在英国伦敦，拥有工程、市场营销、保险和供应链管理方面的专业资格，另外著有《保险业大数据商业分析》与《人工智能与高级分析》。

徐超，CFA 与 ACCA 持证人，CFA 职业导师，上海财经大学金融硕士兼职导师。悉尼大学金融与会计硕士，清华五道口—康奈尔双学位金融 MBA。现任坤鹏弘盛金属有限公司投资总监，曾任法国巴黎银行分析师、中国银河证券产品经理兼内训师。所受采访与所著文章发表于彭博（Bloomberg）、腾讯网、凤凰财经、新浪财经、网易财经、中新经纬和《中国会计报》等金融媒体。

在一本书中讨论人工智能（AI）和银行业这两大主题，对于读者和作者来说，似乎都是一个巨大的挑战。人工智能在许多情况下被错误地与高级分析混用。与此类似，银行业是许多金融交易类型的通用表达，并且有许多不同类型的银行已经在使用数据分析来使其业务盈利。要有效地理解银行业和分析之间的相互作用，需要在这两个领域都拥有初级水平以上的知识。

《银行业的未来与人工智能》考虑了多种类型的银行业务，以及它们如何使用高级分析和人工智能。预计到 21 世纪 20 年代中期，包括银行在内的一半企业将采用智能自学系统。银行业处于研究和广泛应用高级分析、认知分析和人工智能的最前沿，这些应用包括客户分析、运营效率分析、风险管理以及为客户提供理财建议。

本书旨在服务具有各种知识深度的读者。有些人可能具有相当的洞察力，而另一些只有有限的经验或没有经验；一些读者可能具有银行业的经验，但是人工智能和高级分析的知识却很少；有些人可能是对银行业了解很少的分析专家；有些读者可能已经是成熟的从业者，希望扩展自己的知识；而另一些读者则可能是那些在职业生涯开始时试图获得洞察力、然后再致力于专业道路的读者。《银行业的未来与人工智能》一书为银行业新老专业人士提供诸多重要信息，比如数据和分析对其角色、责任和个人职业发展的影响。

本书不是提供详细而复杂的技术手册，而是通俗易懂，旨在使银行业专业人员都能轻松理解，无论其是否具有 IT 背景。同样，它将帮助进入银行业的 IT 专业人员了解这种多元化行业的许多不同方面。

对于金融服务领域的许多专业人员而言，他们面临的主要问题之一是技术的进步速度要比其个人学习速度更快。一些雇主会给予他们支持，提供适当的培训以持续推动其专业上的提升。另一些雇主会则期望个体进行自学，但实际上，一些从业者却落后于行业变革的步伐，并且无法找到全面的学习资料。对于该特定群体而言，这不仅仅是"老家伙学习新名堂"的情形，而是当今的专业人士需要意识到市场持续发展的问题，这也许比以往任何时候都更加迫切。不能及时学习至少意味着三件事：专业上的脱节；无法为组织增加价值；成为变革的受害者，而不是积极的贡献者。

本书分为三个主要部分：

（1）第一部分将银行业作为一种行业，对货币的含义及其数字化转型的重要性进行解读。

（2）第二部分研究人工智能和高级分析，邀请读者反思整个"数据议程"。

（3）第三部分探讨了银行业的未来，在这方面，我们不仅提出了一些大胆的想法，而且还将通过研究一些实际问题来思考通往未来的道路。

我们将会给读者提供最适合他们个人水平的知识内容，同时希望其他部分的内容也被认为值得一读。为此，我们将尽可能避免使用行业术语和缩写词。

这本书的前三章是基础知识，旨在巩固读者的现有知识，同时鼓励他们思考银行业的未来以及人工智能的影响。第 1 章提供了对货币演变的见解，在几乎不使用现金的社会中，货币已演变成如今的数字商品形式，并为读者提供了有关当前银行业职能的解读，以及人工智能对这些职能未来可能产生的影响。第 2 章分析了银行业的当务之急，将它们与零售、电信和医疗保健等其他重要行业的当务之急进行了比较和对比，并提出了未来银行业的一系列需求。第 3 章是数据和分析"入门"，帮助读者了解分析的层次结构，以及如何从数据中提取价值。

接下来的三章将使读者更深入地了解专门针对银行业的高级分析和人工智能技术。第 4 章讨论了银行业分析的关键要素，涵盖了诸如财务绩效管理、客户分析、风险管理和运营效率之类的问题，以使读者对银行业分析的重要性和当前用法有深刻的了解。此章内容是按重要和紧急程度而不是按银行类型来安排的。第 5 章将洞察力提高到更高的水平，提供人工智能概念发展的背景知识，然后介绍机器学习及其应用，包括银行中使用的应用程序。第 6 章更具体地关注人工智能和银行业品牌建设的重要性，本章与人工智能的客户分析元素紧密联结，认识到不同世代对银行有不同的期望，这些期望将通过品牌和银行的服务扩展来实现。这一章描绘了银行通过人工智能拉近了与消费者之间的距离，并考虑了所涉及的问题。

第 7 章和第 8 章是关于个人和组织层面的变化。第 7 章探讨了人工智能对领导力和员工转型问题的影响，并讨论了人工智能时代的领导力、人工智能领导者的属性、培训和个人应对策略。它还涉及银行职员的演变，并为未来的银行职员创建角色。第 8 章是关于银行如何发生实际的可能变化，尤其是在分行级别，并针对典型的未来银行给出了五种方案，包括投资银行的转型。

第 9 章讨论了开放式银行和区块链，这两个主题本身就是银行业的主要问题，并且会受到人工智能的影响。本章还考虑了银行业在其他大洲扩张的影响。

第 10 章着眼于创新和实施问题，广泛探讨了诸如新工作角色、训练营以及银行如何与金融科技公司合作等主题。它还反映了创新和实施失败的原因，并提供了可能的缓解策略。第 11 章从网络犯罪领域入手，认识到对其进行管理是实施人工智能的关键。它提供了对该问题的一般解释以及缓解策略，通过专门研究银行欺诈中的分析和人工智能得出结论。

附录提供的 100 多家科技金融公司的名单，作者并没有推荐之意，只是为了说明当前银行领域人工智能初创企业的广度和深度。

总体而言，本书旨在为银行高管、经理、银行业新进入者、金融技术和金融服务从业人员以及金融和银行专业的研究生提供大量具有参考意义的最新信息。

毋庸置疑，网上已经有大量信息可以轻松获取，并且有些以在线链接的方式供个人学习。但并非每个人都有相应的访问权限和能力。很多人不知道从哪里开始搜索，或者根本没有时间。认识到信息对未来至关重要，另一个问题就是信息太多了。找到想要的内容和知道在哪里进行搜索就是一场艰苦的战斗，而且我们要保证所获得的信息既真实又公正，尤其是从技术供应商那里获得的。希望这本书能提供值得信赖且公正的建议。《银行业的未来与人工智能》的全部主题并不是对行业最终结果的定论，只是未来从业者更广阔旅程的一部分。

人工智能、银行业和人类参与的深度和广度不可避免地意味着需要进行一些智力上的权衡，并就知识和理解作出某些假设，为此，作者恳请大家的谅解。但是，必须有一个起点，在这种情况下作者假设读者对任何一个或所有行业都了解很少或没有相关领域的知识。

如果管理这三个领域本身还不够困难，那么考虑到银行业的未来，还需要引入第四个要素：时间。为了有效地做到这一点，重要的是不仅要考虑将会发生的事情，也要考虑当前银行业已经发生的事情。我们不仅要考虑技术将如何改变银行业务，还要考虑不断变化的消费者需求（这一点在零售业更明显）如何塑造该行业的未来形态。适当情况下，我们将通过已经公开的证据提供最佳实践的示例。

即使在现阶段，也很容易大胆预测，在可见的未来，所有银行业都将在一定程度上与人工智能融合，但是要解决的一个大问题是，从实践的角度看，银行业如何实现这一目标？挑战是什么？可能的解决方案是什么？它们是像金融科技界的初创公司那样，存在于外部组织中，还是银行可以进行内部创新？无论哪种情况，变革的关键要素又是什么？这一切会多快发生，以及机构层面如何抵制变更？

请注意，银行业的未来不仅涉及高级分析和人工智能，尽管它们将发挥重要作用，还涉及其他一些促成变化的因素，例如客户行为和他们更高的期望，以及其他行业的进步，这些都会不可避免地产生"连锁反应"。

目 录

第 1 章

序言：为什么是银行业？

概述

简要介绍：

1. 货币的概念是什么，特别是在数字世界中

2. 数字环境中的银行业

3. 银行业的广度，以及银行内部的主要职能，例如人力资源和运营

4. 在融入了人工智能技术的银行界，目前和未来的一些角色

本书并不是一本无所不包的指南，而是一本介绍银行业广度与宽度，以及高级分析、人工智能等"未来银行"概念的书籍。

科技正在改变我们管理资金的方式

诸如推特之类的便捷网络聊天服务的普及，使得银行也开发了类似的便捷功能以提供客户在线服务。英国人（以及世界上许多其他国家的人）正越来越多地使用智能手机。2017 年，有 2 200 万人使用银行应用程序，而 2016 年为 1 960 万人。2017 年，银行应用程序登录量超过 55 亿次，比 2016 年增长了 13%。UK Finance 公司的首席执行官斯蒂芬·琼斯（Stephen Jones）表示："在未来几年中，开放式银行和人工智能将改变我们与银行之间的关系，而且还将从根本上改变我们获取和使用金融产品和服务的方式。"

除此之外，本章还研究了银行业目前的一些主要职能，推测了可能构成"未来工作"的内容，并介绍了一些可能的职务头衔以及它们带来的影响。

引语

> 钱，滚远点
> 工作好一点薪水高一点就可以了
> 钱，是骗人的
> 有了现金就赶快抓紧存起来
> ——罗杰·沃特斯（Roger Waters）、平克·弗洛伊德（Pink Floyd）的歌曲《金钱》

要思考银行业的未来，我们还需要思考金钱的未来，而这又需要我们思考什么是"金钱"。我们认为自己已经知道了这个问题的答案。

> 除了经济学家，每个人都知道金钱意味着什么，甚至经济学家也可以在书的某个章节描述金钱。
> ——奎根（A. H. Quiggan），《原始货币概览：货币的起源》

我们痴迷于金钱。无可否认，有些人认为这个话题是邪恶的，但这个话题肯定是"必要的"。对金钱的追求占据了我们生命的很大一部分，这部分被称为"工作"。除此之外，金钱还提供了一种机制，即有钱就可以通过休闲或最终退休来逃离工作。通常我们都是通过银行拿到钱，因此，金钱和银行不可避免地被联系在一起。

但是，金钱相对其表面价值意味着更多。对于大多数人来说，它代表口袋里的硬币、钱包里的钞票和银行对账单上的数字。我们认为它是对劳动和努力的奖赏，是交换服务或产品的媒介。有些学科（例如经济学）建立在金钱的基础之上，甚至这些学科试图通过更具体的分支（宏观经济学和微观经济学）提升到更高水平。我们对金钱的理解几乎是常识性的和直观的，却存在一个致命缺陷，那就是我们的理解往往是不正确的。

费利克斯·马丁（Felix Martin）在他的著作《金钱，未经授权的传记》中，带我们了解了金钱的历史，并得出结论，金钱不只是一套"代币"，还代表着一个信用和清算系统，这两大功能都是基于信任建立起来的。通过三个关键的技术突破，这些代币的管理得到了加强：

1. 人类的计算能力。

2. 编写和记录的能力。

3. 会计概念，它使个人和团体都可以用标准化的方式有效地保存记录，从而可以跟踪所有数据。

代币本身反映了更深层次的东西，即普遍的经济价值，通过商品经济价值的标准化，贸易已随处可见。"普遍性"的观念不仅仅局限于金钱问题，而是被认为反映了特定时代的精神，特别是希腊黄金时代的精神，它总体上允许人类对自身采取更客观的看法。因此，货币的演变被认为是当时正在发生的"基础知识革命"的又一个证据。

奈杰尔·多德（Nigel Dodd）等在《金钱的社会生活》中提出，货币还有其他起源，而且"一定是从某个地方开始的"，但总体而言他区分了货币形式的起源（例如硬币）和一般货币的历史。

多德认为，货币很可能有多种起源：

1. 作为一种易货交换形式。

2. 作为"贡品"，例如向宗教和政治当局支付（包括各种债务和罚款）。

3. 作为一种量化方法，我们使用金钱的概念来量化"价值"。

4. 作为"一种威望"或礼物，这反过来又关系到赠予人与受赠人之间的社会互动，以及金钱在社会关系中的重要性。

5. 作为一种通用语言，金钱被比作"符号系统"。卡尔·马克思将金钱描述为"商品的语言"。

6. 金钱不仅是权力斗争、政治冲突和战争（金钱似乎与这些概念密不可分）的导火索，也是雇主与雇员之间、买方与卖方、债权人与债务人之间冲突行为的导火索。

考虑到货币和银行业的持续发展，将其定位在进一步的技术突破和知识革命的背景下也很重要。在人工智能时代，金钱的概念将如何改变？古希腊人已经确立了经济价值的概念，可以将经济视为一种客观实体，而不是一种假设性的概念，但实际上仍然需要用钱去表达可以商定的价格，积累信贷和债务，并调节收支平衡。这可以通过信用网络或发行当地货币来完成，但这些本地化安排仍然存在违约风险。

由于主权国家是迄今为止最大的货币交易者，将货币管理与主权国家本身联系起来变得越来越流行。这并不意味着主权国家本身就不会违约（例如2008年在希腊），但它创造了更高的稳定性，即使这是以在金钱和权力之间建立政治联系为代价的。但是，这种政治联系可能受到剥削和操纵。到中世纪，主权者已经意识到这种联系是通过操纵货币标准从民众那里筹集资金的一种方式，这一过程被称为铸币税。当时铸造的硬币没有任何关于其名义价值的书面指示，只有发行者的头像或纹章，因此主权国家很容易降低硬币的"关税金额"，实际上是创建一次性的财富税。这种做法——连同贬值，事实上是降低硬币贵金属含量以降低其有形价值的过程——不断削弱对"金钱"本身的信任。即使在今天，我们有时仍不确定它到底是什么，随着数字化影响我们生活的各个领域，情况可能会变得更糟。

尼古拉·奥雷斯梅（Nicolas Oresme，1320—1382）是那瓦勒的大师，那瓦勒是巴黎最负盛名的学校之一。在1360年写给法国国王查理五世（Dauphin Charles）的专文《论货币的起源、性质、法则和替代物》中，他提出了两个问题：

1. 主权国家是否能够操纵货币标准？

2. 如果能，那么是出于谁的利益呢？

他提出了一种截然不同的观点：金钱不是主权者的财产，而是使用金钱群体的财产。他认为主权国家的角色应该是"公共法令的执行者"。换句话说，奥里斯梅的论点是"金钱"（至少是金钱的概念）归"人民"所有，其他所有人仅仅是保管人和中间人。

什么是银行？

"银行"一词是通用且广泛的，因此首先要识别不同类型的银行，这一点很重要。（参见图1-1）通常，这些类型包括：

1.零售银行：这些银行以消费者或普通大众为客户，提供支票和储蓄账户以及其他服务（例如信用卡和个人贷款服务）。

2.商业银行：这些银行以商业客户为目标，它们提供的服务更为复杂，而且金额通常要大得多。它们可能需要处理来自客户的付款并提供信贷额度，以帮助它们的客户管理其现金流。

3.投资银行：这些投资银行可帮助企业在金融市场中开展业务，例如在企业想要筹集资金或上市时。

4.商人银行：从历史上看，这些银行处理商业贷款和投资。最初，它们的目的是促进商品交易，这些商品主要涉及"商人"的织物布料，因此出现了"商人银行"这个名称。在最近的时间里，"商人银行"一词趋向于指以股权而非贷款的形式向公司提供资本，并向其投资的公司提供建议的银行。

5.中央银行：通常是美国联邦储备银行或英格兰银行之类，它们管理政府的货币系统。

6.信用合作社：类似于银行，但是由客户而非外部股东拥有的共同组织。

7.网上银行或互联网银行：通常是零售银行，但没有实体店可以访问。

8.共同银行：这就像信用合作社一样，因为它们由客户（或成员）拥有，而不是外部投资者。

9.储蓄和贷款公司：这些组织的主要目的是从一种类型的客户那里获得储蓄，然后向另一种类型的客户提供贷款。

10.非银行贷款人：从技术上讲，它们不是银行，但提供类似的服务。

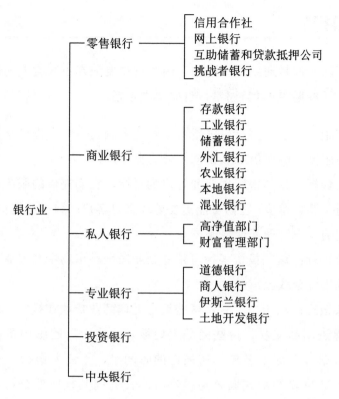

图 1-1　银行业的细分

　　"挑战者银行"一词将越来越多地用于新银行，通常是指零售银行。这些新银行试图通过以下方式威胁更大更成熟的银行：

- 提供更优的利率。
- 提供新的银行"提议"。
- 提供更长开放时间的实体网点或在线网络服务。
- 以上所有的组合。

　　监管改革和放松管制使得"挑战者银行"能够更容易进入市场。

　　一些人认为，还有一个庞大的"影子银行"系统，其中包括金融公司、结构性投资实体、证券放款人和其他机构。它们履行与银行类似的职能，但监管方式不同，没有中央银行支持或政府存款保险的保护。

　　许多银行作为中间人的传统角色 [在储户和储户之间，例如，苏珊·斯特朗奇（Susan Strang）在她的《赌场资本主义》（1986）中描述的] 正在衰落，它们越来越注重通过创新和使用所谓的"货币替代品"来"创造、购买和出售信贷货币"。斯特朗奇认为，这导致它们开展越来越多的业务，超出了中央银行和政府的监管范围。货币替代品被描述为高度可交易的纸币替代品，诸如"代币"或信用卡等。斯特朗奇认为，"货币替代品"的发展鼓励了"信贷的轻率扩张，增加了银行的利润，但也增加了金融恐慌和系统崩溃的风险"，她甚至给这个概念起了个名字——"银行过度"。

苏珊·斯特朗奇还警告说，使用信用卡，个人消费者有超支的风险，银行可能无法收回所欠债务。例如，在英国，持有借记卡（5 100 万张）的人比信用卡（3 200 万张）的人多，但信用卡持有人的消费比借记卡持有人高39%。根据英国的数据，2010 年信用卡每月注销额高达 31 亿英镑，尽管在最近一段时间已"稳定"至每月 16 亿英镑。这种注销的钱可以被认为是未流通使用的货币。

银行似乎通过将偿还信用卡和贷款的负担转移给相对不了解情况的公众来鼓励客户超出自己的能力透支。银行业的复杂性和专用术语使情况变得更糟。难怪公众对银行业不信任。"信任"这一主题不仅是银行概念的基础，而且是货币本身概念的基础。乔治·西梅尔（Georg Simmel）是 1874 年《货币哲学》的作者，他将货币称为"社会化债务"的一种形式，由于货币是更广泛的"社会共同体"的一部分，因此有望将其用于偿还债务。

按照今天的说法，我们不可避免地要问自己："什么是银行？"在寻找答案时，"未来银行"会是什么样？银行业的复杂性远远超过其表面价值，而且我们对银行业未来的看法可能主要限于我们自己对商业街上未来银行的个人期望，即使经过了一点点抛光修饰。

更重要的是，未来银行是什么样的问题与"金融化"的概念有关——这个广义的术语包含多种金融工具的概念——或者更简单地说，我们将如何处理并最终管理我们整个金融生态系统中的资金。

我们越来越多地被迫考虑"银行 4.0"的概念（参见图 1-2），即银行数字时代的数据革命，这通常被称为第四次工业革命。

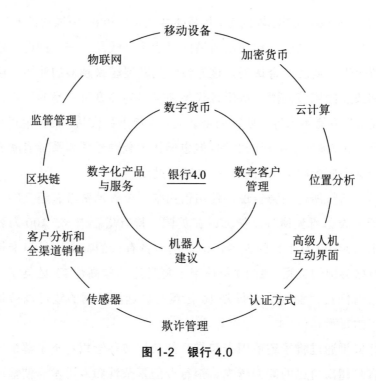

图 1-2　银行 4.0

我们今天所说的"钱"是指什么？

尽管我们通常将货币等同于有形现金，但其仅占流通货币总量的 3% 左右。在英国，人们和企业使用的钱中有 97% 以上是以商业银行的银行存款形式存在的。

重要的是要了解银行不仅是金融中介机构，银行有能力创造新的货币（客户在贷款时出现在客户银行账户中的数字形式），以及使资金从经济中消失（客户偿还了贷款）。

根据英格兰银行的说法：

当一家银行贷款时，例如向买房的人提供贷款，它通常不会通过给他们价值数千英镑的钞票来发放贷款。取而代之的是，它把抵押金额以银行存款的方式存入他们的银行账户。在那一刻，新的货币被创造出来。

正如贷款创造新货币一样，偿还银行贷款也会销毁货币……向银行贷款和偿还贷款是现代经济中创造和销毁银行存款的最重要方式。

因此，银行贷款创造了货币。同时，中央银行也或多或少地创造了货币，以支持和促进这种私人货币的创造。

金钱在大规模的会计活动中不断地被转移。让我们看一下有关"简单"的ATM（自动柜员机）的情况，通常情况下，这是一种嵌入商店墙壁或街角的机器。当从机器中提取现金时，银行会减少客户的账户余额，并将现金交到客户手中。因此，银行的资产负债表变小，因为它既损失资产（即"现金"），又损失负债（银行存款）。客户只有在活期存款有正余额或商定的安排（例如透支）的情况下才能提取资金。这意味着银行必须先创建"货币存款"，然后才能进行任何形式的付款，银行对已转移现金合法所有权的储户负有法律义务。现金成为银行的资产，也成为银行的负债。通过这种相当复杂的方式，任何人都可以从ATM获取现金。

中央银行几乎是过程中的"子层"，其货币储备是银行与其他金融机构之间的最终结算。此外，当家庭和企业之间进行付款时，例如英国的BACS之类的流程（以前称为"银行家自动清算服务"），将这些付款排队，并计算各个方向上的付款流量净差额。在清算周期结束时，净差额从一家银行转移到另一家银行。

银行创造货币的概念听起来像是一个现代概念，但其存在已经有一段时间。罗马人拥有发达的银行体系，但是意大利文艺复兴时期的城市以及后来在阿姆斯特丹和北欧其他地方关于银行的知识更多。人们想要将硬币存放在安全的地方，最好的银行家应该是金匠：他们似乎拥有最强大的保险箱。银行家发现他们也可以将这笔钱借给其他人并赚取利息。通常，借款人会得到现金或可以提取的存款，但通常会收到一张纸，证明借款人在银行有"存款"。他们能够把这张纸流转用于购买等行为，这种形式在今天仍然存在。

最开始的储蓄者在银行仍然有钱，借款人现在有一张纸，也表示他们拥有了银行存款。事实上，同样这些钱，金额已增加了一倍。银行已经"创造"了金钱，而且一直如此。银行卡透支或信贷贷款具有同样的效果，这是"创造金钱"的一种方式，为所有新购买行为（如购买汽车或住宅）提供资金的想法也相同。

日益流行的无现金社会

笔者在 2014 年访问中国时，现金交易仍是主流，至少在主要城市是这样。到 2018 年，中国城市化地区似乎已迅速转向无现金社会，这主要是受益于支付宝（AliPay）和微信支付（WeChat Pay）等系统，80% 的交易通过这些系统进行。现在，甚至街头小贩也越来越不愿意用现金交易。当然，这不一定代表整个中国的情况，每个地区的情况可能都不一样，但是"货币"的使用变化率（尤其是在一线和二线城市中）似乎非同寻常，并且主要由两个支付平台驱动：

■ **支付宝**：成立于 2001 年的第三方移动和在线支付平台，2013 年取代贝宝成为世界最大的支付平台。它拥有超过 8.7 亿用户（2018 年），是全球第一大支付服务机构，在中国大陆第三方支付市场的份额超过 54%。

■ **微信支付**：微信作为消息传递和社交媒体应用程序，拥有超过 10 亿的用户，有时被称为"万能应用程序"，微信支付作为数字钱包不仅允许个人之间进行资金转移，也可以将用户链接到其他银行账户。与支付宝不同，转账不是即时的，而是由用户选择的。

这两个平台的规模都很惊人，尤其是在全球应用率不断提高的情况下，另外两个特别有趣的方面是：

1. 这些变化发生的速度。

2. 消费者对这些货币市场新进入接口的适应程度。

这些公司已经被认为是美国运通、万事达卡和 Visa 的竞争对手。

世界其他地方也在走向无现金社会。在英国，2015 年有一半以上的交易是无现金交易。在美国和其他国家，情况不太清楚。据《今日美国》记者报道：

美联储将现金列为最常用的支付方式，占美国消费者交易的 30%，领先于所有其他支付方式。与其他形式的付款方式不同，现金不需要任何费用，不需要密码，不能被黑客入侵，也不容易造成身份盗用、IT 系统崩溃和电力中断等问题。现金可以保护我们的个人信息，因此我们每个人都可以决定是否共享我们的消费习惯。数字支付技术使我们很容易泄露隐私。

除此之外，似乎还有一种道德观点。"无现金社会的推进把美国最穷的人排挤在一边"，并"担心越来越多的不接受实体货币的商店和餐馆会使得低收入人群被进一步边缘化"。这些担忧可能仅是最后的挣扎。实体现金使处理成本增加了 10%。支付专家理查德·科隆（Richard Crone）预测，在美国，1/4 的零售商将很快以无现金方式运营，高于 2018 年的 17%。这一数字仍可能增长。

还有其他后果。小费和慈善箱依赖现金零钱，不可避免地会受到影响。地铁上的一些乞讨者已经开始接受刷卡捐款。那么是否会出现给错捐款额度或给错人的情况呢？可访问性的提高和技术的低成本使得越来越多的街头乞讨者接受数字捐款。那将硬币留在孩子枕头下的牙仙子会受到怎样的影响呢？

当我们同时考虑零售银行业的未来和货币的未来时，似乎至少在近期内会有两种方法，包括对有形货币的使用和数字货币的使用。结果，也许在短期内不可避免，银行也将需要采用一种混合模型来管理实体货币和数字货币。这样一来，他们不仅可以为喜欢数字化的千禧一代提供服务，还可以为仍然喜欢钱包鼓鼓的老年人提供服务。

银行和货币的"故事"不局限于零售银行，还包括那些商业银行和金融机构。金融创新导致了流程的转变，在过去，贵金属被开采出来、熔化并制成硬币，但创新改变了这一切。现在，它已成为一种现代货币系统，包括对债权人之间的"中介"关系进行管理，并以我们仍然称为"银行"的机构为中介。

正如尼尔·弗格森（Niall Ferguson）在他的《金钱的崛起》中所描述的那样：

这些机构的核心职能现在是信息收集和风险管理。它们的利润来自最大程度地提高其资产收益和债务成本之间的差额，而又不会将准备金降低到使银行容易发生挤兑的程度。

银行关键职能

在研究银行业中使用高级分析和人工智能时，我们应该思考所有三种银行业模型——机器人、数字和混合形式。通常，所有这些类型的银行中都可以找到的通用功能包括：

财务和管理　财务是一个广义术语，涵盖了如何管理资金以及如何获得资金的过程。通常，该专业的学生和从业人员需要了解管理经济学、银行管理、投资基础、货币理论、金融市场和小额信贷等知识。

风险与合规性　风险管理团队通常被称为"第二道防线"，介于管理和审计的角色之间。银行合规性和风险已成为金融机构最关注的问题之一，尤其随着新的法律法规不断出现，银行需要遵守下一代《银行保密法》并留意诸如行为风险、反洗钱（BSA/AML）风险、风险文化以及第三方和第四方（分包商）风险等问题。所有银行的运作方式都不同，但是它们的共同点是风险管理和履行合规职能。

收购管理　此术语的含义可能有点模糊，因为它可能与"客户获取"（即可盈利客户群的增长）有关，实际上可以是销售、营销或客户管理职能的一种形式。越来越多的客户获取是数字驱动的，并且该领域的从业人员不仅需要成为市场营销专家，还必须在技术上有能力使用 CRM（客户关系管理）和其他相关软件。

"收购管理"一词也可能涉及一家银行与另一家银行的收购或合并。几乎每家中型银行都在寻求被适当且及时地收购或被收购（这一点至关重要），以填补业务空白，或实现快速扩张或规模效应。有效的并购需要考虑运营一致性、共同愿景和文化匹配。在日益浓厚的技术驱动的商业环境氛围中，它还要求操作平台的一致性，这可能不容易实现。在规避风险的行业中，合并和收购活动中出现问题的可能性始终存在，可能出现运营、系统或程序性的失败（我们用"运营风险"这一总括性表述来描述这一点；见第 4 章）。

人力资源和企业服务 与所有组织一样，人力资源和企业服务是银行业有效运营的基础。人力资源部门曾经被认为是"员工的朋友"，现在的职责变得越来越多，不仅涉及招聘、员工留存和发展（又称"人才管理"），还涉及雇佣合同的法律解释和实施。越来越多的高级分析和人工智能系统被当作招聘工具，尤其涉及候选人甄选的情况下。

最近，人力资源职能的一个特别需求是试图恢复失去信任的银行业的诚信，尤其是在最近10年中。员工由佣金驱动的行为已被迫改变，而且人力资源部门通常被视为这种文化转变的最终守护者，但这也导致了该部门人员的流失。

特别是在银行和金融服务部门，新的合规制度与技术变革相结合，也给人力资源职能带来了越来越大的压力。展望未来，将技术注入运营流程不可避免地改变了工作角色和职能，人力资源职能本身的复杂性可能会增加。总而言之，一个曾经被认为是以"软技能"为基础的职业正日益成为行业先锋——处于新思想和发展的前沿——并在行业转型中占据领先地位。

IT和运营 银行内部的运营职能，尤其是商业银行的运营职能，有时被描述为业务的"引擎室"。在所谓的"后台"中，运营团队管理大量数据和交易，并确保资金流动和交易顺畅地进行。运营和IT团队是银行业务部门的重要组成部分，但通常被视为企业的成本中心而不是利润中心。企业的"成本中心"会给优化（通常是减少）人力成本带来压力，于是有的企业选择将其"外包"。这种方法在行业中很普遍，而且在动荡的市场中操作具有灵活性，尽管偶尔也会出现承包商提供的服务和银行的需求不一致等风险。

一些信息咨询和运营中心也被用作不同银行之间以准外包形式进行的"共享服务"，尽管存在风险、安全和隐私方面的问题。

在本节中，安全性尤其是"网络安全"的重要性不容忽视。如后文所述，银行有必要将其影响力扩展到更广泛的市场（全能银行或全面服务银行的概念），因此也需要应对重大安全问题。这些本质上都是专业行为，随着网络犯罪日趋复杂，其专业的特征将日益明显。

渠道管理 该术语用于表示银行将其产品或服务提供给现有和潜在客户的不同方式。专家建议，提高渠道管理的有效性正成为零售银行业的关键成功因素，尤其是在银行认识到客户行为已经转变，新的购买模式已经出现时。

Cornerstone 公司的渠道管理顾问吉姆·伯森（Jim Burson）认为，"要提高财务价值"，"银行业者必须改变以分行为中心的观点，接受更综合的交付渠道绩效管理观点"。这意味着银行必须能够清楚地了解特定"渠道"的价值，而且必须了解每个渠道的资本回报，以便衡量其成功与否。有效使用财务绩效管理（见第 4 章）是该过程的关键推动力。

产品开发 产品开发被视为银行业增长的关键引擎之一，不仅需要创新，还需要付诸实施。Saylent Technologies 公司的专家丹·莫尔特里（Dan Moultrie）认为新的银行产品需要六项关键策略：

1. 目的明确：银行需要了解为何推出新产品。
2. 产品简单：可以清楚地解释和理解产品。
3. 引入速度：使得银行能够快速抓住市场机会。
4. 安全性：确保竞争优势和自身区别于同级银行或新进入者的能力。
5. 标准化：内部产品开发流程的系统方法。
6. 惊喜：具有快速将新产品推向市场的敏捷性。

Cornerstone 公司的罗恩·谢夫林（Ron Shevlin）的一篇文章表明，银行业面临两难境地：

规模较大的银行（可能拥有开发新产品的资源）不能及时扭转局面，而规模较小的机构（可能更为灵活）没有人知道如何扭转局面。

他还说，技术、经济环境和前景的"颠覆性"意味着，现在就是让银行专注于产品开发的最好时期。

销售 与上述的"获取"功能一样，对"销售功能"含义的理解因银行类型而有所不同。在零售环境中，销售功能可能包括销售产品和服务（例如信用卡和健康保险）的过程，其中含有交叉销售。销售职能通常是佣金驱动的，这可能导致出现不良做法。销售业绩管理软件被越来越多地用于管理直销人员和代理商。

在投资银行中，"销售功能"也可以与"销售和交易功能"相关，这是银行最重要的业务之一。在投资银行业务中，销售涉及"证券"（例如可交易金融资产）和其他金融工具的买卖。"做市"一词也用于买卖金融产品，主要是为了激发客户投资。销售和交易需要以详细的分析为基础，这有助于创建成功的交易策略。图 1-3 说明了投资银行的功能复杂性。它代表了银行内部职能的分析性质，有助于理解高级分析和人工智能的实施如何为流程提供更深入的颠覆性见解。

图 1-3 投资银行的程式化组织

市场营销 促销和市场营销是金融机构（通常是大多数非金融组织）的重要组成部分，在建立和维护声誉方面起着重要的作用。例如，徽标和颜色的一致在数字营销中很重要，并且要与活动管理、标语和品牌保持一致。在

B2C（企业对个人）和 B2B（企业对企业）环境中，有效使用分析是营销流程的关键部分。

随着客户道德意识的增长，银行的形象塑造变得尤为重要。专家们已经意识到某些工具和方法会让客户在更深的心理层面产生共鸣，包括在品牌投射中使用色彩。

例如，公司使用蓝色和黄色不是偶然的。蓝色与信任相关，而黄色与幸福相关。跨国公司需要有国际视野。例如，红色在西方和中国有着截然不同的含义。法国兴业银行（Société Générale）所使用的黑色代表着质朴与力量——也非常及时地反映了当前时代经济的不确定性。具有力量感的图像也越来越重要，不仅出于象征性的需要 [例如，ING（荷兰国际集团）的狮子]，随着行业数字化程度越来越高，能够在小型手机屏幕上被迅速识别变得至关重要。

客户支持和服务　对于许多零售客户而言，客户支持和服务的水平与质量可能是一个关键的区分因素，尤其是他们对技术和产品有疑问的时候。2014 年君迪公司（JD Power）进行美国零售银行满意度调查时发现，糟糕的客户服务体验是客户更换银行的主要原因。

客户、产品和系统知识对于为客户提供支持都至关重要，但总体而言，这部分操作被视为一种昂贵的服务方式。因此，即使在实体分支机构中，银行也越来越倾向于"自助服务"。最有效的客户支持需要把提供准确和实际的帮助与良好的互动体验相结合。因此，零售银行业正朝着"增强型人工智能"的方向发展，客户联络中心会使用分析技术和聊天机器人等提供助力。

自动柜员机的普及是银行与客户互动的主要部分，被普遍认为可以提高银行与客户关系的质量和深度。使用 ATM 的前提是现金仍将发挥作用，但是无卡电子 ATM 的概念正在受到关注。ATM 和 eATM 已提供了传统柜员功能的 60%，未来 ATM 取代传统银行实体分支机构的可能性更大，使用 ATM 不再需要通过银行卡，而是虹膜扫描或其他类似方法。

银行的未来工作职位

2018 年，汇丰强调其 170 亿美元科技支出中有一部分是自身数字化转型所需的新职位花费。他们确定需要额外招聘 1 000 名具备数字技能的人员，通常是经验丰富的"UI 设计师、数字产品经理、软件工程师、解决方案架构师、探索性测试人员和交付经理"。

汇丰银行数字、零售银行和财富管理全球负责人乔什·巴托利（Josh Bottomley）说："现在，我们并不知道未来的许多角色和职位。""但是可以肯定的是：人工智能不会取代人类的智慧。在客户体验方面，将最佳技术与人的力量相结合的能力将决定一家银行的优秀与卓越。"

这是一个有趣的观点，虽然不是每个人都赞同，但至少在短期内，它可能是正确的。

汇丰银行明确了未来的六项数字化职位：

1. 混合现实体验设计师　该角色有助于通过数字化数据扩展现实世界，从而在设计、品牌和用户体验方面提供 3D（三维）增强现实体验。

2. 算法工程师　随着行业向"无代码"环境过渡，与系统的交互越来越基于自然语言，算法工程师就是不断地微调算法以获得最佳性能的人。

3. 对话界面设计师　聊天机器人设计师，需要具备创造力，并且融合语言学和人类学元素。

4. 通用服务顾问　高技能的客户服务顾问，可以在真实和虚拟客户界面之间切换。

5. 数字流程工程师　随着越来越多的人认识到未来将不再是对现有流程进行数字化，而是要创建以平台为导向的新生态系统，这种角色可以微调新流程以提高效率并使流程顺畅运行。

6. 合作伙伴网关推动者　此角色管理银行未来虚拟企业参与者之间的接口，尤其是在双边数据流和安全性方面。

这是一个有趣的列表，也许是针对挑战而不是基于现实创建的，主要是因为这些职位名称就像是随机生成的。对于"随机生成"，你可以这么想，将少数技术用语像音符一样用笛子随机选三个用于创作乐曲。[顺便说一句，这种方法也被称为分割技术，大卫·鲍伊（David Bowie）和库尔特·科班（Kurt Cobain）都使用这种方法创作了一些令人难忘的歌曲。]

为了补充此列表，读者可能还希望查看其他先进行业的信息。典型的招聘网站都会刊登空缺职位广告，例如：

- **人工智能语音聊天机器人数据分析员**　该角色负责整理来自客户的人工智能助手/聊天机器人（例如 Alexa、Siri、Bixby、Cortana）的交互数据，并利用这些数据来了解客户行为并优化聊天机器人的表现。
- **人工智能 Python 开发人员**　与技术架构师和其他开发人员紧密合作，将为核心产品构建强大且高性能的服务器代码作出贡献，这些代码通过人工智能技术使用来自网络的知识，为客户提供战略性的竞争优势。
- **经理和律师**　在监控趋势、行业和法规发展方面发挥引领性作用，包括开放式银行、未来支付、大数据、人工智能、可穿戴设备、物联网、数字支付、市场营销和个性化方面。

这些来自银行业的真实招聘广告并没有被具体提及，部分原因是这些广告宣传的空缺职位现在很可能"已经消失"。然而，我希望通过这些描述可以说明职场中什么是"热门"，哪些角色能带来异常丰厚的（有时是令人垂涎的）薪酬待遇，以及一些可能需要包含在简历中以吸引分析性招聘流程注意的"热词"。

需要考虑的一个重要方面是，招聘人员和雇主不只是寻找愿意在工作上接受培训的普通人。相反，他们似乎在寻找有能力、经验丰富并能立即发挥作用的人。需求量可以说十分惊人。例如，仅汇丰银行就在寻找 1 000 人。如果据此考虑到响应人工智能时代的更广泛的银行业和其他多个部门，那么很可能存在资源和人才挑战，即如何才能找到足够的合适人才。充足的培训和经验不是一朝一夕可以达成的。正如马尔科姆·格拉德威尔（Malcolm Gladwell）所说，要成为真正的大师，需要有 10 000 小时的经验。

相比之下，Fitch Learning 公司表示，要想成为未来金融服务业的"游戏规则改变者"，可能需要 6 年的培训。但是，在现阶段，银行可能不需要"游戏规则改变者"或"大师"，而是需要高素质和称职的"士兵"。

这些称职的"士兵"从何而来？有很多潜在的候选人，但当他们出现时，会具备合适的技能吗？他们是否有能力应对特定的垂直行业或单个市场部门的特定挑战？从长远来看，这重要吗？至少在短期内，未来的运营模式也许是数据科学家与银行专家合作。随着时间的推移，这两个职业之间很可能没有区别，银行业专家将需要具备足够的"新时代"技术能力。

据传闻一位在渔业和海洋学领域拥有专门知识的数据科学家被金融机构"高薪聘请"，其工作是让后者通过数据管理获取客户。

高级分析和人工智能越来越被认为对银行的未来至关重要，而且对个别银行的未来盈利能力也很重要。银行在获取专业人员方面可能会面临越来越激烈的竞争，这样做将会推高薪资成本，并可能会扩大 1 级和 2 级行业之间在分析成熟度方面的差距。技术人员的短缺和薪资成本的增加将导致银行希望开发替代策略，尤其是在高级分析、机器学习以及最终的人工智能方面，可能需要出现新的分类业务模型。与其他行业相比，银行业是"先行者"，人才短缺可能会成为某种形式的催化剂，并因此推动人工智能的更快发展。

银行业正处于关键的过渡阶段，由分析技术并最终由人工智能推动，这也会存在一些重要的问题，这些问题的答案将支撑其战略：

1. 人工智能将如何迅速地成为银行业议程的重要组成部分，而且成为银行未来战略的基石？

2. 我们何时才能在年度报告中看到有关人工智能的信息，不仅涉及主要银行，而且涉及中型银行和小型银行？

3. 我们将何时看到银行从使用技术的金融服务提供商转变为具有银行知识的科技公司？

结论

本章仅是对重要主题的介绍，即分析人工智能和"银行业的未来"。

在笔者较早的著作中，探讨了人工智能将如何影响"工作的未来"，涉及所有职业和行业。为了使该问题得到有效的充分考虑，我们需要了解"工作"的意义。同样，尝试理解"金钱"和"银行"的含义也有帮助，尽管它们都是大话题且需要不断地研究与领会。其他人，例如加尔布雷斯（Galbraith）和弗格森（Fergusson）对这些主题有更深入的论述。加尔布雷斯的著作《金钱：从何而来，去向何处》写于 1975 年，那时尚未提及数字经济，且数字经济在当时甚至还没有引起人们的注意。弗格森的著作《金钱的崛起》于 2009 年重新出版，只是对第一版中关于数字化的影响给予了肯定性的评价，这反映了 10 年来发生的巨大变化。

弗格森还洋洋得意地为他的书站台，以"金融的没落"的概念向查尔斯·达尔文致敬。他承认金融正在并将继续进化。他的论点就像达尔文的观点一样，即在了解关于金钱以及银行的基本真理之前，我们永远无法真正理解未来。在金融进化过程中，我们需要认识到银行的目的与功能正在由分析和人工智能推动进行演变。人工智能对银行业的影响可能就如小行星撞击地球对恐龙种群的影响一样。通过这种"演变"，银行将不断需要创建新的有时是激进的流程和融资模型，不仅要使未来的利润最大化并保持现有的盈利能力，而且还要以一种可识别的形式生存。正如达尔文所发现的那样，它并不是最强大、最强壮的，但是最敏捷的。

弗格森说："我们永远不会理解关于金钱的基本真理。"但他认识到，货币和金融市场在某种程度上是"人类的一面镜子，它揭示了我们重视自己和我们周围世界资源的方式"。如果钱是镜子，那么银行不是摆放镜子的框架吗？

人们总是很想将"银行业务"视为某种通用术语，并且所有银行或多或少都有相同之处。银行和银行业务是从我们自己的个人观点或经验（好的和坏的）以及我们通常与银行接触成功与否来感知的。考虑到分析和人工智能技术未来在银行业的应用，我们不得不认识到这个行业的复杂性，以及最终动荡的巨大规模。

银行已经从金融中介转变为货币的创造者（有时是毁灭者）。除此之外，由于对创新的渴望，它们也成为金钱的消费者，尤其是在各种救助期间。但是，关于导致雷曼兄弟和苏格兰皇家银行倒闭的报道已经足够多了，现在是时候继续前进了。

如果不考虑货币的概念及其未来，我们就无法理解银行业，尤其是银行业的未来。可能没有必要去翻看以前的许多书籍，因为它们是在数字时代之前写的，而人工智能在当时只是科幻小说中的概念。只有了解了"金钱"和"银行业"这两个术语的真正含义，即使在当下，我们才能揭示有高级分析和人工智能技术注入的未来会是什么样子。

参考文献

1. 'Report shows that technology is changing the way we choose to manage our money' Strategic Newslink. 25 May 2018 (Viewed 29/11/2019) http://www.onlystrategic.com/ Articles/search/article/83083.

2. Quiggan. A.H. *A Survey of Primitive Money: The Beginnings of Currency*. Methuen, 1949.

3. Martin, Felix. *Money, the Unauthorised Biography*. Vintage, 2014.

4. Dodd, Nigel. *The Social Life of Money*. Princeton University Press, 2014.

5. Angel Qinglan Li. 'What Does Marx Mean by "the Language of Commodities?"' New Cultural Analyst. Sept 22, 2014. (Viewed 04/10/2019) https://newculturalanalyst. wordpress.com/2014/09/22/what-does-marx-mean-by-the-language-of-commodities/.

6. https://en.wikipedia.org/wiki/Merchant_bank.

7. Merchant Loan Advice. 'What is a challenger bank?' (Viewed 04/10/2019) https:// www.merchantloanadvance.co.uk/what-is-a-challenger-bank/.

8. Chappelow, Jim. 'Shadow Banking System'. Investopedia. (Viewed 4/10/2019) https:// www.investopedia.com/terms/s/shadow-banking-system.asp.

9. Strange, Susan. *Casino Capitalism*. Manchester University Press, 2015.

10. Lilly, Chris. 'Credit Card Statistic 2019' Finder. Pub July 2019. (Viewed 04/10/2019) https://www.finder.com/uk/credit-card-statistics.

11. Simmel, Georg. *The Philosophy of Money*. Routledge Classics, 2011.

12. McLeay, Michael, et al. 'Money Creation in the Modern Economy'. Bank of England Quarterly Bulletin, 2014, Q1.

13. Kagan, Julia. 'Bank Deposits'. Investopedia. Updated September 19, 2019. (Viewed 04/10/2019) https://www.investopedia.com/terms/b/bank-deposits.asp.

14. Dyson, Ben; Hodgson, Graham; van Lerven, Frank 'Sovereign Money: An Introduction'. Positive Money. 2016. https://positivemoney.org/wp-content/uploads/2016/12/SovereignMoney-AnIntroduction-20161214.pdf.

15. Galbraith, John Kenneth; Salinger, Nicole. *Almost Everyone's Guide to Economics*. London. Penguin, 1978.

16. Munger, Charlie. 'Berkshire Hathaway 2018 Annual shareholders meeting: 5 May 2018 Afternoon session'. https://buffett.cnbc.com. CNBC/Berkshire Hathaway. Retrieved 14 May 2018.

17. Sheffield, Hazel. 'UK Moves Towards Cashless Society'. Independent. 20 May 2015. (Viewed 04/10/2019) https://www.independent.co.uk/news/business/news/uk-movestowards-cashless-society-10267215.html.

18. Opinion. 'Why a Cashless Society Wouldn't Work in the US: Readers Sound Off.' USA Today. 21 May 2019. https://eu.usatoday.com/story/opinion/readers/2019/04/21/why-cashlesssociety-wouldnt-work-us-readers/3508639002/.

19. 'Growth of Cashless Society Leaves US Poorest Sidelined'. Bloomberg. Published 31 March 2019 (Viewed 4/10/2019) https://www.thenational.ae/business/technology/growth-of-cashless-society-leaves-us-poorest-sidelined-1.843316.

20. Fergusson, Niall. *The Ascent of Money*. London. Penguin, 2009.

21. Bachelor of Science in Business Administration (Banking and Finance option). University of Ghana Business School. (Viewed 04/10/2019) http://ugbs.ug.edu.gh/department-finance/bsc-administration-banking-finance.

22. 'What is the function of compliance in Banking and Finance?' VComply. 9 May 2017. (Viewed 04/10/2019) https://blog.v-comply.com/banking-compliance/.

23. 'Operations: Graduate Area of Work'. Target Jobs. (Viewed 04/10/2019) https://targetjobs. co.uk/career-sectors/investment-banking-and-investment/advice/278883-operations-graduate-area-of-work).

24. Burson, Jim. 'The 3 Dimensions of Bank Delivery Channel Management'. Gonzo Banker. 13 July 2017 (Viewed04/10/2019) https://gonzobanker.com/2017/07/3-dimensions-bankdelivery-channels/.

25. Moultrie, Dan. 'Six tactics for developing banking products'. BAI Banking Strategies. 13 May 2015. (Viewed 04/10/2019) https://www.bai.org/banking-strategies/article-detail/six-tacticsfor-developing-banking-products.

26. Shevlin, Ron. 'The New Product Development Dilemma in Banking'. Financial Brand. (Viewed 04/10/2019) https://thefinancialbrand.com/49677/new-product-developmentdilemma-banking/.

27. 'Marketing strategies in the banking sector'. International Branding. (Viewed 04/10/2019) http://www.internationalbranding.org/en/marketing-banking-sector.

28. 'Customer Service Strategies for Banks and Financial Services'. Ritz Carlton Leadership Center. (Viewed 04/10/2019) http://ritzcarltonleadershipcenter. com/2015/02/customer-service-strategies-for-banks/.

29. Murakami-Fester, Amber. 'This Is What the ATM of the Future Will Look Like'. Nerdwallet. 18 May 2016. (Viewed 04/10/2019) https://www.nerdwallet.com/blog/ban king/this-is-theatm-of-the-future/.

30. 'HSBC highlights the six new banking careers of the future'. Finextra. 6 July 2018. (Viewed 04/10/2019) https://www.finextra.com/newsarticle/32355/hsbc-highlights-the-sixnew-banking-careers-of-the-future.

31. Gladwell, Malcolm. *Outliers: The Story of Success*. Penguin, London. 2009.

32. Fitch Learning. 'Pivot Point: Today's Challenges to Building Top-Tier Talent in Financial Services by 2030'. March 2019.

33. Boobier, Tony. *Advanced Analytics and AI: Impact, Implementation and the Future of Work*. London. Wiley, 2018.

34. Galbraith JK *Money: Whence It Came, Where It Went*. London. Pelican, 1975.

35. Fergusson. *The Ascent of Money*.

第 2 章

银行业的当务之急

概述

　　本章将探讨战略目标和业务需求的问题。为了充分了解人工智能对银行业的影响，考虑一下"当务之急"很重要。在定义该术语的含义时，将对当前银行以及未来银行的业务需求进行回顾，并认识到未来客户可能不断变化的需求和期望。

　　由于客户越来越多地拿银行业之外其他行业的数字响应来进行对比，本章还将探讨如零售、电信和医疗保健领域的"业务要务"。对于上述特定行业来说，独一无二的需求不但正在日益趋同，就客户体验来说也是相对通用的。虽然这里并不具体地研究人工智能在其他行业（例如医疗保健和财富管理）的趋同用途，但会提醒人们，从业者应该做好准备，在行业之外寻找更多见解。

　　对当务之急的传统思考正日益受到颠覆性力量的影响，尤其是数字化对银行业的"重塑"，但与此同时，仍然存在一些潜在的一致性。

引语

　　已有的管理原则指向所有类型的企业对目标的需求。管理者们认为，没有目标就没有方向，没有方向就没有实现任何企业战略目标的可能性。但是，也许在这种技术变革和商业动荡的氛围中，关于目标设定的传统思维正在变得过时。商业目标定位正在快速持续地变化着，实现目标越来越难。

也许目标不是以下单一的某项，而是各项的组合：

- 愿景设定，为利益相关者提供某种形式的使命。
- 业务和个人层面的能力发展。
- 企业重新思考使参与者能够更敏捷地作出响应。

如果企业是在封闭状态中运作的，或者是一个急需站住脚的初创企业，相对激进的单一做法可能是好的。但这种方法对银行等更成熟的企业来说并不可取，因为它们不仅要对客户和股东负责任，对监管机构也有责任。

银行仍然需要有战略目标，但这些战略目标的性质必然会发生变化，这是数字时代和先进技术的影响造成的。

麦肯锡在2018年的文章"银行六大数字增长战略"中，提出了六大机遇，并将其描述为"驾驭混乱"。它们是：

1. 将银行核心业务扩展到家庭服务、医疗保健、移动设备设施管理等非核心业务。

2. 创建金融超市，用来进行成本比较。

3. 扩展价值链，例如提供与核心银行服务相关的建议。

4. 数据货币化，换句话说，通过分析从企业已有的数据中提取价值。

5. 成为金融工厂，方法是将后台职能出租给其他较小的组织或初创企业，并因此将成本中心转变为利润中心。

6. 通过采用数字营销方法或创新的商业模式，成为麦肯锡所说的"数字进攻者"，以获取市场份额。

麦肯锡提出了四个关键行动点：

1. 确定哪种策略最适合当前资源和市场机会。

2. 确定优先级而不是同时寻求所有这些机会。

3. 了解实现这些目标所需的组织结构。

4. 了解实现这些目标所需的能力。

除此之外，麦肯锡还提出要有紧迫感。对银行来说，这意味着要主动出击，而不是捍卫已有的市场。但说起来容易做起来难。对于大银行来说，不可避免的政治和组织复杂性使得快速改变就像让一艘超级油轮调转方向；规模较小的银行可能没有足够的业务胃口进行这些变革，但它们也许具有比大银行更快转型的灵活性和敏捷性。

银行需要在敏捷性、运营效率和降低成本之间进行权衡。例如，规模较小的银行可能必须准备将其后台服务外包给更大的（和更成熟的）竞争对手或"纯粹的"外包商，以确保它们在数字时代具有竞争力。这些决策不仅关系到运营成本，还关系到客户体验。由于大量外包业务是离岸的，语言障碍会成为不可忽略的运营问题。不考虑排外心理，在许多情况下银行客户仍然希望给自己打电话的是真实的人，这样更易于理解。也许最终，聊天机器人会消除这种潜意识的偏见。

稍后我们将更详细地探讨未来银行以及人工智能在这个矩阵中的作用。目前，需要处理更多基础性（和相对传统的）问题，我们通常将其描述为"业务要务"。

战略与业务要务

战略

"战略"一词（源自希腊语 *stratēgia*，意为"军队领导者的艺术；将军、指挥官、统帅"），最初是一个军事术语，指使用几种技能或"战术"在不确定条件下实现计划和目标。商业世界首次使用"战略"一词是在 20 世纪 60 年代，在不确定的条件下进行规划似乎完全适用于当今时代。

在履行对投资者的义务时，银行在战略目标方面通常相对透明。这些信息一般在投资者报告和新闻摘要中提供和更新。

对于技术供应商而言，了解银行（或任何组织）的战略目标至关重要，因为供应商的技术（他们试图销售的产品）如果与银行的战略意图不一致，就会减少成功销售的机会。这种方法通常被称为"战略销售"，是众所周知的复杂（"非战术"）销售方法。战略销售认为供应商应提前与客户接触，这样通常有更高的成功概率。

初创的"金融科技"公司（我们将在稍后更具体地讨论）应该很好地理解这种方法，因为了解创新能力如何融入潜在客户非常重要，不能只是希望凭借新技术独当一面。

对于许多技术供应商和金融科技初创公司来说，它们的切入点相对更偏战术层面，因此需要了解相对简单的"需求层次结构"，通常是：

- 业务要务驱动策略。
- 战略驱动战术行动。
- 战术行动对技术供应商而言通常意味着销售机会。

现在，让我们看一下"业务要务"的含义。

业务要务

战略何时成为业务要务？这可能只是管理咨询的行话。根据一个网站的说法："业务要务是公司承诺实现的重大变革或目标。与想法不同，要务必须是有效的。"

《牛津英语词典》将业务要务描述为"一件重要或紧急的事情"或"一个使某些东西变得必要的因素"。这个词也是起源于希腊语。"要务"一词是"命令"的意思，来自希腊语 *prostatikē enklisis*。

业务要务不可避免地与战略和业务重要性的概念相关联。要务本身的表达就提供了压倒一切的优先顺序，是组织为达到其战略目标而必须采取的行动。"战略要务"一词也经常使用。

银行业的当前要务

对于银行来说，"一切照旧"已不再可行。这是一个受多种因素影响的行业：

1. 经济波动，影响投资决策。

2. 市场不确定性，影响金融服务需求。

3. 因为并购、资产剥离和新进入者不断变化而形成的竞争格局。

4. 不断发展的客户需求，特别是在数字环境中。

5. 客户服务的变化，需要无偏见的建议和更高的便利性。

6. 提高合规性水平，开创监管要求的新范式。

7. 随着新兴和成熟市场都注重建立资本储备，有效资本化面临着挑战。

8. 重建整个系统的信任和信心。

银行业变革的必要性主要在三个关键领域：

1. 提高运营效率，其中可能包括对现有业务模式的重塑。

2. 持续增长和盈利能力，尤其缺乏增长是很难被接受的，因此对客户的关注将增加。

3. 有效的风险和合规管理，包括将风险管理整合到日常决策中。

可以公平地说，任何行业都需要关注这三个关键领域。有些人甚至认为，在数字化时代，这些必要条件在整个决策矩阵中仍然是"常数"，而且在很大程度上是通用的。总体而言，也许是这些要务将如何"转化"为该行业特定需求的问题。表 2-1 针对银行业按顺序列出了这些内容。

表 2-1　银行业的当前要务

商 业 要 务	策略/目标
提升运营效率	通过优化流程和创建"无摩擦"运营来降低成本
	通过优化业务模式和消除（或外包）非增值功能来降低成本
	通过更有效的财务绩效管理改善财务流程
	更好地管理分销（或"渠道"）流程
更好的风险管理	能够理解、适应和遵守新法规
	改善内部合规控制
	将风险管理嵌入控制和流程
	创建违规情况预警
	使风险管理与决策保持一致，例如在定价过程中

续表

商 业 要 务	策略/目标
更好的风险管理	改进资本配置中的风险模型
	减少包括盗窃在内的违法行为
增长和盈利	提高客户留存率
	提高客户获取率
	提高客户洞察力
	改善客户服务
	追加销售和交叉销售
	改进营销活动管理
	加快产品创新

表 2-1 罗列了大多数人认为银行业"要务"的传统观点。可能有人认为在充满不确定性的世界中，关键的行业要求不太可能有什么变化，因为它们提供了某种程度的确定性和一致性。这是一个大胆的假设。随着银行业越来越多地开始使用数据、高级分析和人工智能，问题在于这些历史性需求是否仍然有效，或者这些需求是否会被数字和人工智能时代的一系列"新必要需求"所取代。这种情况可能是不可避免的。

这些新的要务几乎必然来自银行业以外的领域以及客户已经拥有经验的行业。客户总是会根据在其他行业的经验来衡量自身的银行经验。这不仅针对其他银行，也针对其他数字提供商。因此，本书自然而然地考察了其他面向客户行业的要务，它们是：

- 零售
- 电信
- 医疗保健

读者最好也看一看其他行业，例如交通、休闲和公共事业。人工智能融入银行业的未来几乎肯定会将银行生态系统扩展到其他领域，而且必然会有一些需求的融合，或产生新的需求。

零售业的可比性要务

零售业通常被视为数字时代的"先锋"之一。在《数字时代的商业：四个当务之急》一书中，作者谢恩·菲纳利（Shane Finaly）为零售商提出了四个关键目标：

1. 在规划和运营方面将客户置于中心，打造一个真正以客户为中心的组织。

2. 整合端到端价值链，整合所有客户接触点，确保这些接触点在所有渠道中具有相关性和个性化。

3. 提供个性化的客户交互服务，创建双向解决方案，以解决个体需求。

4. 整合技术覆盖区；也就是说，将不同的系统整合为单一的企业范围的客户关系视图。

平心而论，这些目标可以合理地推广到其他许多行业，包括银行业。特别有趣的是零售业和零售银行业之间的重叠。银行似乎（至少目前）会维持商业街上的实体网点，尽管它们的作用是通过提供桌椅、咖啡和 Wi-Fi（移动热点）来让客户更加放松，从而重塑其场所。有时也与传统的"银行柜台"方式同时存在。

银行最好努力了解商业街零售商的情况，其传统零售流程正被网络购物所取代。零售场所越来越多地用于"展示"，即成为潜在客户在网上以更低价格购买商品之前查看和试用商品的地点。

因此，零售商越来越多地创造所谓的"购物体验"。例如，北京三里屯的梅赛德斯 Me 商店旨在提供"一个综合的、多感官的客户体验之旅，包括酒店（餐饮）、艺术（娱乐）和生活方式（高级零售）等元素"。此外，这栋两层建筑的二楼提供高档酒吧和餐厅，这两者都有助于梅赛德斯将品牌定位为"生活方式合作伙伴"。

类似梅赛德斯 Me 的商店在汉堡、慕尼黑、米兰和东京都有开设，通常位于普拉达和古驰等其他奢侈品牌的旁边。梅赛德斯的目标是尽可能扩大其品牌的产品线，包括鞋子、服装和背包。品牌主题对梅赛德斯产品至关重要，我们将在第 6 章中更具体地介绍这一点。

银行可能需要找到一种展示其金融服务的方式。因此，在这种情况下，我们的"银行业经验"应该是什么？尤其是许多人在其过去的经验中体会到了不信任、复杂性和不确定性。

我们通常将"体验"描述为身体、精神和情感触发因素的组合，其中有些是有意识的，有些是无意识的。我们甚至将精神上的参与描述为一种宗教体验。客户体验（通常缩写为 CX）通常被定义为客户体验到的全程互动总和。

客户专家阿梅约（Ameyo）认为，改善银行客户体验有四个关键步骤：

1. 通过制定一套明确的目标和指标，对所有目标进行适当的细分。

2. 通过制定客户体验策略来实现这些目标。

3. 通过设计来改善体验。

4. 使用数据驱动的方法进行测评，以持续优化体验。

电信业的可比性要务

随着"移动化"被公认为银行业未来的关键技术贡献者之一，考量电信行业的关键要务也非常重要。与银行业一样，这些似乎关系到运营效率、客户增长和风险管理。

安永 2015 年的报告中着重于最后一个问题——风险管理，认为电信业面临 10 大风险，这些风险可能也适用于银行业，分别如下。

1. 未能识别不断发展的行业生态系统中的新角色　安永的报告提及"OTT"的概念，即"超越顶级"服务。这些服务指新进入者或现有参与者通过占据价值链中的新职位来巩固客户关系和增加收入。安永通过对 40 位运营商和其他利益相关者的访谈得出的电信研究报告《2020 年指引》显示，"61% 的行业领导者认为'OTT'未来几年最有可能改变客户的需求情景"。

这似乎是一个创造"附加值"服务的问题，而增值服务本身就可以"取悦客户"。

2. 对新的市场结构缺乏监管的确定性　安永认识到，与银行业一样，电信业是在不断变化的监管环境中运作的，这影响了它的投资战略，特别是随着监管框架的趋同而发生变化，传统的模式和定义也在发生变化。

安永的观点是，电信提供商应该"主动与监管机构接触，以帮助塑造数字社会"。这里的含义是，在监管影响方面，电信提供商不应被动，而应积极主动，尤其它们还是关键利益相关者。在这方面金融服务业也值得学习。

3. 忽视隐私和安全方面的新要务　网络安全仍然是所有行业（包括电信和银行）的主流问题，特别是因为客户关系是基于信任的。随着我们的行为越来越数字化，对隐私和安全的需求也会增加。除此之外，客户数据的所有权和保护问题也对监管产生了影响。

4. 未能提高组织敏捷性　应对组织内部变化的挑战——更短的产品开发周期和满足由"网络巨头"培养出的更高需求。

安永特别建议企业内部在人员、流程和协作方面进行转型，"以创建更多以客户为中心的组织"。

5. 缺乏数据完整性以推动增长和提高效率　电信业需要认识到有效使用数据和分析是关键解决方案之一，这使它能够全方位了解客户，从而有效地追加销售和交叉销售。

6. 绩效评估不足，无法推动执行　虽然绩效考核仍然很重要，但电信业面临的一个挑战是了解并最终确认数字时代的正确评估指标。

"瞬息万变的市场需要新的绩效评估概念，应将适当的目标和激励措施与更好的内外部指标结合起来。"

7. 不了解客户的价值　这不仅仅需要满足客户个性化的需求，而且要跟上"客户态度"的步伐，从而提出更高级（反之更简单）的主张，并设立"客户体验官"等新角色。

8. 无法从网络资产中提取价值　在电信业场景中，这主要是指优化、共享和外包技术资产，如基站和网络。

这一点尤其重要，因为资产是重资本的，但生命周期相对较短。

9. 不适当的并购议案　为了增加价值和获得规模效益，电信运营商需要审查其并购（M&A）战略及其合作关系，特别是在认识到物联网的影响时。

10. 未能采用新的创新途径　电信运营商需要通过与生态系统"参与者"的更多合作、内部人才能力的培养和"发展文化思维"来探索新的价值创造来源。这还涉及使用孵化器和加速器（见第 10 章，实施和创新的因素也被考虑在内）。

医疗保健业的可比性要务

美国的美亚保险集团（Chartis）专门为医疗保健行业提供咨询、分析和技术。该集团的报告《2019 年医疗保健展望：未来年度战略要务》确定了四个关键战略要务。

1. 拥抱数字化　指的是数字医疗保健的概念，拥抱数字化要求"向以消费者和数字交付网络为中心的交付模式转型"，并且需要"数字健康规划和实施的协调方法"。

2. 确定在不断发展的医疗保健价值链中"发挥"作用　该报告指出数字医疗保健业与 10 年前不同，供应商不仅需要了解其在未来数字价值链中的作用，还需要自我颠覆以避免长期的不利影响。

3. 重新思考资本　在数字时代，医疗保健提供商应该重新思考它们如何"设想并利用其资源"。

这就要求它们确保将资本支出与战略目标保持一致，谨慎处理其"建造／购买／合伙的决策"，并调查其他资本来源。

4. 创造真正的价值　在医疗保健市场中，特别是在临床护理领域，对利润的管理至关重要，应对领导力和执行层面的挑战仍然是最重要的。

市场整合增加了实施和价值创造的压力，这些压力最终将传递到用户层。

总体而言，这些不仅是对银行，对顾问们来说也是关键的信息。咨询实践确实存在孤岛运作的趋势，因为要满足特定行业客户群的需求。垂直领域法无疑能够创造市场焦点和专业知识，并允许有效参与，但跨行业探索以"放大特定技能和能力"也同样重要。

这与"横向技术平台"不同（跨同一行业多个部门运行的单一人工智能提供商），而是预测在人工智能注入的生态系统下，不同行业部门之间越来越多的融合及其结果。在成熟的人工智能环境中，多个"行业要务"可能同时存在而不发生冲突，这一切都有利于最终用户。

针对特定行业的营销虽然有价值，但往往不能识别客户在整个体验范围内的协同效应。同样，针对特定技术的营销也不能识别不同部门的特殊需求。当地市场的成熟度也是一种挑战，全球银行业参与者正在寻求制定一种可以全球通用的战略。

最有效的跨国公司需要运营一个可以本地执行的全球性模板，但除此之外，还需要考虑人工智能注入如何影响其市场定位。换句话说，人工智能将影响组织中的每个人，包括全球营销团队。

银行业的未来要务

在考察以上三个非银行业（零售、电信、医疗保健）的要务中，一些关键趋势开始显现。

更以客户为中心

这一点在银行的要务中已被提及，银行必须在一个全新的更高层面考虑以客户为中心这件事。梅赛德斯和苹果等零售商正在突破所谓的"客户体验"的极限，例如，将一款颇具声望的汽车的购买重塑为"生活方式体验"。

银行需要了解客户的需求和期望，并能够快速、及时地提供新的产品和服务。这样做几乎肯定会导致复杂性的增加，如果加上全球化和技术发展的因素，挑战会变得更大。

虽然解决方案在于增加应用程序和移动技术的使用，但如果客户体验总是受到低速、难用的应用程序的负面影响，那么这些应用只会增加不便，而不是增加价值。

银行业的"生活方式体验"会是什么样子？例如，随着财产保险公司和医疗保健提供商从被动索赔模式转向主动健康管理模式，与之等效的银行业模式是什么？当然，它肯定采取某种"资金管理"形式，无论"资金"一词的含义怎样。

我们已经开始看到首席客户官（CCO）作为高管的新角色出现，他负责机构与客户之间的关系。这个角色是首席职位的进一步补充，通常是董事会级别的任命，负责（并影响）所有方面，例如联系中心、计费和所有其他直接面对客户的操作功能。

笔者在文章《为什么您的公司需要首席客户官》中建议，随着公司重新定位围绕客户的活动，企业越来越需要客户权益维护者。该文指出其需要有两个特定的功能：

- 统一不同职能部门的所有客户计划。
- 为整个组织注入新的思维方式和行动方式。

文章还提到四个关键目标：

1. 让客户融入企业生活。也就是说，在组织内部就客户的重要性以及客户与企业的关系达成共识。

2. 在组织外部，允许客户帮助创建新流程和产品。

3. 一线部门深度卷入。也就是说，认识到面向客户的员工通常最适合就客户服务和产品开发提出建议。

4. 拥抱数据，特别是创建客户 360 度视图，以确保衡量所有接触点的客户满意度。

对于是否需要建立一个新的首席级别职位，有人持怀疑态度，认为如果这么做，可能会使得既定的责任和权利划分更加复杂。尽管如此，随着信息获取，特别是通过社交媒体获得信息的机会的增加以及对良好服务需求意识的提升，客户已经成为场景中最重要的人。

真正的数字化

这意味着，仅仅将现有的价值模型和价值链简单地数字化是不够的。真正的数字化转型要求银行做好解构其现有模型的准备，并为数字时代（更重要的是为其数字客户）重构它们。

但是，我们所说的"数字化"似乎有不同的解释。当然，这不仅仅指提供快速、高效全天候访问服务的在线银行。在 2014 年的报告《数字化对银行业的真正意义》中，专注于金融服务技术和研究的赛讯咨询公司（Celent）

提出了该行业的"数字化"定义。

它说，数字银行业务需要在三个关键方面提供可持续的经济价值：

1. 在所有渠道和互动中为客户提供定制但一致的（金融机构）品牌体验。

2. 以分析和自动化为基础的体验。

3. 需要改变运营的环境，即产品、服务、组织、文化、技能和 IT。

该定义意味着数字化主要是创建定制品牌的体验，但这是一个有争议的观点。数字化不仅需要品牌或个性化的分销模式，还要结合对银行业务完全不同的思考方式。（品牌问题在第 6 章中有更多讨论。）

麦肯锡认为，数字化可以给主营收入带来高达 30% 的增长，即通过个人贷款和支付等高周转率产品，以及通过自动化、工作流程改进和自助服务，可以节省 40%~90% 的后台运营成本。它们表明，有效的数字化可以使员工的工作效率提高一倍（也可以认为是"将员工人数减半"），并改善客户服务。它是一种减少或消除当前运营摩擦的方法，有利于运营更顺畅和高效。

简单来说，数字化是降低开销的一种机制。它为 RPA（机器人过程自动化）打开了一扇大门。更重要的是，对于银行来说，这是一个心态问题，它需要将绝对的注意力放在数字化上（参见图 2-1）。

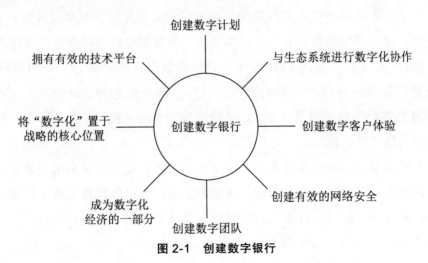

图 2-1　创建数字银行

资料来源：2017 年 7 月 20 日 brandwater.com "如何成为数字公司"

对于终端客户来说，其目标是降低存款账户手续费和提高存款利率（尽管这可能是一个复杂计算的简单结果）。

银行内的人工互动可能会面临取舍，问题的核心在于客户到银行是办理资金相关业务还是进行社交互动。（这并不是要拉低位于乡村或小镇社区的银行的社会价值，而是创建一套完全不同的客户激励机制。）

可能应用有效数字化的典型领域还包括：

- 存款、取款和转账
- 支票 / 账户管理
- 申请金融产品
- 账单支付
- 贷款管理

拥抱技术变革

银行需要更有效地拥抱技术，就像客户接受技术变革一样。这不仅仅是摆脱旧系统，还要创建面向未来的可扩展企业系统。这可能需要传统金融服务机构和技术提供商之间建立新的伙伴关系。

技术讨论是解决更广泛问题的一扇大门，例如通过合并和收购整合不同的系统，建立有效的第三方合作伙伴关系，当然还有解决执行方面的问题。

[2018 年 4 月，英国 TSB 银行（萨班德尔银行的一部分）试图转移 13 亿条客户记录，导致"计算机系统崩溃"，并导致超过 204 000 宗投诉，80 000 名客户的损失以及 3.302 亿英镑的额外费用，而且是在不考虑任何监管罚款的情况下。]

展望未来，银行业不仅要充分融合现有技术，还要快速利用新兴技术，这包括使用高级分析和人工智能。从根本上说，这可能需要重新定位银行的主要战略意图。对于银行来说，尝试数字化是不够的：这代表了银行整个商业模式的重大转变，如美国银行（Bank of America，BOA）现在将自己描述为一家从事银行业务的科技公司。

重塑银行业

最终的问题包括:

- 银行业的未来角色是什么?
- 银行业在社会前进的道路上有什么作用?
- 对未来的银行策略有怎样的影响?
- 我们如何"重构"银行业?

查阅字典不会帮助我们了解所谓"重新想象"的意思。梅里亚姆 - 韦伯斯特的词典将"想象"描述为"形成一种精神形象的行为,这种形象不存在于感官或者从未完全在现实中被感知过"。

汤姆·彼得斯(Tom Peters)的书《重新想象!》(*Re-imagine*!)并未尝试定义"重新想象"的具体含义,而是通过其特征进行识别(就像"大数据"是由其数量、速度、真实性和多样性等特征定义一样)。彼得斯在开头几页中将重新想象称为:

- 一个让员工对变革充满热情的品牌。
- 一种敏捷的、具有创新和创业精神的新型企业。
- 一种新的社会契约,为突破规则、创造灵动的新未来提供催化剂。

这听起来像宗教福音,而且这个主题在许多现在的商业战略中又重新出现。"重新想象食品"是国际食品中心的口号。IBM、汤米·希尔费格(Tommy Hilfiger)等公司正在利用人工智能进行协作和"重塑零售业"。

然而,与此同时,这种带有"扩散性"口号的福音式定义方法有时无法反映仍然存在的谨慎和焦虑情绪。组织和行业如何确保所有这些不同版本的"重新想象的世界"能够发生,而不完全影响公司治理?主要参与者可能会说:"我们可以重新构想银行业务",但"前提条件是我们必须能够在安全的'沙盒'环境中对其进行测试"(见图 2-2)。

- "新"企业社会责任
- 道德投资
- 信任与透明度

- 真实
- 虚拟
- "超链接客户"

重新构想关系　　重新构想分行

重新构想银行业

重新构想价值　　重新构想品牌

- 创新
- 扩展价值链
- 促进银行业的新方法，即"P2P"

- 关注客户体验
- 关注客户生命周期
- 关注客户需求

图 2-2　重塑银行业

"重塑银行业"不仅仅指在表面上作出改变，不是为了减少运营成本而关闭商业街和农村银行分行，这样做会影响现有客户和新客户的开发。也不是重新装修现有的商业街分行，用沙发和更智能的自动取款机代替柜台人员，或者只是换一个更时髦的品牌标志。

重新构想是指银行了解其对客户的真正价值，并在一个不确定的时代重塑自我。银行需要认识到，不仅整个货币的概念正在改变，人口结构也发生了变化。重新构想银行业的时代正在来临，当自动化系统取代了越来越多工作角色，这些自动化系统比已有的服务机器人更智能。

重塑风险管理

在充满不确定性的世界，风险管理变得越来越重要。不仅要从运营风险的角度考虑系统、人员或流程故障等问题，还要考虑业务存在新的漏洞。政治不稳定、气候变化和技术进步，正将当前的风险管理理念推向极致。在银行和金融服务等受到严格监管的行业中，管理不可预测事件的能力变得越来越重要。

未来融入了人工智能的金融体系，风险流程将如何改变？因为自动化系统和人工智能而增强了能力（如果不是实质性替换）的未来的风险管理者们又需要哪些新的功能？

在题为《未来的风险经理》的视频中，Willis Towers Watson 公司的布赖恩·鲁恩（Brian Ruane）说，在他看来，这一趋势是很明显的。他说，风险经理只有更聪明、表现出更强的领导力，才能获得"坐在谈判桌旁的资格"，而且"他们将获得相应的威望、影响力和金钱"，这看起来是一个有趣的职位。

麦肯锡在其 2017 年的报告《数字时代风险管理的未来》中重申了这些观点，未来风险管理者将专注于战略和高价值决策，低价值决策将会实现自动化处理，人工手动处理将减少。他们提出了一个新模型，其中风险执行官设置了一个集中的"神经中枢"，在那里，强大的自学模型将利用最新接口来动态设置限制并检测紧急风险（信贷、市场和运营）——立即评估这些风险，制定跨风险缓解策略，并动态调整限额。

这是炒作还是乐观主义？ 2017 年 IIF/ 麦肯锡数字风险调查发现：

- 70% 的银行存在数字风险，管理层对此的关注程度为中等。
- 10% 的人将其列为高度优先事项。
- 22% 的银行已将年度风险预算的 25% 以上用于数字化风险管理。

全球参与者不可忽视应对国际合规问题的挑战。此问题正日益超出人力的管理能力，尽管可以在本地层面上进行操作，但全球组织可能更经常要求以某种自动化的聪明的人工智能注入的方式集中实施管理。风险管理者可以通过下放权限的操作模式去观察缺乏控制所涉及的风险。

对风险管理的态度通常是特定事件或经验的副产品，会影响预算分配和事物的优先等级。当风险管理成为当下的时代精神，将来某个时间人工智能将发挥重要作用。同时，技术提供商需要保持冷静去等待属于它们的时代。重大事件尚未发生，它们的时代尚未到来。

结论

本章已从当前和未来两个方面对银行业的要务进行了探讨。当务之急已经"下放"到了业务"目标"上，但在采用一种更具活力的方法来衡量个人和企业的进步时，这些要务就变得没那么相关了。

　　这本身就给组织带来了一些有趣的挑战，即如何衡量在人工智能广泛应用的新时代的个人贡献。许多"个人发展计划"都是客观的，然而在一个更加动荡的商业世界中，传统"基于客观"的措施正变得越来越不相关和不重要。技能和知识正被敏捷性和灵活性所取代，这给银行带来了新的压力，迫使银行在公司层面、部门层面，最终在个人层面以不同方式有效评估进步情况。我们也许正在进入需要重塑"绩效管理"概念的时期。

　　这不仅是银行业的挑战。随着自动化和人工智能的运用，职位和对应的责任正日益发生变化，企业内部的运营职能也在被重塑。尽管企业管理者可能尚未意识到这一点，但人力资源专员正越来越多地被推到变革的第一线，而很少有人为此做好准备。绩效管理、薪酬管理、雇用方法等将不可避免地发生一些改变。

　　银行4.0革命将影响所有利益相关者，包括前台和后台。新的口号将变为："能力，而不是目标"。

　　在战略层面，银行可能需要将其传统生态系统扩展到其他领域，这也将导致不同行业要务的趋同。银行、零售商、电信提供商和医疗保健提供商正在与相同的最终用户打交道，尽管形式不同。在真正以客户为中心的环境中，客户的需求应该放在首位。有效利用人工智能有助于为下一个世纪创建一种新的"平衡记分卡"，它不仅可以反映客户需求，还可以反映风险和运营效率。

参考文献

1. 'Official Data: The Business Priorities of Global Banks in 2019'. Global Banking and Finance Review. 10 May 2018. (Viewed 28/11/2019) https://www.globalbankingandfinance.com/official-data-reveals-the-business-priorities-of-global-banks-in-2018/

2. Khanna, Somesh; Martins, Heitor. 'Six Digital Growth Strategies for Banks' McKinsey Digital. April 2018. (Viewed 04/10/2019) https://www.mckinsey.com/business-functions/digitalmckinsey/our-insights/six-digital-growth-strategies-for-banks

3. Liddell, Henry George; Scott, Robert. 'Liddell and Scott's Greek–English Lexicon'. Simon Wallenburg Press, abridged edition, 2007.

4. 'Strategic Selling with Perspective'. Miller Heinman Group. (Viewed 04/10/2019) https://www.millerheimangroup.com/uk/training/advanced-selling/strategic-selling-withperspective/

5. Carabelli, Carl. 'The Definition of "Business Imperative"'. Chron.com. (Viewed 04/10/2019) https://smallbusiness.chron.com/definition-business-imperative-25055.html

6. 'Definition of imperative in English'. Lexico.com https://en.oxforddictionaries.com/definition/imperative

7. Finaly, Shane. 'Business in the digital age: Four imperatives'. The Future of Customer Engagement and Commerce. (Viewed 04/10/2019) www.the-future-of-commerce.com/2017/07/26/business-in-the-digital-age-four-imperatives/

8. https://www.mercedes-benz.com/en/mercedes-me/

9. 'Mercedes me Store Milan inside Galleria Vittorio Emanuele II'. Joy Della Vita Travelog. 31 January 2016. (Viewed 04/10/2019) https://joydellavita.com/mercedes-store-milan-insidegalleria-vittorio-emanuele-ii/

10. Gautam, Nitish. 'Banking Experience: The Best Customer Experience Strategy for Banks to Improve CX' AMEYO. 25 November 2017. 'https://www.ameyo.com/blog/banking-experience-the-best-customer-experience-strategy-for-banks-to-improve-cx

11. Ernst and Young. 'Top 10 Risks in Telecommunications Revisited'. 2015. https://www.ey.com/Publication/vwLUAssets/EY_-_Top_10_risks_in_telecommunications_revisited_2015/$File/Ey-top-10-risks-revisited.pdf

12. 'Global telecommunications study: navigating the road to 2020.' EY. 2015. https://www.ey.com/Publication/vwLUAssets/ey-global-telecommunications-study-navigating-the-roadto-2020/%24FILE/ey-global-telecommunications-study-navigating-the-road-to-2020.pdf

13. 'The Chartis Group Releases "2019 Healthcare Outlook: Strategic Imperatives for the Year Ahead"'. Cision. 17 January 2019. (Viewed 04/10/2019) https://www.prweb.com/releases/the_chartis_group_releases_2019_healthcare_outlook_strategic_imperatives_for_the_year_ahead/prweb16039549.htm

14. Davis, Chris; Kazaks, Alex; Pulido, Alfonson. 'Why Your Company Needs A Chief Customer Officer'. Forbes. 12 October 2016. (Viewed 04/10/2019) https://www.forbes.com/sites/mckinsey/2016/10/12/why-your-company-needs-a-chief-customer-officer/#c56ef9a49d76)

15. Greer, Stephen. 'What digital actually means when it comes to banking'. BankNXT. 6

August 2015. (Viewed 04/10/2019) http://banknxt.com/52527/what-digital-means

16. Olanrewaju, Tunde. 'The Rise of the Digital Bank'. McKinsey Digital. July 2014. https://www.mckinsey.com/business-functions/digital-mckinsey/our-insights/the-rise-of-thedigital-bank

17. https://www.temenos.com/news/2016/05/15/what-is-digital-banking/ (Viewed 4/11/2019)

18. 'TSB suffers £105m loss after computer chaos'. BBC. 1 February 2019. (Viewed 04/10/2019)https://www.bbc.co.uk/news/business-47085474

19. https://www.merriam-webster.com/dictionary/imagination

20. Peters, Tom. Re-Imagine! London. Dorling Kindersley, 2003.

21. https://www.reimagine-food.com/

22. Dar, Pranav. 'IBM, Tommy Hilfiger and FIT Using AI to Collaborate and "Reimagine Retail"'. Analytics Vidhya. 16 January 2018. (Viewed 04/10/2019) https://www.analyticsvidhya.com/blog/2018/01/ibm-tommy-hilfiger-fit-using-ai-collaborate-reimagine-retail/

23. https://www.youtube.com/watch?v=D-8ZGpFFg2w

24. Institute of International Finance & McKinsey. 'The Future of Risk Management in the Digital Era'. 2017. https://www.mckinsey.com/business-functions/risk/our-insights/the-futureof-risk-management-in-the-digital-era

第 3 章

数据和分析入门

概述

本章是数据和分析主题的概括介绍，下一章将更具体地介绍数据分析在银行领域的应用。数据和分析不是新话题，一些读者会发现可以快速完成本章的部分内容，并转到更多"针对银行"的分析问题部分去。对于那些不熟悉这个话题的读者，本章可以提供有用的基础知识。

除此之外，银行业的某些部门已经开始注重以分析为导向，特别是在投资领域。定量分析师以数据和分析作为"面包和黄油"，对于他们而言，已经有很多详细的文章。也许他们也有兴趣从更广泛的角度看待自己的行业，特别是因为他们中的许多人已经拥有适当的技术和能力，可以将自己的能力放到更广泛的未来角色中去发挥。对于其中一些专家来说，银行业可能被证明是他们大显身手的地方。

本章还重新强调了位置分析问题，该问题往往不在思维的最前沿，但与客户、商业机会和地缘政治风险方面密切相关。

美国金融服务集团 PNC 投资数据和人工智能未来

根据其 2016 年年度报告，PNC 银行（美国最大的多元化金融服务集团之一）在 5 年内投资了 12 亿美元进行数据基础设施改革，以帮助他们更好地利用数据并实施人工智能和机器学习。

引语

大数据可能是"大新闻",但并不是"新消息"。事实上,大数据中的"大"字应该去掉,毕竟,数据只是数据,很少有人会反对有很多"数据"的事实。

信息已经快速增长了 50 多年,根据吉尔·普雷斯在《福布斯》上发表的文章《大数据历史》,"大数据"最早是在 2008 年发布的白皮书中使用的。虽然有多种定义,但大数据最好通过以下五个关键特征来描述:

■ **数量** 可用的结构化和非结构化数据数量十分庞大。关于每天创建多少数据(通常以 PB 或 GB 为单位),存在不同的意见。一种说法是每天创建 25 亿千兆字节(也称为"五百万"个信息)。[①] 许多人不确定这有什么实际价值。

早在 2010 年,当时即将卸任的谷歌首席执行官埃里克·施密特(Eric Schmidt)表示,如今世界在 48 小时内创造的信息相当于地球自诞生到 2003 年创造的信息量(5 GB)。对许多人来说,简单的思考是想象存储这些信息需要的文件柜数量以及文件柜首尾相接是否能到达月球表面,但这样的思考是多余的。另一些人则认为这相当于每天创建一座大英图书馆。(对于不熟悉大英图书馆的人们我们来科普一下,据估计其拥有来自多个国家的 1.5 亿至 2 亿件藏品,据称是世界上最大的国家图书馆。)

据 Simply Ted 称,如果将每天 400 GB 的数据转换成纸张,需要砍掉 20 000 棵树,25 亿 GB 就需要砍掉 1 250 亿棵树。据彭博社报道,大约有 25 亿人拥有银行账户,因此相当于每个人每天砍掉 50 棵树进行纸质通信。由于规模巨大,也许我们不仅应通过规模,还应通过特征来定义大数据。

■ **速度** 数据传输的速度,特别是在实时数据流方面。

这有时也被描述为"动态数据",而不是稳定的结构化数据,这些数据可能位于数据库中(正如有些人可能认为的那样,它不是物理建筑,而是为查询及分析设计的信息存储库。)

---

① "字节"是计算机内存的最小组成部分,代表单个字母或数字。PB 为 10 的 15 次方字节。GB 为十亿字节或 10 的 20 次方字节。

"流数据"是动态数据一个很好的例子，它以互联网电影和电视的形式出现在我们的生活中。速度不是以线性方式测量，而是以字节/秒为单位测量。它不仅取决于数据源传输信息的能力，还取决于接收方"吸收"信息的能力。相关的技术挑战越来越大，不仅要利用新一代5G技术创造适当的带宽来支持高速传输，还要对系统中的信息进行安全管理。

新兴趋势是从"大数据"转到"快速数据"，即实时信息的吸收和分析。在银行业的场景中，信息快速传递可帮助银行和其他组织提供更具定制化和相关性的报价。

■ **多样性** 数据有多种来源以及多种形式——结构化、半结构化和非结构化。由于半结构化数据很少保持一致，因此存在特殊问题。结构化是建立和组织数据库的形式。非结构化数据（例如，纯文本或语音）没有任何结构，但是有些人可能会合理地认为有一条"黄金分割线"将结构化和非结构化信息区分开，那就是"线程"位置。当前，大量的数据是非结构化的，占比约为80%。有人认为未来的赢家是那些对非结构化数据有洞察力并能从中提取价值的机构。例如，在银行业中，这可能包含基于社交媒体的数据，并有助于建立消费者情感和品牌价值。

■ **准确性** 通常用来表示数据的可靠性。并非所有数据都同样可靠，因为数据有不同的来源。准确性的一项关键指标是"信号噪声比"，它表示有用的信息与错误或无关数据的比率。（该表达源于无线电信号的质量，比如，与背景噪声相较而言。）

在银行业中，这可能与社交媒体网站上的"垃圾邮件"数量有关。在这些网站上，银行家正在寻找客户对新媒体广告活动的反应。垃圾邮件由"网络机器人"（也称为"WebRobots""WWW robots"或简称为"bots"）自动创建。通常，机器人执行的重复性任务也可以由人类完成，但工作量要大得多。随着机构对数据治理和完整性的痴迷，导致以下现象：任何不完美的数据都被认为不可靠。这不一定是真的。例如，一家英国主要银行对数据的准确性或"真实性"进行了加权，这样就允许他们在决策中使用不完善的信息。现实情况是，即使在日常生活中，我们所作的决定往往是基于并不完美的现有最佳信息。

■ **价值** 最后一个没有被广泛评论的特征是数据的价值。这可以通过不同的方式进行衡量，例如用户可以获得对特定问题更深入的洞察或获取关键数据的成本。对于许多银行以及其他机构而言，挑战在于如何把他们目前拥有并在将来可以收集的数据"货币化"。有一种说法是，几乎所有基本信息都已经存在于世界上，仅仅需要找到它们并创建一种机制去进行吸收和分析。绝对可以肯定的是，某些关键数据对于获取特定见解至关重要，因此，积极寻求数据通常会带来巨大的经济利益。在银行业中，考虑到全能银行和提供更多产品和服务的"全面金融服务企业"的概念，这些新服务和"下一代"产品可能不会来自银行本身，而是由与银行合作以某种形式"收入分成"的第三方创建和管理。在这种情况下，通过供应链上下游共享数据（与客户达成协议）将有助于制定市场战略，并最终有助于运营执行，因此在一定程度上，更有效的营销数据具有货币"价值"。

最近另外 8 个"V"开头的单词还被用来描述数据：

■ **有效性（Validity）**：包含数据质量和主数据管理（我们将在下面介绍）。

■ **可变性（Variability）**：包括动态且不断发展的数据，例如在源数据中识别行为属性（即有意识或无意识）。

■ **地址性（Venue）**：不仅涵盖地理相关性，还涵盖托管数据的平台，例如分布式账本 / 区块链。

■ **词汇性（Vocabulary）**：连接到数据模型，描述数据结构的语义。

■ **模糊性（Vagueness）**：与大数据中使用术语的混淆含义有关。

■ **脆弱性（Vulnerability）**：大数据带来的新安全问题。

■ **波动性（Volatility）**：数据保持相关性的时长。

■ **可视性（Visualisation）**：是否可以使用可视化来更轻松地了解详细信息？

纯粹主义者可能认为上面列出的 13 项中，前 5 种与后 8 种之间存在某种重复。只能说有时在营销方面人们的想象力不受限制。目前可能存在这些表达来表征当前和将来存在的所有类型的数据。[对于迷信的人来说，也许有必要找到另一个 V 开头的单词使得描述的总数超过"13"这个不吉利的数字，也许是"无毒性"（Virus free）]。

数据管理和分析

数据管理

数据管理的概念（有时也称为"MDM"或"主数据管理"）已经存在了很长的时间，在人工智能时代达到了新的高度。在企业中，它被认为是"一种用于定义和管理机构关键数据的方法，该方法可以通过数据集成提供单一参考点。掌握的数据可能包括参考数据（即允许值的集合）以及支持决策的分析数据"。换句话说，这是一个有助于删除重复数据，创建标准化业务规则的过程，以防止"恶意数据"进入系统。作为技术功能，它也在不断发展。MDM 被认为有三个"发展阶段"。

1.第一代 MDM 专注于数据质量和治理。这样一来，企业就可以合并来自多个系统的客户、产品或财务数据的信息，在进行兼并收购的情况下尤其有用。

2.第二代 MDM 通过更加重视客户，尤其是通过提供对多个渠道活动的实时可见性来反映系统的演变，特别是与全渠道战略相关的信息。

3.第三代 MDM 反映了自动化和新系统的引入。随着用户越来越多地要求跨多个生态系统交换信息，他们要求更高的灵活性和数据虚拟化，在不要求提供有关数据类型的技术信息（例如，如何格式化）以及不需要联合发布数据（来自第三方信息，例如消费品或商品）的情况下获取数据。

根据研究机构 Forrester 报告，第三代 MGM 的两个主要举措是：

1.将敏捷性置于合规性之上 尽管意识到合规性（包括数据保护）是至

关重要的组成部分，但公司还是希望以敏捷的方式为客户提供个性化的体验，以减少"实现价值的时间"（TTV）。"实现价值的时间"是一个指标，通常定义为客户从产品或服务中实现价值所花费的时间。

2. 形成数字变革的基石 MDM 越来越被称为"灵活性的中心"，使公司可以更深入地了解客户、产品和渠道。

在人工智能使用方面，被 Forrester 确定为领导者的 Informatica 等公司旨在利用人工智能来"简化 MDM 集成，发现数据之间的关系与规则"。

分析层级结构

数据分析通常被认为是获取数据洞察力的关键。换句话说，分析可以释放数据的"价值"。有一个公认的分析层级结构（见图 3-1）。

图 3-1 分析能力等级

■ **描述性分析** 仅用于报告已发生的事情或正在发生的事情。在银行业务中，这可能与给定日期或期间的银行分行、产品或服务的绩效有关。描述性分析通常也称为"商业智能"或"信息管理"。

■ **预测性分析** 试图对概率高低进行预测，也就是预测接下来可能发生的事情。预测分析的一个例子是对销售和分支机构的绩效进行预测，使银行知道可能需要采取哪些纠正措施。

■ **规范性分析** 通常基于规则系统，不仅可以预测接下来会发生什么，而且还提出应该做什么。它被称为"规范性分析"，是基于其"规定"了一个行动方案。规范性分析的一个例子是联络中心内发生的活动，通常也称为"最佳的下一步行动"，例如，它为联络中心座席提供洞察力，以帮助他们得出下一个最佳提议，以帮助完成交易。

预测性分析和规范性分析本质上是概率分析，因为预测结果并没有绝对的确定性，但是算法会根据可用信息预测最可能的结果。由此可见，数据越多越好，那么准确预测的可能性就越大，越可能产生更有效的方案。

统计人员会了解"误报"的概念。根据行业应用的不同，此术语有不同的含义。通常，它是指基于导致"正结果"的信息而得出的错误结果（或分析），而实际上负结果应该更正确。这是一种统计上的异常，经常出现在过滤垃圾邮件或欺诈分析中（无辜交易被认定为"可疑"）。

在所有这些情况下，无论是商业智能仪表盘还是某种类型的图形映射，可视化质量都得到了提高。可视化作为一种工具，它的重要性越来越高，可以帮助用户理解大数据的复杂性并作出更快的决策。但是，基于商业智能仪表盘的表层判断不能替代商业智能仪表盘"深层次"的分析功能。总体而言，需要着重强调的是：分析不是终点，终点是分析要得出的结果，应本着这种精神看待分析。通过改变流程和实践，分析提供了一种达到目标的手段，并且这样做可以带来硬性和软性收益。好处可能包括：

- 更高的客户满意度带来更高的客户留存率或交叉销售 / 追加销售。
- 更高的运营效率。
- 更好的风险管理。
- 更有效的投资政策。

从分析中获得的见解不仅能促进最佳实践的发展，而且还能促进人工和自动决策，并最终促进战略和运营判断。总体而言，分析过程不应孤立于广泛的业务，而必须成为企业不可或缺的一部分，我们可以将这样的企业称为"分析型企业"。

"下一代"认知分析

"下一代"分析在本质上越来越有可能是"认知"分析，不仅基于一定程度的机器学习提供概率性见解，还提供更自然的人机界面（与要求机器编码相对）。认知分析是迈向"成熟"人工智能的敲门砖。然而，"认知"不是"人工智能"或库布里克（Kubrick）《2001：太空漫游》中 HAL 模范的"人工智能"，而是代表了计算机与用户之间的不同关系。

"认知分析"和"人工智能"这两个术语很多时候会被混用，重要的是对它们的定义不要太过草率。毕竟，一般人经常把能预测音乐或视频选择的系统视为人工智能的一种形式。

纯粹主义者认为它们是不同的。通才主义者说它们大致相同。"认知"的概念意味着计算平台通过结合不同的技术能力（如语言处理、视觉识别、复杂的算法和语音）以某种方式复制了人脑的操作。这种功能组合的最终结果是，系统最终会"辅助"人为决策，而不是取代人为决策。相比之下，真正的"人工智能"完全不需要人工干预，因此处于"分析层级"的顶端。

认知分析将在技能短缺和所谓人口爆炸的银行业挑战中扮演重要角色。

认知分析的形式已经在医疗保健和资产管理中使用，在"财富顾问"的背景下进入主流零售银行业只是时间问题。

与此相关的可能是语义分析的出现，这样银行业才能更加了解和更好地优化自己的绩效。美国科学家艾伦·凯（Alan Kay）简洁地说："语义分析等同于拥有 80 点智商。"如今，银行家需要达到两个主要目标：

1. 首先，跑赢直接竞争对手。

2. 其次，实现机构的战略目标。

仅仅完成其中一个只是部分完成了工作。这两个关键目标经常（但不总是）齐头并进。随着一些银行将更多的精力放在软性衡量成功的方法上（例如，与社区互动或响应社会需求），成功也可能越来越多地由消费者的情感、品牌知名度以及获利能力来衡量。

从数据中提取价值

结构化或非结构化形式的数据不会自然容易地得出分析结果（分析结果通常采用报告、预测或建议措施的形式），这取决于中间过程的努力。数据和分析之间的过程，通常被称为系统的"管道"。这一基本过程使所有组织都可以提取价值或"货币化"数据（见图 3-2）。

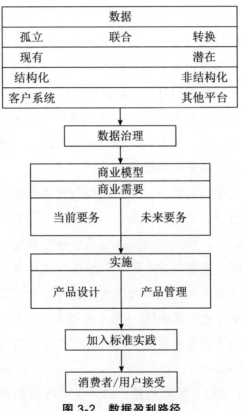

图 3-2　数据盈利路径

在实践中，如何完成此操作是技术专家的事，但简单来说，需要获取原始数据，然后将其导入系统进行过滤、清洗和存储。大量的数据需要复杂的分类系统，其中大多数都有自己的语言和术语。通常会创建"数据集市"或"过渡层"，以确保相对快速地创建分析结果。数据在系统中移动的过程称为 ETL，即"提取、传输和加载"。

还有其他选择，例如"数据仓库设备"，它们提供了并行处理方法并创建了模块化、可扩展、易于管理的数据库系统。这些高速解决方案通过采用传统线性处理的替代方法，可以提供非常快速的计算能力，并且通常具有预捆绑的地理空间分析功能。实际上，这是一种"即插即用"的数据和分析方法。与早期互联网一样，机构和个人都越来越迫切地要求以"快速"的形式提供分析计算的能力。不久前，在家中，连接到互联网还要伴随着电话线发出某种奇怪的声音。现在（在书出版之时）人们可以在合理范围内随时随地实现即时 4G 连接，而且我们已经看到了具有超高交付速度的 5G 示例。也许从这个角度来说，如果技术供应商之间的第一级差异因素是分析能力的广度和深度，那么下一级的差异因素很可能就是分析的交付速度。对速度的需求潜在地为之前是竞争关系的组织打开了联盟的大门。

数据分析不是获利过程的终点，分析的使用方式才是。它允许重新审视业务模型或重新校准实践。额外的洞察力可以帮助企业设计新产品和服务，或者创建符合客户需求的新应用程序。

在银行业务场景中，随着对"应用程序"使用的依赖性日益增加，用户越来越倾向于选择自己的银行合作伙伴，其选择不仅取决于品牌，还取决于应用程序的"灵活性"，以及在线业务完成的难易程度。人们一般假定所有贸易银行在技术和财务上都是安全的，似乎很少或根本没有考虑银行的财务评级。同行的判断可能会成为决定性因素，随着"开放式银行"的兴起，轻松更换银行可能会变得越来越普遍。（第 9 章将更详细地讨论开放式银行。）随着新进入银行市场的企业不断增加，我们要花多长时间才能看到金融服务业的猫途鹰（TripAdvisor）？

API（应用程序接口）管理是银行向数字化转型的关键组成部分。APIs 是用于构建软件的一组功能和过程。在开放银行的实施中，它们也被认为是至关重要的。实际上，它们是针对开发人员的一组编程指令，允许开发人员访问网络系统，并允许银行和其他机构执行以下操作：

■ 加速应用程序创建，从而快速有效地实施移动化、全渠道和物联网策略。

■ 改善合作伙伴生态系统的管理，确保与全球安全标准的可扩展集成，这对于银行寻求扩大其品牌影响力和普遍性至关重要。

■ 为创新、黑客马拉松和新的商业模式创造有利环境。

■ 允许将创业和创新生态系统整合在一起。

■ 提供明确的风险隔离，以确保安全性、敏捷性和可治理性。

还需要考虑"云"计算。云计算的一种简单的描述（通常简称为"云"）是按需计算的交付。这包括从应用程序到数据中心的所有内容。这些资源可能是按使用量付费的，通常可以通过无线联网方式获得，或者越来越多地免费为消费者提供增值服务。银行的商业街分行有一种日益增长的趋势——向来访的客户或路人提供免费 Wi-Fi，以鼓励他们来访。

"云"的概念不是天空中或世界上的某个事物，而是能力的一种表达方式。通常不涉及电缆或物理连接。与上述其他技术一样，该技术太过复杂因而无法详细讨论，云计算本身就值得作为一本书的主题。云计算还提供了另一个示例，说明银行业的范式需要改进。

整个概念打开了新思维的大门，那些没有开放思想的人将处于不利地位。加德纳（Gartner）在其 2014 年的文件《2015 年预测：数字业务中云计算将超越 IT》中指出，企业领导者将需要"不断调整其战略以利用不断增长的云功能"。对于数字战略而言，使用"私有云"是至关重要的因素。"私有云"是仅可在企业内部访问的云。十年来，云计算取得了长足的发展，现在员工的桌子下很少有计算机主机了。使用私有云好处很明显：

■ 更好地利用规模计算能力，更好地进行企业内部的风险管理。

■ 利用整个企业而不是孤岛部门运作的能力，提供更以客户为中心的服务。

■ 可以更快开发和推出产品与服务的潜力。在某种程度上，访问云是组织敏捷性和灵活性的关键要素。

■ 通过企业"离岸"发展对人才管理能力和资源整合产生影响。有人可能会说，这种离岸外包主要是成本驱动的做法，几乎可以肯定部分原因是这样的。但是，合并不同地理位置的能力将改变整个行业。

云是为银行业推出高级分析和人工智能的基础"平台"，并且也是未来银行的基石。现在，比以往任何时候都更重要的是，企业用户不仅要了解当前的 IT 功能，而且要对将来可能的潜在发展有所了解，以便有效地管理业务并制定新的战略。这要求他们保持与时俱进，并由内外部专家准确、有效地对他们进行指导。不论银行的性质如何，银行内部都会提出关于正确实施技术战略的问题。关键选项似乎是：

1. 银行建立自己的定制系统能力　一开始的构建成本很低，但可能在短时间内维护和必要的升级费用会变得很高。在很多情况下，自建系统通常会形成"遗留问题"，尤其是当原始技术架构师可能已经离开机构。

2. 银行购买一项技术或系统　使用咨询销售模式可以使供应商更好地销售昂贵的技术。实施仍然很复杂，但银行至少会通过向有良好记录的供应商采购来满足内部审计师的要求。从单一供应商处购买也可能导致依赖性增加和商业"锁定"。

3. 与技术提供商合作　从表面上看，合伙是一种有吸引力的方法，只是许多战略伙伴关系维持的时间都不长久。购买者还常常担心自己被"锁定"——他们更换合作伙伴的机会减少了。在许多情况下，与较小的金融科技提供商一样，这种关系始于合伙，随着时间的推移，可能会变成一种收购。

这些是非常重要的长期决定。随着银行业对未来的展望，高级分析、人工智能、区块链和开放式银行仅是列举的一些转型技术，在不确定的未来背景下，高级管理人员面临着选择。（我们将在第 10 章考虑实施方面的一些问题。）

陷入术语和行话中是很容易的。读者应尽量避免因许多不熟悉的表达方式分心或困惑。例如，区块链和"分布式账本"的概念对于具有"金融思维"而不是技术思维的人具有挑战性。对于个人而言，仅了解他们不知道的内容，并对技术和变革持开放的态度就足够了。

管理人员应鼓励其下属在年度个人发展计划中加入更加熟悉技术的内容，即使这意味着跳出自己的舒适圈。管理者和"行业领袖"也有责任保持与时俱进。

位置分析的重要性

一切都在某个地方。当我们考虑数据、分析、客户和正向成果的挑战时，至关重要的是要考虑到位置分析这一主题。在考虑以下因素时，位置至关重要：

- 每个客户的生活和工作地点，以及在这些地点的购买行为。

- 他们如何从一个地方实际到达另一个地方（例如，通过汽车或公共交通），可能影响客户对如何获得资金的想法以及银行作为该过程"推动者"的作用。比如说，银行将如何协助客户进行机票贷款或汽车融资？

- 有关客户居住地的问题以及关于房屋购买、零售行为和当地的人口趋势因素（例如，反过来可能会影响本地化的营销活动管理）。

传统上，位置分析公司倾向于不将重点放在银行，而是放在保险和零售业，但情况正发生改变。最大的分析公司之一 ESRI 指出了这一点："银行业的一切都是超区位的。"

专门针对银行并购，能够了解两家（合并的）公司的分支机构位置（由新的现在共享的客户覆盖基础）的能力使银行能够优化实体银行网络，从而改善客户服务，降低成本。

银行识别高净值客户最集中位置的能力，也可能影响选择分支机构的最佳位置，以及在该实体银行环境中提供哪种服务的决策。往往是高净值客户喜欢实体个人服务，分支机构可能需要在物理上更靠近可支配收入较高的人群，且要有足够停车位。这似乎暗示着，在将来，特定的高净值人群仍将拥有各种实体银行服务。

同样，咖啡馆银行的概念也认为银行和咖啡供应商需要在同一地点办公，特别是针对所谓的"馥芮白经济"的参与者，这种人以偏好馥芮白的那个群体来命名。也许某种形式的银行服务将被实际安置在公众可能需要财务建议的地方。

位置分析还有其他重要的用途。在相对于自然灾害或人类冲突（例如天气、犯罪、恐怖主义或网络渗透）的"防御性"水平上，有效利用位置分析可以帮助银行计划最佳地点，以将其关键的物理基础设施置于最佳位置从而减轻风险。

即使我们预测未来融入人工智能的世界会受到远程设备和"智能设备"的严重影响，但位置的作用仍然至关重要。未来主义者推测，将来在我们经过某种形式的物理或虚拟广告牌时，广告图像将被个性化地传达给我们。大型银行将继续抓住一切机会，了解其现有客户（用于交叉销售/追加销售）和潜在未来客户（用于获取客户）的位置，以扩大其品牌影响力并提高其盈利能力。随着开放式银行变得更具操作性，这将变得更加重要。

位置分析发展为一种职业，这本身就是一种变革。十年前，GIS（地理信息系统）分析师的角色在很大程度上是一个曝光度很低的职业，但是随着"位置"变得越来越关键，这一角色推动了自己的发展。即使具有如此关键的能力，现实情况却是 GIS 专业人士的薪水仍然相对较低。根据 2019 年 2 月的数据，美国 GIS 分析师的平均工资为每小时 26.26 美元，而银行业的平均工资为每小时 40.00 美元（顺便说一下，年薪从 26 150 美元至 324 651 美元不等）。

造成这种差异的原因可能是地理信息分析师在技术和分析上很有头脑，但没有商业头脑。展望未来，我们越来越可能看到分析、人工智能、机器学习等技术的融合，具有专业知识更能满足行业的特定需求。

人才的获取和管理也将在分析和人工智能的所有要素中保持重要地位。公司将需要计划和实施这一战略，以确保不仅新进入者，现有参与者也能越来越"精通技术"，并确保"业务部门"和"IT 部门"之间的历史界限被打破。这将不可避免地导致新的角色、人才管理的新挑战和新能力的出现。

结论

银行业并不缺乏数据。这个复杂行业的某些部分几乎完全依赖数据，并且新的职能已经基于数据出现（并继续发展）。本章旨在了解分析成熟度的层次结构以及迁移曲线。

一些组织将人工智能视为迫在眉睫的未来，但它们甚至都难以就报告的基本问题达成共识，"没有单一版本的事实"。有效的基础管理仍然是成功的关键，即使仅仅是为了准确地衡量进度。

对于许多人来说，技术是某种拥有自己术语的人实施的"法术"。这些技术人员可能同样对银行业的细微差别和复杂性感到困惑。除此之外，通用术语"银行业"通常无法传达出每个部门具体的复杂性。

未来将不可避免地出现银行业和技术知识的融合，但是这两个行业的技能很可能意味着，对于最广泛形式的"银行业分析师"的角色也许永远不会有简单的定义。分析师将成为零售、商业和投资银行等领域的专家。可能会有一些可迁移的技能，但是真正的专家既具有行业知识又具有特定应用技术的能力。最终，他们很可能在就业市场上获得溢价。

长期的挑战仍然存在。技术专家变为银行家更容易，还是银行家变为技术专家更容易？这是一个假设性的问题，因为一种职业的能力完全迁移到另一种职业中是不太可能的，但是随着时间的流逝，技能将趋于一致。那些学习银行业的人将需要学习技术，那些学习技术的人也可能会选择学习银行专业。在早期阶段，两者都只会在较高水平上对待该主题。对个人来说，专业化将是成功的关键因素，但有一个普遍的了解也很重要。

最终，每个人都必须面对挑战——他所接受培训的角色是否将被自动化系统、机器学习和人工智能所取代。我们不应推迟与任一行业的接触，并应了解每个行业的变化。如果银行业中的人工智能是沿着轨道疾驶的特快列车，那么重要的是，参与该主题的人员应是列车上的乘客，而不是站台上的观察者。银行业的人工智能绝非旁观者的运动。

参考文献

1. Sennaar Kumba. 'AI in Banking: An Analysis of America's 7 Top Banks'. Emerj. 24 September 2019. (Viewed 22/10/2019) https://emerj.com/ai-sector-overviews/ai-in-banking-analysis/

2. Press, Gil. 'A Very Short History of Big Data'. Forbes. 9 May 2013. (Viewed 4/10/2019) https://www.forbes.com/sites/gilpress/2013/05/09/a-very-short-history-of-big-data/#6ec2db7a65a1

3. Siegler, M.G. 'Eric Schmidt: Every Day We Create as Much Data as We Did up to 2003'. Techcrunch. August 5, 2010. (Viewed 04/10/2019) https://techcrunch. com/2010/08/04/schmidt-data/

4. 'How to Visualize Data'. Simply Ted. 8 December 2005. (Viewed 04/10/2019) http:// simplyted. blogspot.com/2005/12/how-to-visualize-data.html

5. Weise, Karen. 'Why Half the World Doesn't Have Bank Accounts.' Bloomberg. 25 April 2012. (Viewed 04/10/2019) https://www.bloomberg.com/news/articles/2012-04-25/ why-half-theworld-doesnt-have-bank-accounts

6. Firican, George. 'The 10 V's of Big Data'. 8 February 2017. TWDI.com. https://tdwi. org/articles/2017/02/08/10-vs-of-big-data.aspx

7. Borne, Dr Kirk. 'Top 10 Big Data Challenges: A Serious Look at 10 Big Data V's'. MAPR.com. (Viewed 04/10/2019) https://mapr.com/blog/top-10-big-data-challenges-serious-look-10-big-data-vs/

8. https://en.wikipedia.org/wiki/Master_data_management

9. The Forrester Wave: Master Data Management, Q1 2019

10. Van Bruekelen, Roland. 'Why context in marketing is worth (at least) 80 IQ points'. The Future of Customer Engagement and Commerce. https://www.the-future-of-commerce.com/2016/02/19/contextual-marketing/

11. https://sensedia.com

12. Smith, David, et al. 'Predicts 2015: Cloud Computing Goes Beyond IT Into Digital Business'. Gartner Research. 24 November 2014. (Viewed 04/10/2019) https://www. gartner.com/en/documents/2922018/predicts-2015-cloud-computing-goes-beyond-it-into-digita

13. https://www.esri.com/en-us/industries/banking/overview

14. 'GIS Analyst Salaries in the United States'. 26 September 2019. Indeed.com. (Viewed 04/10/2019) https://www.indeed.com/salaries/GIS-Analyst-Salaries

15. 'Browse Average Salary Ranges for Banking Jobs'. 26 September 2019. (Viewed 04/10/2019)https://www1.salary.com/Banking-salaries.html

第 4 章

银行分析的关键要素

概述

本章将更详细地介绍当前银行业使用分析的情况，然后在下一章中更详细地介绍机器学习和人工智能。

示例分为四个关键领域：财务绩效管理、客户分析、风险管理和运营效率。

其中，最重要的是财务绩效管理，因为它是银行的"引擎室"。如果没有充分了解已实现的收入、成本和渠道盈利能力，企业就是在盲目地进行运营。清楚地了解财务状况对于了解新技术的潜在投资回报至关重要。客户分析、运营效率和风险管理这三个领域是单独的（尽管在某些情况下，风险功能由财务部"控制"）。

示例的排列方式是将分析分组，然后考虑它们与不同类型银行的相关性。另一种方法是按"银行类型"逐个查看分析的使用，从而允许编写未来特定的银行类账簿，例如"投资银行分析"，这些账簿可能更具有深度。但是，这本书的目的是做一个大体介绍，笔者也恳请读者们能接受这种安排。

美国历史最悠久的金融服务机构之一在使用高级分析和人工智能提高合规性和运营效率

摩根大通已投资了一套内部文件搜索系统——"智能合同"，能分析重要的法律文件，提取重要的数据点和条款。其初步实施结果表明，对 12 000 份文件进行人工审查通常需要 36 万小时，而机器可以在几秒钟内完成审查。

引语

高级分析已经在银行业中大量使用，并且是许多部门的关键推动因素。本章将回顾银行业当前使用分析的情况，但这远不是一个全面的解析，因为每个单独部分都需要读者进行详细的调查。

银行业所有分析的实质是财务管理和财务部的运作，这是银行的"引擎室"。清楚了解部门、渠道和产品的盈利能力是银行盈利的核心。除此以外，还应考虑客户洞察力问题，然后是风险管理，例如，风险管理进一步推动了对操作风险、信用风险和市场风险细节的认知。行业的多样性使其适用多种类型的风险管理，并不是所有的风险管理都可以在一个版本中得到足够深入的考虑，但是会为涉及的问题和复杂性提供一个尝试。

此外，还包括运营分析（例如，分支机构绩效管理）等事项。尽管我们通常能理解分支机构的概念，但我们还需要了解如何衡量分支机构的成败。稍后，第 8 章将探讨分支机构未来的发展方式，包括"去分支"的概念。

即使考虑到上述所有情况，银行业对分析的使用也是一个无所不包的领域，不仅将继续扩大，而且将继续深化。它是通往未来银行之路的一部分。

财务管理办公室

一些读者认为，财务管理办公室的分析不必是针对特定行业的，也不需要就某个银行作具体分析，所有财务人员和会计师承担的职能或多或少都一样。在某种程度上，这是正确的，即所有行业的会计都必然具有一定程度的标准化惯例，使公司能够相互参照。同样，也有人认为财务分析过于复杂，以至于除受过专业培训的会计师之外，其他人都无法理解和管理。

另外，许多行业具有鲜明的特征，而银行业属于这一类。银行具有许多功能，包括管理多个业务线和产品系列中的不确定性结构，并期待从管理风险中产生可衡量的收益，并最终实现盈利。

同样重要的是，银行业财务管理办公室应具有一种机制，使其能够以一致的方式管理整个机构。这包括了多种多样的产品、多种市场渠道以及多个地区。简单地说，银行环境已经变得过于复杂，只用 Excel 进行财务管理对规模较小的银行也不适用了。

未来，更"敏捷"的银行业将具有更短的产品开发周期、新的分销模式，以及趋向淘汰旧产品和不断增加价值的趋势，这将要求银行更加积极主动地应对市场。反过来，这将对财务管理办公室提出更高的要求，财务管理办公室的作用将日益彰显，其对整个银行的战略影响将被广泛认知。

除此之外，随着高级分析和人工智能新技术的出现，银行尤其需要衡量和理解所产生的实际收益。随着关于创新的众多决策提出，越来越需要确定性地衡量投资回报率（ROI），并以此来支持进一步投资的需求。

但这不仅是财务绩效管理的问题。监管要求日益受到关注，特别是考虑到证券化资产组合存在不利风险敞口后可能的损失，资产池（如抵押贷款和信用贷款）的现金流像债券一样被出售给第三方。银行有责任编写高质量的监管报告，这些报告对于监控银行的安全性和稳健性至关重要。由于受到更多关注，银行更加注重风险管理，以及遵守复杂的监管要求（如《巴塞尔协议》《国际财务报告准则》等）。跨境业务和全球化的许多影响也增加了这种风险，因此，使用灵活、全面和稳健的流程，能够清楚地了解绩效比以往任何时候都更加重要。

财务管理办公室越来越被视为一个动态的、交互的部门，而不仅仅是一个账房先生部门。这就要求财务专业人员有效地参与更广泛的业务，参与战略（在某些情况下甚至战术）方面的考虑，并充当可信赖的顾问而不是财务保管人。

在许多情况下，尤其是在小型银行中，风险管理和监管合规的责任也落到了财务管理办公室，可以说有些财务管理办公室没有做好准备来承担这样的角色。

首席执行官和首席财务官之间的关系对于理解财务与更广泛业务之间的关系至关重要。如果首席执行官是组织的"领航员"，那么首席财务官就是副领航员，他们必须合作成为一个完全整合的团队来为公司谋利。这些陈述当然不是特别针对银行业的，而是代表由于数字化和大数据革命导致的许多职业的性质变化。

塞德里克·雷德（Cedric Read）的著作《eCFO：在新公司中保持价值》认识到，今后许多职能都需要转变，包括财务职能。银行业正在被大数据分析所改变，而且一切都不会保持原样。这种转变也将延伸到财务管理办公室。

2009 年，莫西曼、杜萨尔等人提出与财务管理办公室有关的问题：

- 缺乏信息来规范所发生的事情和将发生的事情。
- 财务信息的相关性、可见性和可信度。
- 短期和长期、细节和大局之间需要取得平衡。
- 自上而下的视野与自下而上的环境之间的有机连接。

他们认识到组织内决策者，尤其是掌握预算和承担交付责任的决策者所面临的挑战。比如：现金流与营运资金之间的平衡、资本支出与运营支出的决定和财务管理办公室的管理等。在过去的 10 年中财务的世界并没有多少变化。

与 IT 部门需要变革的方式相同，财务管理办公室的作用也在发生变化，特别是随着高级分析变得既好用又实惠，为了支持业务决策，在某些方面财务管理办公室被边缘化了。随着人工智能系统越来越多地融入组织，被称为 RPA 的流程使许多传统例行任务自动化，这种变化将继续发生。随着集中控制被取代，财务决策越来越多地被交到业务部门手中。大数据带来了"大授权"，也带来了"大责任"。在业务层面，财务管理办公室比以往任何时候都需要证明其决定扣留资金或限制预算的合理性。

参与规则也发生了变化，尤其是在使用分析功能方面。具有专业需求的企业高管和员工需要识别满足其特定运营需求的工具。技术供应商正在免费提供它们的工具以争取提高参与度。自动识别分析工具可能正成为危险的典范，对这些"工具"的采用需要进行认真管理。

"危险"一词不应该轻易使用，但多次战术采购有可能导致"危险的"脱节。银行组织既广泛又复杂，需要以标准化确保一致性，尽管正在出现新"工具"来帮助"胶合"不同的系统。独立的决策和技术选择可能导致针对特定需求的工具产生，但这可能与机构的更大利益背道而驰。零散的采购错失了采购部门希望达到的所有目标——标准化、规模效应、升级管理、工具和战略采购的整合，而不是一系列更难管理和维护的战术关系。

绩效管理与综合决策

分析的主要原则之一是事实只有一个版本。从技术角度讲，这意味着放置在最终用户面前的所有信息均来自同一数据。至少从理论上讲，对数字存在分歧的日子已经一去不复返了（尽管仍有一定程度的解释空间）。有时在这些灰色的"解释性"领域中会出现争议，但无论如何，从所有信息都可靠的角度来思考，这是向前迈出的一步，因为所有信息都是同一来源。

为此，还必须使用可靠的测量方式，并理解相同的数据不仅将用于管理业务，而且还将用于满足法规要求。

人们还需要记住，不同金融行业的成熟程度各不相同，例如，银行业的成熟程度高于保险。负责资产和负债管理的部门具有极高的分析洞察力。分析工具被用于细分领域，虽然其中一些可能无法在整个企业中显著传播，但数据驱动的决策文化很可能是正确的。

跨部门以及跨行业的人员流动很可能会带来拉平效应。尽管某些行业和部门更为先进，但在不同的行业和部门之间仍然会有某些知识和能力的迁移从而产生某些文化共性。

零售银行家可能会合理地从消费品和零售产品（CRG）企业那里学习。零售商总是很清楚哪种商品销售得好或者不好，以及需要提供什么折扣来激励顾客。客户行为管理是一个财务问题，也是一个营销和心理问题，要有效地做到这一点，就需要在诸如收入、盈利能力、增长以及它们如何与产品、渠道和声誉联系起来等问题上有深入见解。

银行家们最好在同行之外去寻找答案。显然，在客户分析方面，零售商和电信公司在分析购买行为方面遥遥领先于银行，但这一差距正在迅速缩小。随着诸如亚马逊之类的具有高度分析能力的公司进入银行领域，传统银行必须快速观察和学习，并迅速采取行动。

真实的逸事：

银行和保险公司人员挤在一个屋子里热火朝天地聆听着一家商业街零售商的介绍，商家通过会员卡了解顾客的购买行为，不仅可以提供有吸引力的价格，而且可以预测何时何地报价效果更好。所有人都对一个问题特别感兴趣，即："会员卡在银行业中等同于什么？"

银行绩效管理的关键要素

银行业务绩效管理流程通常包括六项关键原则。

1. 了解业务驱动因素 也就是说，需要了解关键的业务和绩效驱动因素。业务驱动力是"对业务的持续增长至关重要的资源、流程或条件"。有效地管理关键业务和绩效驱动因素可以达成有效管理绩效的目标。研究过去的业绩可以帮助银行了解成功的关键原因，并由此配备关键的业绩指标。具体来说，在银行业务中，一些关键驱动因素是客户资产和负债及利润率和盈利能力，然后可以使用匹配资金转移定价等技术来推动特定领域的增长。（匹配资金转移定价是一种了解特定资金如何增加银行盈利能力的方法，并且可以协助提高产品开发、分支机构优化和判断流程的效率。）

2. 滚动预测的使用 滚动预测是一种财务模型，与静态预算模型不同，它可以连续管理企业的绩效。它采用加 / 减流程，随着一年的推进，每个月份会增加 / 减少，主要益处是帮助企业在变化且不稳定的商业环境中运营。例如，从传统的资产负债表方法转向滚动预测可以帮助银行快速有效地了解央行利率变化的影响，及其可能对业务计划产生的影响。

3. 报告可视化 有效利用数据仪表板和可视化工具作为传达数据信息和见解的方法，加上深入的研究能力，能帮助用户快速了解产品和分支机构的情况。结合位置分析还有助于银行从地理位置的角度了解正在发生的事情。

4. 信息民主化 这意味着在整个公司范围内通过适当的授权共享明确的"受信任"信息，以便业务用户可以及时访问相关信息，以作出更快、更好的决策。

5. 规划工具 最有效的规划工具和流程，使部门、业务线与企业之间能够有效联系。这消除了独立的人为操作，并有助于在战略开发、业务规划和业务执行之间进行整合。特别是对于银行来说，诸如业务单元合并、业务单元之间的转移定价、资金转移定价和息差的计算，既可以是自动化也可以是因素驱动的。这消除了人工错误和费时的对账过程。

有效的规划工具还包括工作流程管理，以帮助管理截止日期，尤其是在规划流程参与度高的情况下。

6. 有效的分析工具 分析工具可帮助解释计划的差异（例如方差分析，又称"ANOVA"），测试"假设情景"和"恢复"情景的工具，以及其他类似预测分析的工具——所有这些最终都会改善决策。

客户分析

银行业的核心是了解客户的价值和客户获利机会。最终，银行对四个关键要素感兴趣：

- 客户的购买倾向是什么？
- 客户采取具体行动的可能性多大？如果采取，那么相关性如何？
- 客户流失或离开银行的可能性如何（特别是在开放银行中的情况）？
- 客户的生命周期或终身"价值"是什么？

为此，银行需要了解并预测现有客户和潜在客户的需求，然后向他们提出正确的报价。这可能在个人级别或更广泛的"市场活动"上完成。

客户洞察

"客户360度"洞察的概念并不是一个新想法，但在许多组织，包括银行在内，仍然难以实施。该概念在20世纪90年代初被提出，现已从相对简单的CRM工具演变为日益受到现代技术影响的工具，例如：

- 移动技术。
- 聊天机器人和其他自动化服务。
- 包括物联网在内的"数字化"发展。
- 机器学习和人工智能。
- 提供基于云的分析解决方案和"随需应变"的洞察力。

创建有效的客户360度视图有四个关键阶段。

采购数据

这可能包括：

（a）行为数据：定义客户行为的数据，如银行记录、贷款、已购买的产品和透支的额度。

（b）情感数据：从大众甚至个人社交媒体内容（尽可能）获得的情感数据。

（c）互动数据：数据来自客户在柜台、网站或联系中心与银行的互动情况。

（d）外部数据：如何捕获涉及客户位置、工作场所和设备使用的大量外部数据，以及如何识别和反映与客户特别相关的报价。

数据储藏库

从这些分类的数据中，可以创建单个存储库或相关信息的存储库，并以此创建客户的 360 度视图。如果没有有效的数据管理工具，数据收集本身就没有意义。

各种不同类型的数据——结构化、非结构化和来自不同来源的数据——需要多种技术工具从来源中提取信息。其目的不是评论或推荐这些工具，只是陈述这些数据管理工具的用途，例如对以下各项的管理：

（a）持续提供数据，以确保要约既及时又相关。

（b）内容管理，可以有效地获取数据并分类。

（c）文本分析，使联络中心互动交流的文本和语音翻译变得有意义。

（d）设备数据分析，例如来自智能手机的位置详细信息。

（e）客户标识，从多个应用中跟踪单个客户标识。

所有这些流程都必须围绕适当的管理方式并安全地展开，尤其是在银行使用外部数据源时，这时银行比较容易遭到侵害。

创建洞察力

前一章提醒我们数据和分析过程都不是目的，目的是由分析产生的理解深化。从根本上说，目的是以更高的概率确定客户购买产品或服务的倾向。银行提供开放银行服务，使得银行之间客户的流动性提高，这种洞察变得越来越重要（见第9章）。更好的洞察力至关重要，可以使银行识别出最有可能离开的客户从而解决留存率问题，类似给客户流失上的保险。

此外，由于银行考虑其他业务模式，如"全能银行"和"全方位服务银行"，这些模式实际上是品牌的延伸，它们还需要衡量现有客户购买更广泛金融（甚至非金融）产品的倾向。

这种认识不一定全部用于"外延型"活动。有了更多的数据，银行将能够获得有关其客户群的更全面的认识，将其与情感分析联系起来，可以帮助银行制定更有效的策略和战略，并了解其战略成败的原因。

在竞争对手的压力下银行理解这些分析的能力日益成为成功的关键因素。像彭博社这样提供外部信息的机构越来越多，再加上内部信息，信息分析就变得至关重要。我们可以将其称为"语义分析"。

关键可交付成果

以前所做的所有工作目的都是要创建这样一种程度的细分度，即使银行实际上具有"个人化的细分"，换句话说，就是一种"超个性化"的方法。更多的、更高级别的客户细分有望带来更及时、更适当的优惠。

分析还将提供优先等级的要素：谁最有可能购买，谁最有可能离开。

提供此项服务的方式也很重要，需要特别注意确保消息传递的任何一种渠道都一致（也称为"全渠道"营销）。随着人们越来越关注移动设备这种关键的通信媒体，在小屏幕上以易于"消化"的方式表达这些产品的能力也成为关键的成功因素。

现代"360度客户视图"思维的实质是将供应商和最终用户之间的关系从"买卖"关系（甲方试图向乙方出售）转移到"体验式"的关系。换句话说，目的是根据与该特定品牌互动时客户的体验来创建全新的联系。

这种方法的动机是，如果客户拥有更好的体验，他们会愿意参与更深层次、更加忠诚、更可持续的互动，成为该品牌的倡导者或"大使"（正如我们在第6章中所提到的，"品牌"的概念变得越来越重要）。除此之外，更深层次的关系在财务方面将转化为更可持续的"终身价值"。

相反的是，如果系统运行缓慢或不安全，与银行进行"数字化"交互时遭遇糟糕体验的客户将不仅倾向于离开，还可能将糟糕的体验告诉他们的朋友，这可能会影响业务增长，其对于开放银行的影响不可低估。使用不便的应用程序可能会对客户体验产生重大影响，尤其是在 Z 世代客户中。其必然结果是，运行流畅、有吸引力的应用程序很可能通过成功的营销活动赢得客户。

专注于客户的数字银行也越来越认识到需要从客户的过去和现在中总结经验，以便预测客户可能的未来。这也是一种预测客户对银行潜在终身价值的方法。这种基于时间的方法为上述四个关键阶段提供了一种不同的、更以客户为中心的方法，但这是基于人工智能应用程序的一种补充。

反思客户的过去

- 关注客户购买或使用的产品和服务。
- 客户与银行的互动次数（如果有效跟踪）。
- 客户调查系统或流程视图，通常是从在线贷款申请中获得。
- 客户对历史活动的反应，无论是正面的还是负面的。
- 客户在响应某些流程（如密码更改）时的活动。

关于客户当前的情况

- 对客户及其当前需求有更深入的了解，这通常取决于他们的生活阶段。
- 客户与银行的关系及其重要性。
- 银行与客户之间这种关系的特定背景，如零售银行或投资者服务。

关于客户的未来

- 客户的潜在财务前景如何，可能通过学历文凭来评估。
- 他们的生活方式预期是什么？
- 为该客户"重新定位"现有产品或服务（在开放银行方面尤其重要）。
- 客户没有主动关注但可能会感兴趣的内容。
- 银行更好地与客户保持一致，不仅要从财务角度，而且要从非财务角度（比如道德）和环境问题角度。

信息量、细分程度、产品量和快速需求已达到人工能力的极限。越来越先进的分析和人工智能对于提供超个性化服务和提高 360 度客户视图至关重要（见图 4-1）：

- 对越来越多的可用海量数据进行更深入的了解。
- 通过优先级和上下文分析提供更多相关信息。
- 创造实时"超个性化"产品的机会。
- 了解渠道偏好，如果是多渠道，了解如何调整它们并保持信息平衡。
- 识别隐藏的关系。
- 预测客户离开的倾向，因为开放银行将变得更普遍。

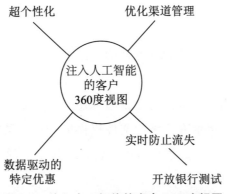

图 4-1　注入人工智能的客户 360 度视图

信息复杂性和多样性的提高要求银行具有无须人工干预就能"大规模"执行与客户互动活动的能力，这只有自身适应完全自动化的智能系统才能得以实施。借助如此丰富的数字踪迹，人工智能解决方案将最终提供更好的战略，以确保银行"抓住"当前的客户机会，并创造利用客户终身价值的工具。

专家们已经在考虑现代客户 360 度视图需要的开放数据等问题，并开始"重新构想"一种新形式的客户体验管理（CXM）流程。最终，商务用户的秘诀是尽可能找到合适的技术工具（Adobe、MS、SAP 等）并将其集成到他们的业务中。更深层次的问题是个人与其银行之间的特定关系。个人准备"交易"哪些信息，以获得更好的服务和更合适的产品，以及这些如何在法规合规性方面反映出来？

例如，《通用数据保护条例》（GDPR）规定了个人数据的使用方式，除其他要素外，还要求个人明确同意使用其个人数据。相比之下，《加利福尼亚消费者隐私法》赋予消费者知情权，包括个人信息的来源。总体而言，两者都是保护个人数据"权利"的一种进步。

人们清楚地认识到，使得银行与个人需求保持一致的最佳解决方案是更详细的细分数据，该解决方案使产品和服务与消费者需求相匹配，但在实践层面实现这一目标尚需时日。同时，银行可能需要掌握将客户和潜在客户群进行粗略分类的方法，并采用我们称之为"市场营销活动管理"的增长途径（稍后进行介绍）。

信用评级

就银行业而言，"客户360度视图"的一个子集是客户的信用评级，即对个人或企业信用风险及其最终还款能力的评估。这是对债务人违约可能性进行预测的一种形式。贷款机构过去通常使用数学模型来计算这种风险（通常是基于信用报告和申请人签署的文件提供的其他信息）。一般来说，分数较高的人被认为风险较低，银行可以为他们提供更好的贷款利率。

通常考虑以下因素：

- 现有信贷债务数量。
- 付款历史记录。
- 先前的信用申请数量（"信用搜索"）。
- 公开记录中的信息，如法院对申请人的判决。

银行越来越多地使用基于人工智能的算法来更精确地作出风险评估，这正在改变传统评分模型的工作方式。基于人工智能的系统不仅能识别传统因素，还能考虑无法显现的隐藏模式。尽管应用程序被批评为"黑箱"，并可能存在泄露数据隐私的风险，但基于人工智能的系统考虑了更多因素：

- 更高的风险准确性。
- 防止数据输入问题。
- 更多申请记录数据，因为那些没有信用记录的人现在能够申请贷款。
- 具有更高确定性，银行可能会提高接受率。

分支机构的营销活动

具体地讲，银行需要了解客户的个人需求，并向他们提供满足这些需求的服务和一系列产品。实际上，这并不容易。其他金融服务提供商（如保险公司）和零售商也面临类似的问题，它们也在试图为最终用户创建360度视图。像亚马逊和奈飞（Netflix）这样的公司似乎更接近这一宏伟目标。因此对于传统银行而言，这既被视为威胁，也被视为变革的模板。随着时间的流逝，人工智能可能会越来越多地创建本质上更精细的超定制化产品。

但是，银行提供重点解决方案的能力相对有限。因此，它需要采用更多方法来运行传统的"广告活动"，以吸引更多志趣相投的客户。这些活动在分支机构中得以实施，更重要的是通过更广泛的群体行动来实现，通常是通过媒体宣传进行。如上文提到的四个分析关键阶段所涵盖的，在所需的分析方法方面有很强的相似性。

考虑到分支机构的营销活动的实质是帮助分支机构通过本地交叉销售来增强现有客户关系，并为客户提供最合适的产品和服务。面向分支机构的方法是否仍然有用，以及它将在多大程度上改变都值得怀疑。分支机构的目标是吸引更多的潜在客户，增加分支机构的收入并降低营销成本，但现实情况是，客户是否会受到分支机构营销活动的较大影响？如果是，可以持续多长时间？

银行真正要解决的问题是，除了某些有限的产品或服务意识，分支机构是否会在活动管理中发挥作用。在大街横幅、报纸广告、电视或其他形式的媒体（尤其是社交媒体，在下一部分中进行介绍）上，这样做是否更有效？

在考虑银行未来的角色时，需要考虑银行品牌的重要性和分行的作用，而且要从社会或社区的角度考虑分行的相关性。它们是如何相关的呢？不久以前，银行还是社区的核心，那里有着当地教会或其他慈善渠道的捐款，同时在那里作出社区项目贷款的决定。具有决策自主权的银行经理受到尊敬和尊重，而如今，银行的这种作用已大大削弱，甚至已经消失。

为了追求运营效率和更高的利润，传统银行网络被侵蚀似乎导致了不分良莠、好坏一起丢的后果。某种意义上，能够为社区作出社会贡献的银行也能够对其客户群施加"软影响力"，而这对于集中化、数字化、在线化的企业而言要困难得多。相比之下，一些采用代理模式的保险公司仍然欣赏这种"软收益"。当然，本地银行业并不适合所有人，由于人口老龄化和更多人可能因人工智能"革命"而被解雇，人们不禁要问本地化分行的消失是否只是时间问题。

例如，在笔者生活的村子里，最近一个国际知名品牌开了一家咖啡店，除了酒吧，咖啡店现已成为最受欢迎的聚会场所。银行为什么不与这些供应商达成一项（或两项）全国性协议？正如在考察"咖啡馆银行"时讨论的那样，本地邻近性和便利性变得越来越重要。例如，在某些国家，一些本地（较大）的超市和购物中心已经在提供医疗服务。但有必要划清一些界限：是否可以在当地的酒吧或酒馆中提供"明智的"银行服务或财务建议？如果可以，如何对其进行监管？

社交媒体活动的影响

越来越明显的是，银行需要更有效地管理其社交媒体，以便以营销活动的方式向客户群提供及时和适当的优惠。例如，具体到千禧一代，更有效地使用社交媒体将是获得这一细分市场的关键。

社交媒体不仅可以提高消费者的情感体验和品牌形象，也是客户群的重要沟通媒介。这意味着内容不仅要简单易懂，在手机屏幕上也要可以很好地展示。这不仅包括"平面"图像和网络快照，还包括使用短视频以及照片墙（Instagram）和脸书等社交媒体渠道。当我们专注于考虑未来的银行业时，需要认识到千禧一代很可能使用社交媒体作为主要接入渠道。

为了使银行有效地使用社交媒体，它们需要能够：

- 管理大量数据，并有效地使用分析来创建具备操作性的新安排。
- 迅速进行处理，以便生成的任何安排都是相关的。
- 了解文本的语境，不管是关于个人的（这需要一个高度细分）还是关于某个类型的群体的。
- 能够使用多个社交媒体平台进行有效沟通。

社交媒体分析中通常使用一系列工具，包括：

- 自然语言处理，使计算机系统能够处理和分析大量的人工生成内容。
- 情感分析，有时也称为观点挖掘，它允许计算机系统"识别、提取、量化和研究情感状态和主观信息"。
- 数据挖掘，在大数据中发现模式。
- 社交网络分析，从文本中识别社交结构，例如友情和亲情关系。
- 社交媒体挖掘，是从社交媒体网络获取数据，利用这些数据去分析并产生洞察的过程。

市场提供了大量的软件工具来实现这些功能。供应商的最终选择可能取决于可用的预算和所需结果的重要性。

具体来说，在银行业，情绪分析也被用来深入了解金融市场的交易动向，如彭博新闻社、脸书和推特等数据提供商，以及公司的公告。这些不仅提供了更好的洞察力，有助于改善经济预测，还可以融入经济模型以提高准确性。像奎马克龙（Cuemacro）这样的专家提醒我们，公司包括银行在内，通过查看内部非结构化数据（如内部电子邮件和来自业务合作伙伴的报告）以及公开提供的内容，可以获得很多好处。

在更广泛的背景下，银行有效利用社交媒体分析，可以：

- 了解并影响消费者情绪。
- 提供更及时、更相关的产品。
- 提升品牌形象和品牌质量。
- 为客户提供更有效的社交互动催化剂，例如，更好的投诉管理。

我们不应忽视这里的规模问题。大型银行，包括亚洲和中资银行，拥有数百万的客户群。2005 年，中国最大的银行中国工商银行拥有 250 万企业客户和 1.5 亿多个人客户。该银行目前（撰写本书时）拥有 5.67 亿个人客户。

尽管某些国家或地区对社交媒体有较大的控制权，如此数量的客户也并不一定会直接按比例生成大量社交媒体数据。但是，以空前的规模创建与特定个人银行业务有关的非结构化数据的潜力仍然存在。相比之下，在被认为更本地化的欧洲市场，最大的银行汇丰银行"仅"为全球3 900 万客户提供服务，这些客户分布在 66 个国家和地区。

关系定价

关系定价通常表示一种"框架"，其中定价基于客户的总体购买活动，而不是基于产品。它允许银行根据该客户与银行完成的整体业务量（关系）来设置产品或服务的价格，因此，可以使用以客户为中心的参数来确定价格。这也是银行用来提供点对点服务并提高其客户忠诚度的一种方法。

由于这些服务大部分都包含贷款，因此关系定价原则上是为个人客户（通常是商业客户或更高价值客户）"制定"贷款条款的能力。快速创建这种定制产品而无过度推荐的能力被视为成功的关键因素。

在个人银行业务场景下，刚办理了房贷的客户也常常有可能通过沟通来降低或取消其活期账户手续费。

如果开立新账户是银行销售主管的 KPI（关键绩效指标），则可能导致可疑的做法。在美国，富国银行（Wells Fargo）在 2011 年至 2016 年间，对银行销售人员开设新账户采取了激进的（和惩罚性）计划，但后来发现这些新账户没有经相关客户同意就被开立，新账户总数估计为 350 万。这是有问题的 KPI 导致不良行为的典型例子。

计算"关系价格"时，银行还必须了解该关系的"全部机会成本"，即如果客户将其部分或全部存款账户转移到贷款机构，可能会产生潜在的收益。实际上，这是一种交叉销售的方法，其极具吸引力的定价旨在吸引客户与之建立日益加深的关系。但是，在美国，1970 年的《银行控股公司法》修正案阻止银行进行"或有定价"：使一种服务或产品的成本取决于另一种。

修正案还要求银行考虑贷款的风险程度，即"基于风险的定价"，例如提供抵押品和担保的影响。

关于分析，麦肯锡等专家认识到，与传统"模拟银行"相比，数字银行实施此类流程的机会要大得多。在其他地方，Zafin 等公司解释说，基于分析的方法可以帮助提供必要的报告，以实现更有效的关系定价。Zafin 公司的方法是使用它们所说的"客户关系得分"，使用算法来理解客户的行为，以及客户黏性。其首席分析官苏曼·辛格（Suman Singh）将其描述为允许银行从价值和机会的战略角度系统研究客户体验，并改变其交互模型，以最大程度地提高客户满意度。

这是关于运行FICO信用评分类型与贷款银行风险偏好保持一致的方法，评分系统关键要素包括：

- 当前产品所有权。
- 付款偏好。
- 产品使用行为。
- 客户互动体验。

评分模型允许银行将客户细分为：

- 最优的关系。
- 牢固的关系。
- 适度的关系。
- 薄弱的关系。

根据客户关系评分（CRS），银行能够确定可提供的产品以及价格。

弹性价格的想法并不新鲜，弹性价格不仅取决于供求关系，还取决于客户的购买倾向。产品价格富有弹性是指价格相对较小的变化会对需求产生很大的影响（如果价格的大幅变化不影响需求，则该产品价格被视为"无弹性"）。

弹性定价，或者有时被称为"优化定价"，是酒店和运输等其他行业的常见做法。另一方面，这种方法也受到了广泛批评，特别是在财产保险领域，因为财产保险的成本不是基于实际风险，而是基于客户的行为。2015年，佛罗里达州保险专员对"歧视性的"优化定价表示担忧。

客户对弹性定价的反应取决于几个因素：

- 竞争环境和同类产品与服务的定价。
- 产品的本质和是否有"替代品"。
- 购买的习惯性（例如购买酒）。
- 客户群的忠诚度。
- 有效广告的影响。
- 产品生命周期，替代品数量和同龄人行为的函数。

银行业竞争日益激烈，商业化程度明显提高，商业化的关键问题是品牌知名度和忠诚度。品牌知名度可以通过有效的广告营销在某种程度上提高，忠诚度却很难获得：银行应小心不要对"忠诚的客户"表现出不忠诚，例如，向新客户提供极为优惠的价格。忠诚度极难获得，却很容易失去。开放式银行的全面实施可能会是影响银行业价格弹性的重要因素。

客户服务

世界变得越来越富有。根据凯捷（Capgemini）的报告，2017 年有超过 100 万人进入了全球富人行列。蓬勃发展的股票市场使拥有可投资资产（不包括主要住所）超过 100 万美元（合 75 万英镑）的人数达到创纪录的 1 650 万。全世界的高净值人士合计拥有 63.5 万亿美元的财富（见图 4-2）。

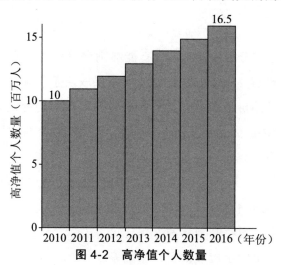

图 4-2　高净值个人数量

资料来源：The guardian. com/business/2017

根据凯捷的说法，富有的人比一般人以更快的速度变得更富裕。对于他们来说，他们会得到投资经理有价值的服务。凯捷的一位分析师克利夫·埃文斯（Cliff Evans）说："如果可以负担得起投资建议的费用，您将获得更高的回报。"

超过这个水平的百万富翁被凯捷称为"百万富翁升级版"，拥有 100 万至 500 万美元的可投资资产的人，2016 年增长了 6.2%。超高净值人士，可投资资产超过 3 000 万美元的人，2016 年增长了 8.3%，其中增长最快的是拉丁美洲（增长 9.2%，影响了整个细分市场），见图 4-3。

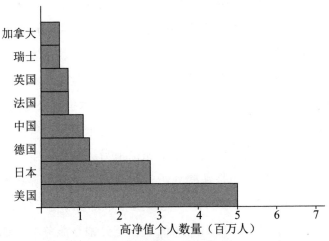

图 4-3 2016 年顶级国家的高净值个人数量

资料来源：The guardian. com/business/2017

对于这些特定群体，普通银行的业务还不够。但是，财富管理机构面临的挑战是如何给这些客户提供所需的建议和信息，以及在这样做时银行如何与客户建立特殊和可持续的关系。

十多年来，专业银行、财富经理和投资经理一直在使用分析来提供更好的报告，从而通过对基金和资产管理绩效的分析等功能，向客户提供投资组合的建议，跨资产类别和地域去创建具有深入研究能力的高度可视化报告。

这些投资组合管理功能那些相对不富有的人也越来越容易获得，例如，对他们的个人养老金安排有更大控制权。

但是，采用静态报告功能的客户服务现在变成"明日黄花"了吗？这个行业的未来会是什么样？同样，它也将受到银行业数字化转型的影响，而不是与之并行或绕开。投资经理已经在使用先进的技术来预测股市的变化，那么为什么这些相同的技术不能应用于客户服务领域呢？未来客户服务的本质很可能是主动性的而非反应性的。

但这存在潜在的风险，特别是这些功能被越来越多地通过移动设备获取。资产管理公司不断建议，成功资产管理的本质是采取更长远的观点，而不是遵从即刻下意识的反应。如果预测指标出现坏消息，抵制这些改变或调整投资组合的诱惑有多难？例如，这种快速的反应是否会成为某种形式的自我实现的预言？随着我们使用带有内置引擎的高级工具使得流程越来越自动化，如果有需要，那些机器人基金经理将如何受到约束？如果程序内系统的自我约束导致重大经济损失，这些损失的责任谁来承担？这就像实时发生的自动驾驶汽车算法一样，是一个复杂的难题，它可能得出危害最小的结果。业务领域自动化程度的提高带来了新的挑战——责任谁来承担和如何确保合法合规。

最后，在本小节中，我们还应该花一点时间来反思银行业试图解决的金融差异。一方面，"富人"的数量在增加；但另一方面，全球人口中一部分人的收入没有增长，最坏的是那些处于贫困线以下并且生存状况严峻的人。由于遇到了困难，许多人从农村地区迁移到城市，城市化不仅造成了新问题，也使得现有问题趋于恶化，比如所谓的"不充分银行服务"，或许为银行提供了新的机会，这将在第9章中进行讨论。

风险管理

作为银行业务的核心，有效使用分析可以使负责人了解各个风险类别的情况。风险主题提供了足够的内容，可以学习全日制和非全日制课程，并邀请同学们考虑以下各项。

■ **操作风险** 这涉及因流程失败、软件、个人行为或外部事件造成的风险。

■ **信用风险** 零售或批发业务交易对手不履约的风险。在信贷风险方面，有效的分析使银行能够确保"始发银行"（即信贷额度所在的银行）与计划的多元化战略保持一致。这需要考虑：

（1）始发银行的特征以及涉及的交易量。

（2）"后端"性能，其中考虑了投资组合先前的亏损和任何违约。

（3）根据《巴塞尔协议Ⅱ》《巴塞尔协议Ⅲ》及后续协议，对资本和报告进行管理迭代。

■ **市场风险** 市场风险被描述为由于市场价格的波动造成的财务损失风险。欧洲银行业监管局（EBA）将市场风险定义为："市场价格的不利变动"造成的资产负债表内外亏损的风险。

■ **投资和流动性风险** 流动性是实体在不遭受灾难性损失的情况下偿还债务的能力。因此，流动性风险从根本上影响了一项投资的质量和吸引力，以及是否可以足够快地购买或出售该投资以最大程度地减少损失。深入一点说，"流动性风险"本身就是一种衡量实体（无论是公司、组织，还是机构）可以履行其短期债务义务的标准。

最有效的培训课程涵盖了国际化思考，反映了全球市场需求等问题，并研究用于识别、减少和管理特定风险的技术。

风险情景分析

在商业方面，"情景"的概念要求企业不仅要考虑一系列事件的结果，而且要考虑导致这一结果的发展路径。有效的情景分析不依赖历史发展，而是考虑导致可能结果的各个转折点和事件。这些结果可能是乐观的、悲观的或相对不可能的。

当然，人们不应该排除意外后果，这也可以分为三类：

■ 意外的好处，一个积极的意外结果，如赢得彩票。

■ 意外的坏处，除了预期的效果，还会产生不利的结果（比如灌溉系统提供水，但也会导致水传播的疾病，如霍乱）。

■ 反常的结果，有时被称为"适得其反"，它给出的结果与预期完全相反，而且预期的解决方案只能使事情更糟。

在金融服务中，银行也可以使用这种方法来预测经济的变化及其对战略的影响，或者更好地了解快速、适度或缓慢增长时期的潜在回报。

欺诈识别

本节将专门考察欺诈和金融犯罪。我们将在本章稍后部分简要讨论欺诈性投资交易。欺诈是银行的主要操作风险。典型的欺诈可能包括：

- 身份欺诈。
- 反洗钱（AML）。
- ATM 欺诈。

银行家的主要问题包括：

- 大规模管理欺诈识别的需求。
- 使用有限资源进行调查的能力。
- 需要保持有效的客户服务，而不是把所有异常交易都当作潜在的欺诈。
- 需要管理内部和外部合规性问题（例如交易监控）。

该领域典型的现代分析是统计学和人工智能分析的组合，例如，机器学习、模式识别和神经网络（见图 4-4）。

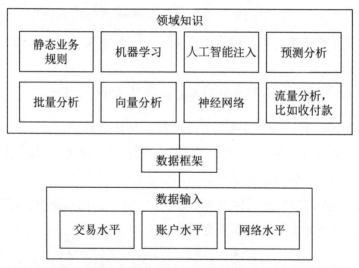

图 4-4 在银行欺诈识别中使用分析和人工智能

法律合规

由于银行如此注重合规性，因此在这一关键领域使用高级分析和人工智能是必然的事情。这被称为科技合规（Regtech），大致属于操作风险领域（包括未能遵守法规以及其他合规问题）。

全球银行面临的特殊挑战是如何遵守各地不同的要求，即使有类似的基本要求，例如客户互动和资本管理。

例如，在客户管理领域，可以使用人工智能记录与分析去监控客户对话期间给出的建议的性质和质量，并最终加以改进。在客户的同意下，人工智能可用于将对话分解为相关的关键部分，例如，是讨论专门的财务建议还是一般的"闲聊"。由此，可以调查财务建议元素，以确定所提供信息是否在可接受的参数范围内。人工智能元素是获取洞察力的关键组成部分，也是系统不断增加对交互性质和质量以及对话语境的理解的过程。

在中央银行层面，人工智能越来越有可能在资本充足率的压力测试中发挥作用。经济环境的波动有利于实现更大范围的自动化。随着银行进入下一个十年，它们可能会完全数字化。其影响是，它们可能很快地从纸质格式转向完全数字化格式，这些格式更容易适应现代方法，如机器学习、自然学习，并最终到人工智能。

风险管理与人工智能

这里相关的原则是：

- 交易对手风险管理。
- 信用风险管理。
- 合规管理。

关于风险管理，人工智能能提供某种自动化，或者仅仅是风险管理"工具箱"的一个要素。目前，即使是相对强大的解决方案，也需要数据科学家和行业分析师这样的人才。除此之外，即使加上适当的算法，数据本身也可能不够用。最终，人工智能必须具有以下潜力：

- 结合不同的波动率模型（称为集成学习的过程）。
- 选择并结合不同的回测模型，策略模型应用于历史数据。
- 使预测波动率模型从错误中学习（强化学习）。
- 建立潜在危机的预警系统（神经网络）。

监管科技的初创企业，甚至是那些比较成熟的公司，都可以提供识别和评估风险的软件，并提供一系列优化风险管理的控制措施，包括：

- 风险映射和风险矩阵建模。
- 控制计划建模。
- 事件和建议管理。
- 流程升级。

这是一个复杂的领域。2019 年，英国国民西敏寺银行（Nat West）宣布与微软和人工智能专家 DreamQuark 合作开发"下一代复杂分析（NGCA）"。它们的合作致力于模拟不同环境和行业的行为，并在此过程中创建某种有意义的模式，帮助预测未来。通过这种方式，它们根据跨行业、地域和消费者类型来预测未来的风险和机遇，目的是通过模拟和机器学习的结合来做到这一点。

准确的预测本身会带来更大的确定性，但是这实际上意味着什么呢？整个"游戏"不是管理不确定性、分散赌注和承担一点风险吗？我们真的可以期望在无风险的环境中运作吗？如果是这样，后果是什么？我们必须退后一步。在可预见的将来，人为干预问题是必须要解决的，而人类可能被证明是这一过程中最薄弱的环节。因为最薄弱的环节是情绪和非理性发生的时候，这是自动化系统不可能允许的——除非被故意编程。

爱尔兰银行使用人工智能改善销售流程

这些新技术可能会越来越影响销售绩效管理。例如，早在 2017 年，北爱尔兰银行阿尔斯特银行（Ulster Bank）就一直在使用 Salesforce 的 Einstein 向其一线员工提供注入人工智能的见解。Einstein 是一种人工智能注入的解决方案，用于销售、服务和营销云，最近被内置了图像识别系统。阿尔斯特银行从 2016 年开始，让 10 位客户经理一起试用人工智能软件，并在 10 周内迅速扩展到 500 位客户经理。

运营效率

由于需要流程以成本效益最高的方式运行，又要保证所提供服务或产品的质量，因此银行需要提高运营效率，目的是优化完成任务的方式，减少或完全消除流程中那些运行过程中会增加不必要成本、价值无提升或两者兼而有之的元素。

在银行业中，自然会有许多类型的系统和流程，以下仅提供对其中一部分的考察。在考虑运营效率的情况下，以客户为中心的做法和风险管理问题存在共通之处。销售管理就是一个例子，它旨在通过关注客户的特定需求来优化销售流程，同时规避不当销售问题。

优化运营效率的关键要素是了解流程的实际成本。有效的财务绩效管理是其关键组成部分（前面已经介绍过），但随着技术逐渐成为流程成本中的一项，需要了解"附加到"该流程的 IT 成本。

IT 成本透明度

为了对运营成本以及如何进行优化有一个清晰的认识，银行通常热衷于了解如何将 IT 成本分配给业务的各个部分。银行技术成本透明度的关键组成部分包括：

■ "基于产品目录"的成本分配，这意味着提供简单、一致的方法，从而简化产品管理、服务收费和担保等问题。

■ 消耗量测量，可以基于约定的小时数或价格费率，并在使用时支付。

■ 技术费用分摊和内部开票，包括内部成本分配机制。

■ 基于驱动因素的规划，这是一种能够识别业务关键"驱动因素"的管理方法。用数字建模创建一系列业务计划，模拟公司的成败将如何受到不同变量的影响。

分行绩效管理

可能我们要问的第一个问题是分行是否具有可预见的未来，尤其是在高级分析和人工智能广泛应用的背景下。首先，了解分行经营效率的原因很重要。我们需要考虑如何衡量分行的成功或盈利能力，我们称之为"分行绩效管理"。分行绩效管理考虑使用数据和分析来衡量其当前和过去的绩效，并在规划过程中提供帮助。有效的分行绩效管理考虑在分行中拥有账户客户的产品类型，以及如何追加销售和交叉销售以追求最大的盈利能力。

除此之外，它使银行能够了解特定分行是否正在实现其关键目标（通常是以销售或服务为导向，以及这些目标在多大程度上与银行更广泛的战略保持一致）。这通常与增长和客户留存率目标有关，但可能还与其他"软性"指标有关，如客户满意度。

在其他地方，我们已经讨论了位置分析的问题，在此有必要重新讨论该主题。无论我们如何看待分行的概念，无论是现在还是在"未来银行"中，分行的物理位置似乎都是一个关键问题。商业街分行的位置通常依据潜在的客流量和与其他竞争者的距离而定，但可以忽略那些远离高净值客户的地理位置。

一些人可能会认为，分行绩效管理的概念相对过时，因为它是反映银行过去经营效果的一组指标。这种说法比较公允，特别是考虑到网上银行日益集中化。然而，我们应该假设，社区中存在某种潜力，我们需要对其进行衡量。在本书的其他地方，我们已经对银行业和零售业进行了类比。随着当前在线购买量的增加，商店只能变成"陈列室"，我们不得不思考零售银行关于复制零售模型可以走多远的问题。也许银行将越来越成为一种"经验"，鉴于开头一章所述的货币的性质，这一点尤其重要。在该章中我们说过，实际上，钱不存在，整个银行基础设施和生态系统都基于承诺和信任。（品牌、品牌价值和信任之间的相关性将在第 6 章中进行介绍）

因此，也许我们应该暂时将注意力转移到"银行体验"上，通常存在三种形式：

- 在线体验，可能与用户正在使用银行应用的质量有关。
- 呼叫中心的经验，稍后介绍。
- 线下分行体验，将在后面详细介绍。

关于"线下分行经验"，在标题为《分支机构销售的 9 个关键成功因素》

的文章中，FMSI 公司的梅雷迪斯（Meredith）院长认为有三个问题对客户来说很关键：

- 等待时间：客户要等多久才会有银行职员接待？
- 协助时间：客户与服务代表互动的时长。
- 服务产出比：换句话说，加售 / 交叉销售需要多长时间？理想情况下，根据 FMSI 公司的数据，表现最佳的分行此比率为 69%，最差表现的为 30%。

FMSI 公司还建议制订有效运营的 9 点计划，包括：

1. 更多的自主技术，如 ATM。
2. 使用实时监控系统，确保客户不会等待太久。
3. 更有效地管理银行大堂的"秩序"。
4. 通过设置"会客室"来保护客户隐私。
5. 改进员工交叉销售 / 追加销售活动的培训。
6. 在大厅中使用平板电脑帮助进行排队管理。
7. 使用远程预约功能。
8. 通过自动化调度来改进人员配置，以管理供应 / 需求失衡。
9. 提高专业化工作人员的能力。

那么，未来的分行绩效指标是什么样的？稍后，在第 8 章中，我们将挑战自己展望一下 30 年后的样子。在那里，我们将汇集一些有可能引起你的共鸣的想法。当然，存在一些关键特征，有的适应当下的银行环境，另一些则适用于"未来银行"。例如，咖啡馆银行将如何评价自身，并证明其存在的合理性（卡布奇诺的销售情况如何）？相同的客户指标和衡量标准是否仍适用？如果人类被某种机器人所取代，这些指标将如何改变？

最后，需要考虑分行软收益和实体存在的问题。最近的一份报告指出，1/3 的苏格兰分行在过去 8 年中被关闭，美国支付解决方案公司 Renovite Technologies 的首席运营官吉姆·托马尼（Jim Tomaney）提供了以下观点：

关闭银行分行的决定不公正地惩罚了苏格兰社会，特别是偏远地区的人民和企业。

银行分行提供的许多服务，如消费者贷款或企业现金存款，可使用云技术创建智能自动取款机或银行一体机来完成。

不幸的是，大多数银行还没有准备投资新技术和基础设施，以带来这种变化。

当今绝大多数银行仍然依赖 20 世纪 80 年代和 90 年代设计的基础设施。在这些基础设施上很难增加创新服务，所以金融排斥越来越成为一个问题。

联络中心服务

联络中心是银行业务模型的重要组成部分。如果当地分行无法解决问题，就需要用银行大厅的电话打电话给联络中心。或者您也可以绕过分行，从家里直接拨打电话，但有时很难接入。"首先，"他或她会说，"我需要问您一些安全问题。"然后，你可能会被问到定期付款委托指令、借记卡、最后一笔交易等内容，甚至初吻的地点……

在考虑分析如何改善联络中心的运营之前，我们应该首先考虑为什么需要联络中心。分析公司博斯（Booz and Co.）在其 2008 年的报告《重新定义银行的使命：呼叫中心用来削减成本或增加销售》中提出了"如何重新定义联络中心使命"的问题，并指出一些想要改善客户服务并降低成本的企业似乎都没有做到这一点。

联络中心最初是在 20 世纪 80 年代引入的，作为处理高互动、低价值交易的另一种方式，可以减少客户在分行中花费的时间，当然，仍有可访问的分行网点。自那以后，分行数量不断下降，并可能继续下降。

博斯公司确定了三个关键措施，用于改善联络中心的成本，包括：

■ 通过更有效地满足客户需求来防止可避免的呼叫。博斯指出，50%～60% 的电话咨询都是由于银行失误。二次呼叫说明客户存在再次电话咨询的需要，因为他们在第一次咨询时没有得到想要的服务和答案。（这无法说明那些等待服务的客户被反复告知"我们正在接听大量来电"，就好像联络中心无法预测通话高峰期——可能是在午餐时间或傍晚,同时没有充足的工作人员。)

■ 通过提高自助服务能力来减少客户致电的需求。自助服务可能会导致新的呼叫类别产生,即客户由于密码等问题无法在线访问自己的账户。

■ 通过有效的自动分配系统,从一开始就正确解决客户需求以减少呼叫数量。有时候,那些自动分配系统似乎只是在"原地转圈",会让呼叫者一直停留在开始的位置。在一些情况下,呼叫者只得求助人工服务。

在使用联络中心来改善银行收入方面,博斯推荐:

■ 更深入、更好的客户洞察,以便更好地了解客户需求。

■ 流程标准化程度提高。

■ 提升员工的技能,以提升流程的有效性,增加追加销售或交叉销售的机会。

即使在 2008 年,正确解决它的成本效益比也很有意义。有人认为通话量减少 5%~10% 可为银行每年节省高达 1 000 万美元。

转向更有效的自助服务的成本收益比也相当可观。博斯表示,联络中心进行干预的通话成本为每次 4 美元,而在线解决问题的费用可能仅为每次 0.10 至 0.15 美元。可以将呼叫量的 5%~20% 从联络中心转移到银行在线解决方案上,这样每年可以节省多达 2 000 万美元。

在有效自动分配方面,报告指出,一家银行已对 500 万个呼叫进行了重新分配,这些呼叫本可以在第一次呼叫时被解决。他们估计,重新分配的费用减少 20%~40%,每年也可以减少 1 000 万美元的成本。

甚至在十年前,联络中心已经开始使用早期形式的分析来衡量绩效,尤其是在座席效率方面。这些生产力工具仍然存在,但更多地侧重于呼叫的定性测量,而不仅仅是呼叫的数量。

除了座席效率,联络中心的关键指标可能包括:

■ 客户留存率。

■ 满意评分,例如 NPS(净推动力评分)。

■ 产品关系进展。

联络中心仍然是银行的主要支出，服务差是造成客户不满和客户流失的主要原因。联络中心的业务占所有客户互动的10%，占"客户关键时刻"体验的30%。多达70%的入站呼叫被认为是可以避免的，可以通过更好的在线数字解决方案进行处理，它是自动化增强服务的主要类别。

有效利用分析功能，银行可以预测客户可能采取的行动方案，并建议"下一个最佳行动"，以确保留存率、交叉销售或追加销售。为了使此操作有效运行，需要银行对客户进行360度全方位的了解（前面介绍），包括基于规则的系统和采用预测模型，以将查询定向到正确的解决方案或产品。

短期内，越来越多的人关注"增强型自动化"，即"参与"RPA，其中解决方案自动生成，输出由特定的事件、行动或员工的命令组成，是工作流程的一部分。这是从机器人呼叫中心顾问的角度考虑。实际上，这是一种"人机混合"形式，主要决策是自动作出的，但信息是通过人工干预传达给客户的。至关重要的是，除了同理心和亲切的声音，人类在这一过程中还能增加什么价值？

在"有人值守的RPA"之后，下一步是"无人值守的RPA"，它接近于人工智能解决方案，在该解决方案中，动作由自主机器人自身触发，很少或根本没有人工干预。实际上，目前大多数无人值守的RPA都用于后台操作，例如索赔和发票处理。从表面上看，"有人值守"和"无人值守"的RPA技术之间没有多少区别。随着语音识别的日益普遍，联络中心实现完全自动化只是时间问题。

支付监控

银行往往会受到多种支付系统的影响，并且几乎无法实时了解支付失败的情况。有效的支付管理可通过降低成本、提高满意度并最终提高客户留存率来帮助银行改进支付流程。

有效的支付监控使银行能够衡量和管理交易记分卡和KPI，提供集中的洞察：

- 按货币。

- 按创建日期。

- 每小时交易。

- 交易渠道。

- 按国家。

- 按状态，通常为：等待授权、交易完成、交易失败。

- 修护付款数量。

- 付款提醒。

- 每日内部流动性头寸。

- 遵守法规要求。

抵押追踪

有效的抵押数据收集和分析可为贷方、投资者、服务代理提供有价值的信息，提供基准化绩效统计报告，生成执行报告并提供监管监督报告。这样，它们可以帮助银行优化人员配备水平，预测收款费用，验证决策并计算预付款风险、信贷和违约风险、损失严重性和房价浮动的概率。

典型的抵押贷款分析系统允许用户跟踪关键的抵押贷款指标，例如：

- 抵押贷款数。

- 未付余额。

- 当前房产价值。

- 与房产价值相对应的未付余额。

- 帮助了解哪些因素会对抵押行业有正面或负面影响，例如位置或分销渠道。

"新兴机会引擎"确定最佳潜在客户

摩根大通在一个被称为"新兴机会引擎"的系统中使用预测分析，它结合了机器学习和自然语言处理以识别最适合后续跟进的客户。

销售、薪酬和佣金管理

为了追求收入最大化，银行及其员工面临着巨大的压力，因此薪酬管理流程旨在以适当的薪酬留住和奖励最成功的员工，同时考虑软性绩效，包括客户服务满意度等。许多银行仍然使用电子表格、过时的遗留系统、电子邮件的组合来运作跨多个部门的佣金和薪酬规划。

其影响是给审计过程的管理造成困难，只有遵守法规并检验薪酬补偿程序才不会让银行面临风险。

有效的薪酬管理要求：

- 薪酬与销售和服务的一致性。
- 透明和可审计性。
- 有效跟踪的能力。
- 建立有效的管理报告制度。

一个有趣的问题出现了。传统意义上，销售人员使用技术来识别最有希望的"潜在客户"并进行跟进。现在，技术能够更好地确定潜在客户给销售人员带来的不同责任。如果该分析表明销售成功的概率非常高，但最后没有达成销售，那么责任就转移到销售人员身上，需要他们说明为什么没有达成销售。

归根结底，分析和人工智能可以使买方的愿望与卖方提供的服务 / 产品相匹配，并自动将它们搭配在一起。这也许是一种商业配对机构？那么，人类对销售的真正贡献是什么？当然，总会有人争辩说，最终"推销"是人与人之间的事情，但是也许我们不应该那么自满。

金融市场风险与交易监控

对冲基金管理公司使用人工智能来确定投资策略

英国对冲基金公司英仕曼集团（Man Group）使用人工智能算法来

帮助其制定投资策略。根据彭博社 2017 年 9 月的一份报告，英仕曼（乃至整个行业）正在使用人工智能来找到最快捷的方式进行交易，通过观察市场走势以及扫描新闻稿和财务信息去寻找可能暗示股票是上涨还是下跌的关键词。

在这一领域，已经建立了先进的专项功能，但是人工干预仍然是确保有效监督的重要因素（至少目前是这样）。

分析与高质量的可视化相结合，可以实时确保：

- 决策符合银行的风险战略和风险偏好。
- 交易对手风险问题得到迅速有效的处理。
- 有足够的资金满足要求。
- 交易以合规的方式进行。
- 遵守规定。

投资组合管理分析

本部分内容的开始有些不寻常，这里会对"金融数学"的简短历史进行回顾。起点是植物学家罗伯特·布朗（Robert Brown，1773—1858），他观察了水中花粉的运动，这种现象被他称为布朗运动。路易·巴舍利耶（Louis Bachelier，1870—1946）被认为是金融数学的创始人，以及第一个将数学模型应用于金融市场分析的人，他在"投机理论"一文中提出，股票市场根据布朗运动演变。丹麦天文学家索瓦尔德·蒂勒（Thorvald Thiele，1838—1910）提出了一种解释布朗运动的数学理论，爱因斯坦在 1905 年对其进行扩展并进行了预测。

布朗运动被解释为统计中的随机过程，即将一个数学对象（在本例中是股票价值）定义为一系列随机变量。除了金融领域，这一运动还应用于生物学、生态学、化学和计算机科学等。即使在这个基本水平上，它也是一个复杂的统计计算。尽管如此，其他专家，例如维纳（Wiener）和罗伯特·默顿（Robert Merton）仍将金融推向现在的"大师级"数学水平。

问题进入下一阶段，就出现了布莱克—斯科尔斯—默顿公式（Black-Scholes-Merton），该公式由三位科学家创建，用于计算期权的理论价格。他们认为，股票的涨跌都与"可预测的不可预测性"一致。

公式第一次使用是被用于股票定价，因为在此之前没有一个明确的股票定价公式。如今，它更易于使用，可以在线为用户进行"烦琐的计算"。在开始使用它之前，投资者发现很难评估"期权合约"定价是否合理，以及是否具有较好的价值。他们只能根据"期权"的价格和价值进行推测，总体上看这太冒险了。由于三位专家的努力，现在可以利用数学公式计算期权的交易价格，期权变得只有一个准确的价格。利用该公式，交易者或投资者可以确定市场价格是高于还是低于其理论值，并据此进行投资（或"对冲"）。

它使用六个因素来计算价值：

1. 期权是"看涨期权"还是"看跌期权"，将重点放在买方或卖方上。

2. 当前股价。

3. 执行价格：可以行使期权的价格。

4. 基础证券的波动率，这被认为是最重要的因素。

5. 期权到期前的剩余时间。

6. 无风险利率。

统计人员还关注"肥尾"的概念，即统计正态分布的"钟形曲线"中存在"偏斜"。这种现象也被称为"肥尾"，在物理学、生物学以及经济学中也可以看到。布莱克—斯科尔斯—默顿公式是基于正态分布提出的，但如果存在概率偏斜，则可能导致预测失真。因此，就预测的准确性而言，肥尾被认为会产生更高的风险水平。这种肥尾现象会发生在金融危机时期，诸如互联网泡沫破裂之时。

由于这种"不良行为"，统计学家纳西姆·塔勒布（Nassim Taleb）在他的《黑天鹅》一书（被称为自第二次世界大战以来最有影响力的12本著作之一）中写到了预测的困难。他的论点是，风险很难预测，并暗示对中度风险进行投资没有实际意义——保守的投资者应将80%～90%的资产投资到极为安全的工具上，剩下的投资高风险工具。高风险投资者应将

80% ～ 90% 的资产投资高风险工具，剩余的则用于弥补潜在的回撤。他将此描述为"过度保守"或"过度激进"。

塔勒布在《黑天鹅》第二版中写道："我听到的最常见（但无用）的评论之一是，一些结果来自'严谨的统计学'。但我想知道如何运用统计学来创造出无中生有的信息。"

一个大胆的想法是使用人工智能和机器学习可以使投资过程越来越自动化。瑞银（UBS）已经在研究消除基金经理绩效偏差的流程自动化方法。

衍生品市场

特别是在衍生产品市场上，大部分"做市"都是由交易商完成的，他们通过一系列利率或货币互换，再加上"对冲"来创建有效且有利可图的投资组合。

大部分操作都可以直观地完成，但是在复杂的投资组合中太困难了。交易商使用一系列的投资组合管理技术，这些技术被称为"希腊字母"。它们是一系列期权价值对市场参数（例如时间、利率和波动率）敏感性的描述。之所以称它们为"希腊字母"，是因为期权对各种市场参数的敏感性都用希腊字母标记，例如 delta、gamma 和 vega。

除了这种复杂方法，投资经理还使用一种称为"风险价值"（VaR）的技术，该技术对最坏情况下的置信水平进行评估。这是一个复杂的领域，当把各种变量推到极值时被称为"压力测试"。在一个复杂的投资组合中，"压力测试"可揭示风险漏洞，比如对隐含波动率的过大敞口风险——也就是说，例如基于"现货价格"（当前市场价格）和利率的敞口，对波动率进行数学评估。

这些都是极其复杂的领域，足以作为一本书的主题，而不是一章的一部分。该领域的权威著作是《投资分析：利用人工智能、大数据和云计算革命性的专业投资》，作者是伯纳德·李（Bernard Lee）。同时也不乏其他阅读材料，马科斯·洛佩斯·德·普拉多（Marcos Lopez de Prado）在他的《金融机器学习的进步》一书中提出，"如果经济学家开始考虑非线性回归会怎样"，以及"如何处理 100 个变量而不是 3 个变量"。

洛佩斯·德·普拉多还提到了此过程的"产业链"，包括：

- 数据源和数据平台。
- 特征分析：由研究人员生成或自动生成。
- 策略制定：使用手动模型选择或通过自动机器学习。
- 回测：顺序测试和随机测试。
- 自动部署结果。
- 回测组合监督：实时或事后。

在这些建议中，只有第一个（数据源和数据平台）不能自动化——也就是说，不能成为人工智能注入的对象。

伊夫·希皮施（Yves Hipisch）进一步强调了这一点，他以 'finaince'（sic）的名字新颖地介绍了金融中的人工智能概念。他还认为人工智能在交易中的作用主要包括两个关键要素：

1. 预测引擎，将统计方法和技术规则嵌入机器和深度学习的操作环境。
2. 决策规则，为系统设置交易框架，包括入场规则、止损位和头寸规模。

结论

本章中，已经探讨了使用分析的不同类型，但是，从主题的广度和深度来看，有些领域需要进行更深入的研究。

越来越多的以客户为中心的规模化需求会提高自动化、机器人技术和人工智能水平。了解客户只是方程式的一部分，对于银行而言，最重要的部分是下一步要做什么。随着客户留存成为开放式银行的一个大问题，了解客户的需求将变得尤为重要。

资产交易优化和投资组合管理所面临的挑战和机遇需要深刻的洞察，从本质上说，这是基本面的分析，最终可以对市场和定价提供高水平的见解，并为交易策略提供依据。讨论中一个有趣的元素是，"深度洞察"是否需要"以人为本"，是否会被机器人解决方案或人工智能取代，或者被部分取代。

有些人认为市场太复杂而无法准确地"分析"。

例如，在财富管理方面，有机会使用更好、更高级的分析，甚至机器人顾问，来帮助优化投资组合。这包括优化产品组合，交易提醒，深入了解客户，最终使用增强的财务顾问解决方案为客户增加更多价值。

越来越复杂的风险和合规性问题似乎要求更高的自动化程度。该领域尤其反映了数据、分析、合规性和监管之间日益增长的融合。从运营有效性的角度来看，银行需要考虑流程自动化的程度，这是使用人工智能道路上的一大步。

在这些非常深入和复杂的领域中使用分析存在一些深奥的问题，尤其是在投资银行业务中越来越多地使用自动化的情况下。它需要一些想象力，随着机器学习和各种人工智能应用程序的发展，重要的算法已经发展到一定程度，任何改进都只能带来边际收益。结果，无论是内部构建的还是外部购买的，投资经理在使用的算法上可能都看不到竞争优势。实际上，由于升级和维护的成本将变得过高，他们甚至没有动力去尝试在内部构建这些功能，我们进入了"投资软件即服务"的世界。

交易速度已被公认为一种竞争优势，而交易以微秒为单位。也许随着时间的流逝，速度将不再是一种竞争优势，或者在最坏的情况下，速度会变得微不足道。所有投资者都将参考并分析相同的信息来源：彭博新闻、推特或任何未来的迭代形式。较大的机构将具有能够查看企业内部的优势，内部数据也许可以提供一些额外的信息（虽然不太确定内部附加的"有价值"信息可能是什么）。

那么，竞争因素将出现在哪里呢？当然，关键的差异化因素之一将是新的数据形式和数据来源，可能来自不同的且先前未考虑的部门。可能是通过新的或不同的设备以不同的形式寻找到的数据。

这些新数据可能包括：

- 组织内部的数据，大型公司从根本上具有竞争优势。
- 新的数据源，已经存在但尚未被"挖掘"的数据。
- 历史上非结构化的数据，现在已经以某种方式进行了解构。

■ 尚未收集但需收集的新类型数据，这会提供更深入的信息。

如果我们专注于第三种类型的数据（尚未确定），我们只能推测这可能是什么，它可能以某种方式与人才管理或决策者的行为分析关联。

但是随之而来的问题是，自动系统也不能识别和管理这些额外的信息源吗？如果是的话，人工干预的价值是什么？如果未来将主要由机器完成投资组合预测，那么人工的"增值"在哪里？

也许答案在于"单纯的"数学计算以外的问题。难道人工干预的作用不是为统计分析提供直觉、经验和简单的"预感"吗？计算机是否曾经看到诸如优步或来福车（Lyft）之类的解决方案的价值，及这些解决方案通过这些大型软件为人类生活提供帮助来创造价值？甚至在深入分析财务背景的情况下，是否真的有可能完全用自动系统和人工智能替代人工？

参考文献

1. Sennaar Kumba 'AI in Banking: An Analysis of America's 7 Top Banks'. Emerj. 24 September 2019. (Viewed 22/10/2019) https://emerj.com/ai-sector-overviews/ai-in-banking-analysis/

2. Read, Cedric; at al. eCFO: Sustaining Value in the New Corporation. Wiley, 2008.

3. Mosimann, Roland; Mossiman Patrick; et al. The Performance Manager: Proven Strategies for Turning Information into Higher Business Performance. Cognos Incorporated. 2007.

4. Pilcher, Jeffry. 'Amazon Bank: When Will Banking's Worst Nightmare Come True?' (Viewed 04/10/2019) https://thefinancialbrand.com/69436/amazon-bank/

5. https://www.techopedia.com/definition/28013/business-driver

6. Young, Julie. 'Funds Transfer Pricing: FTP Definition'. 3 May 2019. Investopedia. (Viewed 04/10/2019) https://www.investopedia.com/terms/f/ftp.asp

7. 'Financial Performance Management in Banking' MCI. (Viewed 04/10/2019) https://www.mci.co.za/features/financial-performance-management-in-banking/

8. https://en.wikipedia.org/wiki/Sentiment_analysis

9. Amen, Saeed. 'Value from Your Internal Data'. 28 September 2019. Cuemacro. (Viewed 4/11/2019). https://www.cuemacro.com/2019/09/28/value-from-your-internal-data/

10. China Daily. 'Nation's Largest Commercial Bank Launches IPO'. Retrieved 4 December 2017. (Viewed 04/10/2019) http://www.chinadaily.com.cn/china/2006-09/27/content_698025.htm

11. ICBC/Industrial and Commercial Bank of China 'ICBC Business Review'. (Viewed 04/10/2019) http://www.icbc-ltd.com/ICBCLtd/About%20Us/Introduction/

12. Conti-Brown, Peter. 'Why Wells Fargo Might Not Survive Its Fake Accounts Scandal'. 31 August 2017. (Viewed 04/10/2019) http://fortune.com/2017/08/31/wells-fargo-fakeaccounts-scandal-2017-tim-sloan/

13. Ryden, Carl. 'What is Relationship Pricing?' Precision Lender. 2017 https://explore.precisionlender.com/white-papers/what-is-relationship-pricing

14. Wallberg, Mike. 'Relationship Analytics Brings the Future to Your Bank'. 30 March 2017. Zafin. https://zafin.com/our-articles/relationship-analytics-brings-future-bank/

15. O'Connor, Amy. 'Florida Bans Price Optimisation; Insurers Question Definition'. 19 May 2019 (Viewed 04/10/2019) https://www.insurancejournal.com/news/southeast/2015/05/ 19/368635.htm

16. McCormick, Moira. 'What Is Price Elasticity?' Blackcurve. 12 October 2015 (Viewed 04/10/2019) https://blog.blackcurve.com/what-is-price-elasticity

17. Neate, Rupert. 'More than a million people join ranks of very wealthy after stock markets boom'. Guardian. 28 September 2017 (viewed 04/10/2019) https://www.theguardian.com/business/2017/sep/28/more-than-a-million-people-join-ranks-of-very-wealthy-after-stockmarkets-boom

18. European Banking Authority. 'Market Risk'. (Viewed 04/10/2019) https://eba.europa.eu/ regulation-and-policy/market-risk

19. Bird, Beverley; Kenton, Will. 'Liquidity Risk'. 18 April 2019. (Viewed 04/10/2019) https:// www.investopedia.com/terms/l/liquidityrisk.asp

20. https://en.wikipedia.org/wiki/Unintended_consequences

21. Boobier, Tony. Advanced Analytics and AI. London. Wiley, 2018.

22. Ismail, Nick. 'NatWest announces tech partnership with Microsoft and DreamQuark to simulate future market outcomes'. Information Age. 1 October 2019. (Viewed 4/10/2019) https://www.information-age.com/natwest-tech-partnership-microsoft-dreamquark-123485538/

23. 'Ulster Bank says it is a pioneer in using Salesforce's AI suite for CRM'. 25 October 2017. Consultancy.uk. https://www.consultancy.uk/news/14256/ulster-bank-says-it-is-a-pioneerin-using-salesforces-ai-suite-for-crm

24. Rouse, Margaret. 'Driver Based Planning'. (Viewed 04/10/2019) https://whatis.techtarget.com/definition/driver-based-planning

25. Deen, Meredith. '9 Keys to Branch Sales and Service Success' (Viewed 04/10/2019) https://thefinancialbrand.com/58684/branch-banking-sales-service-strategies/

26. Banking Newslink. 'Scottish branch closures penalises significant portions of society, says Renovite'. OnlyStrategic.com. 29 March 2019 (Viewed 04/10/2019) http://www.onlystrategic.com/Articles/featured/id/85634/key/ec9a4a37d188a0818fac082a59ac7a39/user/1000

27. '"Redefining the Mission for Banks' Call Centers Cut Costs, Grow Sales, or Both'. 2008 Booz & Company Inc.

28. Glusak, Nicola; Carrigan, Corrie. 'Reinventing the Bank Contact Center'. Forbes.com. 13 April 2017. (Viewed 4/11/2019) https://www.forbes.com/sites/baininsights/2017/04/13/reinventing-the-bank-contact-center/#16a358d5f26b

29. Kumba. 'AI in Banking'.

30. Carey, Scott. 'How hedge funds are using AI and machine learning'. Computerworld. 18 April 2019. (Viewed 22/10/2019) https://www.computerworld.com/article/3412260/howhedge-funds-are-using-ai-and-machine-learning.html

31. OptionParty. 'Black Scholes Formula Explained.' 7 July 2016. https://optionparty.com/blackscholes-formula-explained/

32. https://en.wikipedia.org/wiki/Fat-tailed_distribution

33. Taleb, Nassim Nicholas. The Black Swan: The Impact of the Highly Improbable. Random House, 2008

34. Carey, Scott. 'How UK banks are looking to use AI and machine learning'. Computerworld. 18 April 2019. (Viewed 22/10/2019) https://www.computerworld.com/article/3430257/howuk-banks-are-looking-to-use-ai-and-machine-learning.html

35. Sooran, Chand. 'Hedging Swaps: Interest Rate Swaps and Risk'. Financial Pipeline. (Viewed 04/10/2019) https://www.finpipe.com/hedging-swaps/

36. Sooran, Chand. 'Greek Options: Intro to Option Strategies'. Financial Pipeline. (Viewed 04/10/2019) https://www.finpipe.com/greek-options-introduction/

37. Sooran, Chand. 'Risk Assessment: Scenario Analysis and Value-at-Risk' Financial Pipeline. (Viewed 04/10/2019) https://www.finpipe.com/risk-assessment/

38. Lee, Bernard. Investment Analytics: Revolutionizing Professional Investment with Artificial Intelligence, Big Data, and Cloud Computing. World Scientific Publishing, 2019.

39. Lopez de Prado, Marcos. Advances in Financial Machine Learning. John Wiley & Sons, 2018.

40. See also Hilpisch, Yves. Python for Finance: Mastering Data-Driven Finance. O'Reilly Media, 2019.

第 5 章

机器学习、人工智能和"应用程序"

概述

本章将进一步扩展迄今为止在高级分析方面的知识，并对机器学习这一新兴领域以及机器学习如何实现人工智能环境进行详细探讨。

本章还将探讨应用程序主题，尤其是银行业更感兴趣的应用程序，这通常与虹膜和掌纹识别等个人身份识别有关。在扩展主题中，本章还将回顾应用程序在个人财富管理中的用途。

本章最后将讨论金融服务中使用生物识别技术的一些道德和社会问题，这是非常重要的，并且有时涉及情感领域，有可能需要进行大量的进一步详细讨论。

美国银行的"埃里卡"用户超过一百万

美国银行已经拥有超过 100 万名"埃里卡（Erica）"用户，它是第一个广泛使用的由人工智能驱动的金融服务虚拟助手，可通过其移动银行应用程序向客户提供。这是一个里程碑，而埃里卡在完成分阶段推广的两个月内就达到了。埃里卡结合了人工智能、预测分析和自然语言处理方面的最新技术，成为客户的虚拟财务助手，客户可以通过他们选择的任何方式与埃里卡进行交互，包括发短信、交谈或在屏幕上互动。

引语

人工智能并不是一种新现象，最早可追溯到1956年的"达特茅斯事件"。从那时到现在，已经经历了许多周期和迭代，并且科幻小说和好莱坞的想象力也被应用到了这个话题上。

如今，它是如此热门的话题，甚至已经到了"炒作"的地步。一些愤世嫉俗者认为，这个话题是由那些将从中受益的人推动的，主要是科技公司和供应商；另一些人则认为它是解决世界上所有弊病的灵丹妙药。但确实可以通过这种方法定制服务和产品，消除运营过程中的摩擦并降低风险。

人们对人工智能的态度不同，参与者中有人相信、有人怀疑。人工智能位于分析的成熟度曲线的最末端，包括：

（a）描述性分析

（b）预测性分析

（c）规范性分析

（d）认知分析

（e）人工智能

认知分析是一种能够与用户进行交互的系统，在财富管理人员协助的情况下，它可以帮助人工顾问向其最终客户提供正确的信息。通过工程设计，它通常具有某种闭环学习机制。在许多情况下，尝试过于严格地对不同类型的分析进行细分是有问题的。实际上，一些人已经将人工智能称为"辅助智能"，这是一种认知分析。认知分析通常在其中嵌入一些预测分析元素，而人工智能具有机器学习功能。除此之外，它们都具有使用算法检查大量非结构化数据进而找到范式的能力，这可扩展到文本数据、语音和其他非结构化数据。

此外，认知分析和人工智能都具有机器学习功能，这使系统无须进行明确编程即可学习。这发生在三个不同的级别：

1. 监督学习，系统会向其提供数据和所需的结果，然后由老师帮助计算一组规则。

2. 无监督学习，系统会负责在未标记的数据中查找模式。

3. 加强学习，系统在动态环境中学习，如玩游戏。

学习是认知分析和人工智能的关键属性。原则上，在使用人工智能时，人工智能会有指数级增长，以至于人与机器之间将存在交叉点，这一概念称为"奇点"。正是在这个阶段，人工智能首先与人类智能相匹配，然后超越人类智能。关于何时会发生尚无定论，但雷·库兹韦尔（Ray Kurzweil）等人工智能专家认为，到2045年"人与机器之间将没有区别"。摩尔定律认为晶体管的数量每两年翻一番，基于此，雷认为机器自主学习的速度会每两年翻一番。

在这个阶段，一个显而易见的问题是"人工智能实际上是如何工作的"。本着尝试对一个复杂问题给出简单答案的精神，似乎有两种主要的人工智能方法：

（a）第一种是基于算法的，它包括高级分析中的一系列功能，如行为树和统计方法，这些功能实际上被拼接在一起，以解决特定问题或达到预期效果。此方法通常存在于响应特定问题（如语音或文本分析）的计算模型中。

（b）第二种是机器学习方法（神经网络），它模仿了人脑的工作方式。

从广义上讲，对人工智能"生态系统"的一种看法是它包含四个关键要素：

1. 应用高级数据挖掘的能力。

2. 应用专家系统的能力。

3. 具有对人类大脑进行"逆向工程"的能力，并以此复制其工作原理。

4. 满足所谓的"图灵测试"的能力，该测试用于确定用户是否与人或机器交互。

在系统发展的这个阶段，存在认知系统的证据，但纯粹的人工智能"真实"体验有限。也就是说，最终用户以一种智能的方式与系统交互，且无法识别它是一台机器。这一时刻肯定会在一代人之内的时间甚至更早到来。认知分析和人工智能之间的区别用人工干预的程度或人工批准程度来衡量。如果智能系统的决策能力成功率为90%，仍需要人工干预才能管理剩下的10%，则通常称为"弱人工智能"。

有许多初创公司推出了人工智能应用程序，但这更多是企业营销的结果，因为新进入者总是试图夸大其人工智能能力，以获得关注和投资。

尽管本章主要侧重于机器学习和应用程序，但需要认识到有效地实现高级系统的人工智能需求可能会很有用。这些将在第10章更广泛的实施主题中进行讨论，如图10-1所示。

机器学习的理论与实践

本书的一部分重点是介绍货币和银行业的含义，其目的是使那些关注技术的人员能够了解该细分市场。技术人员成为一名银行家与银行家成为一名技术人员一样困难。但是，如果我们认为银行业和技术必然会融合在一起，就需要对这两个领域都有了解。

融合的时点尚不清晰。美国银行董事长兼首席执行官布莱恩·莫伊尼汉（Bryan Moynihan）已经将美国第二大银行称为"一家恰好是银行的技术公司"。

莫伊尼汉很可能被称为"数字银行家"，也就是说，他不仅了解银行和技术的问题，而且能够驾驭这些并据此制定战略。做到这样并不轻松。虽然一些人认为未来银行将是具有这两种技能人才的组合团队（而且它们可能在短期内是正确的），但银行业的真正未来是拥有银行知识和分析技能的综合性专家人才。

对于那些成功的人来说，这不太可能是一段轻松的旅程。有人认为多达80%的日常职能将自动化，银行工作人员将减少很多。那些留下来的人要具有非凡的能力，但从积极角度看，他们的回报可能是惊人的。银行家要了解人工智能和机器学习都需要什么。

总部位于伦敦的金融技术初创公司Thalesians最近推出了一项加速学习

人工智能的课程，该课程针对有硕士和博士学位的申请人，并提出了最低要求，即申请人不仅要具备相关知识，还要有应用技能的能力，见表 5-1。

　　Thalesians 公司专注于财务、经济和工程，特别关注时间序列数据，他们"按到达的时间戳顺序更新序列，关注特定流程随时间演变的状态"。他们声称，在金融量化、算法交易、高频交易和市场微观结构、机器学习、深度学习、深度强化学习、人工智能、响应式编程和大数据的基础上，创立了一门新的科学——新密码网络学。

表 5-1　机器学习的知识要求

能力水平	大 体 描 述	解　　释
基本要求	线性代数	涉及线性方程和线性函数的数学分支。通常用于工程和科学，它允许对自然现象进行建模，然后进行计算机处理
	概率论（基础理论，不是测度论）	与概率有关的数学分支。该理论将这一概念视为严格的数学假设或公理，以创建一组可能的结果
	优化理论	关于某些标准的最佳数学选择，通常用于定量学科，例如从计算机科学和工程学到运筹学和经济学
	用于数据科学和人工智能的Python	Python是一种高级通用编程语言，通常用于研究和数据科学。其之所以流行，是因为相对易于解释和学习，可以很好地处理不同的数据结构，并具有一些强大的统计功能和可视库
进阶要求	概率统计	与随机事件规则有关的数学分支。包括数字数据的收集、分析、解释和显示。统计分析通常使用概率分布
	线性回归法	一种线性统计方法，用于查找因变量和自变量之间的关系。它有助于了解一组变量在预测结果方面是否做得很好，或者哪些变量在预测结果中最重要
	降维	一种允许减少变量数量但仍保持（或改善）数学模型最终结果能力的过程
	无监督机器学习	无监督学习是一种自我组织的神经科学学习方法，可以帮助在数据集中找到以前未知的模式而无须预先洞察
	偏差权衡	它被描述为机器学习的中心问题之一，反映了创建一个数学模型的挑战，该模型在训练数据上准确无误，但也能很好地应对看不见的数据
	模型和特征选择	选择相关变量和预测变量以用于数学模型构建的过程，确保为模型建立更好的泛化能力
	模型调优	虽然模型中使用的一组通用参数（一种特殊类型的变量）可能提供分析的起点，并且通常会使模型性能良好，但模型可能没有特定数据集和业务问题的最佳配置，可能需要调整

续表

能力水平	大体描述	解　释
进阶要求	分类	如果一组数据已划分为预定义组，并且在数据中找到了使它们可以在这些组中区分开的模式，则可以将这些识别出的模式用于对其他数据进行分类
	神经网络	神经网络是粗略地以人类（哺乳动物）大脑为模型，由互连的系统或处理元组成，这些系统或处理元通过响应外部输入来处理信息
	深度学习	也称为"深度结构化"或"分层"学习，它是一种基于神经网络的有监督、半监督或无监督的机器学习方法
	循环神经网络，包括LSTM	LSTM（长短期记忆神经网络）是神经网络的子集，它引入了时间的概念，从而使网络可以处理信息序列。与动态数据（例如语音和视频）特别相关
	强化学习	三种基本机器学习的一种，另两种是有监督和无监督学习。该系统具有根据获得的结果来奖励和惩罚算法的能力
	逆强化学习（IRL）	IRL通过望远镜的另一端观察强化学习问题。通过识别"奖励"，该过程可以返回到模型中，以找出哪个参数对成功的结果作出了最大的贡献
	生成对抗网络（GAN）	GAN是一个过程，其中两个神经网络实际上相互"学习"，从而允许一个模型模仿另一个模型。可以教它们复制艺术、音乐和语音

应用程序及其使用

　　本节研究更典型的应用程序类型。"APP"是英文单词application的简写，指的是针对特定任务创建的一种计算机程序或软件。许多公司通过在智能手机屏幕上安装图标方便用户访问它们的软件。一些设备会预装部分应用程序。

　　问题的核心是识别和验证，尽管对于某些付款方式的两阶段验证正在普及，但对于许多消费者而言，身份验证仍然局限于密码。图5-1考虑了如下所述的当前和即将发生的身份验证做法，并在将来的某个时候开始预期身份验证解决方案。它预见了虹膜和掌纹识别之外的未来（将在以后介绍），本质上甚至可能是非物理的。

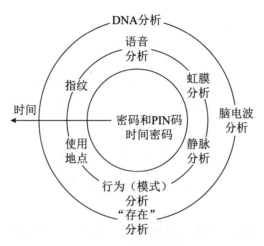

图 5-1　身份验证

资料来源：德勤大学出版社，2016 年

在银行业中，大多数主要银行已经拥有允许其零售客户管理其账户并进行支付的应用程序。2019 年，英国屡获殊荣的国民西敏寺银行应用程序拥有以下功能：

■ 安卓（Android）指纹登录、触摸身份识别和苹果 10（iPhone X）面容身份识别。
■ 账户余额查询。
■ 查看交易明细。
■ 账户个性化——昵称。
■ 向熟人或陌生人支付账单，金额高达 500 欧元（适用限额）。
■ 预付功能。
■ 旅行计划注册。
■ 全天候账户预警管理。
■ 消息发送。

使用优秀的应用程序是所谓的挑战者银行提高其市场份额的一种特别方式。顾名思义，挑战者银行是"规模相对较小的零售银行，旨在与规模较大、历史悠久的商业街银行竞争"。

Money Whisperer 网站发现挑战者银行经常使用一系列关键功能，这些功能对于千禧一代和之后出生的人特别有吸引力，例如：

■ 可以通过应用程序"锁定卡片"，然后在需要时将其解锁。自助服务"锁定"无须打电话让银行冻结账户（无须忍受联络中心的不良体验），而是让客户掌控一切。

■ 扫描护照或其他约定的身份识别证件（ID），通过应用程序设置账户的能力。系统会要求用户通过视频链接读取脚本，从而建立身份和进行生物识别检查。

■ 以可视化方式提供更深层次信息，可按类别分为实时数据和强大的图形识别支付。

■ 更好的预算编制，包括制定预算和跟踪预算的能力。这种能力似乎能与 Z 世代产生良好的共鸣，他们相信自己不仅可以掌控自己的生活，财务状况也都在控制之下。

■ 通过发送链接而不是付款明细来付款。

■ 创建"电子存钱罐"，以便客户可以为特殊活动存钱。这是在家中使用"存钱罐"的电子方式。

英国典型的挑战者银行包括 Aldermore、Atom Bank、Metro Bank、Revolut、Revolut、Starling Bank、Tandem、Tesco Bank 和维珍金融（Virgin Money），它们都已经获得了 PRA 授权，可在英国开展银行业务。同样，美国也不乏挑战者银行，包括 BankMobile 这样的机构，它自称是一家由美国老牌金融服务公司 Customers Bancorp 创建的数字银行。据其联合创始人、总裁兼首席战略官卢夫林·西杜（Luvleen Sidhu）称，BankMobile 是"美国最大的数字银行"。她将其描述为"一种混合模式，一家拥有银行章程的金融科技公司，正在彻底改变和颠覆银行业"。

英国挑战者银行之一的 Starling Bank 的口号是"聪明的银行应用程序……把自己放在客户金融生态系统的核心位置"。"更好的银行业"是另一个很成功的营销路线，但这给传统主义者提出了挑战。该公司成立于 2014 年，最初只是一家数字移动银行，却吸引了大量投资资金。它非常具有创新性，具有领先的开放银行功能和开放式 API，使客户能够与其他金融产品提供商共享其数据。

衡量应用程序成功与否的标准通常是它是否"笨拙"，即它的使用是否缓慢或不稳定，这可能是其开发中的系统错误所致。通常认为，笨拙的原因是由于开发速度过快，或者是在此过程中没有足够早地引入"功能测试人员"，到这时问题已变得既复杂又必须花费高额成本才能解决。另外，也可以引入第三方测试人员，包括 TestIO 等公司，这些公司采用用户人群测试法确保和控制质量。

在考虑未来银行业时，我们也应该认识到，不良应用极有可能影响消费者的感受。在社交媒体环境中，应用性能不佳会导致批评迅速而广泛地传播。对于一个主要基于信任的行业来说，考虑到如前所述我们对货币含义的理解不断变化，应用程序是否值得信任与银行本身是否值得信任之间存在着可感知的关联。有人可能会争辩，如果不能信任银行（或任何组织）来管理其技术，那么如何期望它来管理客户的金融资产？

硬币的另一面很可能是应用程序使用方便。人们能够迅速建立一个有透支限额的新账户，这可能会导致债务泛滥，特别是在年轻人中，这可能会使得他们花掉预算外的钱。支付账单的必要性和消费社会的诱惑，如果缺乏适当的谨慎，很容易会债务堆积。他们还可能遭遇来自同龄人的不适当的压力。例如，当他们被邀请参加朋友的婚礼，也许是在一些偏远且迷人的地方，这会诱使他们将"职责"变成一个昂贵的假期。另一个原因是办理新信用卡很容易，这样就可以"拆东墙补西墙"，以卡养卡。

数据可视化

信息以不同的方式被消化和吸收。学习中这个原则是相同的，我们都有自己的学习方式，通常包括听觉、动感或视觉。数据可视化的主要目的是描绘图表、表格、气泡图、分级统计图（阴影图）等复杂信息。这项技术往往对管理者而不是数据科学家更有吸引力，但却越来越受到重视和关注。越来越明显的趋势是：

■ 更好地使用颜色，包括更有效的渐变，即一种颜色在边界处变成另一种颜色。

■ 图形的使用。

■ 更有效地使用讲故事的方式来叙述。

■ 真实数据和虚拟现实的结合。

所有这些听起来都像是游戏技术，当然，技术的交叉也在不断增加。

针对从业者，市场上已经有许多数据可视化应用程序。许多可用的工具（例如 Shiny）都提供了教程。Shiny 的基本技术要求是使用 R 作为编码语言（R 是一种免费编程语言，主要用于统计计算和图形，并得到统计学习 R 基金会的支持）。它是 S 编程语言的扩展，本身是在 20 世纪七八十年代的 FORTRAN 基础上做的尝试。

其他有意义的可视化产品，如 Visio 和微软 Power BI 的产品，其功能和成本各不相同。一位评论者认为：

高端工具可以动态更改可视化效果，就像复杂算法的输出，在重复查询实时数据（即流数据）和跨多个数据源后更改可视化效果一样。

占据中端范围的工具不能代表实时数据，但仍可以从高级分析输出中产生可视化效果。

通常认为最重要的功能之一是双向可视化。这意味着可以通过集成技术利用数据创建有效的可视化效果，也可以单击可视化效果以揭示其形成的数据集。

语音识别和语音助手

语音识别是一个过程，在该过程中系统和软件被用来"识别、区分和认证"单个说话者的语音。它评估一个人的"语音生物特征"，包括语速、语调和口音（见图 5-2）。

语言作为一个课题是复杂的，以语言学的研究为代表。它还包括对音素或小段语言的研究。音素这个词源于古希腊语 $\varphi\acute{\omega}\nu\eta\mu\alpha$（$ph\bar{o}n\bar{e}ma$），即"声音、话语、口语、言语和语言"。

关于计算机如何分析这些问题，有四种普遍使用的方法，还可以将它们进一步进行更精细的细分，如图 5-2 所示。

真实演讲

声波分析

词频

帧序列
（语义索引和单词框架）

词串（隐藏马尔科夫
在语音合成中的进一步应用）

隐藏马尔科夫
（具有不可观察或隐藏状态的马尔科夫模型）

语音识别
（马尔科夫模型，包括可能事件序列——马尔科夫链）

图 5-2　语言理解层次结构

1. 简单的模式匹配　完整识别每个单词的位置，以便系统识别语音模式。这是一种非常基本的方法，并且在呼叫中心普遍使用，如自动电话系统邀请我们说出"选定的服务"或读出我们银行账户的详细信息。它通常仅具有识别十个数字的能力，并且计算相对简单。

2. 模式和特征分析　每个单词被分成若干位，去识别每个位（如元音）。在这个过程中，语音（其模拟形式）被数字化，转换为图形形式，并转换为声帧，每个声帧持续 1/25 秒或 1/50 秒。然后，将输出与语音词典进行比较，系统将识别所说的内容。其中许多系统具有一种校正过程，这样系统就有一定程度的持续自我学习能力。

3. 语言或统计建模　这是语言、语法和单词使用概率的知识，可帮助提高准确性。它使用统计分析来预测某些单词或短语的顺序，例如，两个名词很少并排使用，短语最有可能以名词或形容词开头。现代语音识别系统不仅可以做到这一点，而且还可以考虑单词之间出现间隙的可能性。俄罗斯数学家安德烈·马尔科夫（Andrey Marcov）是该领域的佼佼者，其分析系统被称为 HMM（隐藏马尔科夫模型），"隐藏"是因为分析系统位于系统的背景中。

4. 神经网络　人工智能系统能够可靠地识别模式和单词声音。尽管 HMM 一直是语音识别的中坚力量，通过内部"连接点"模仿人脑识别语音模式。这些被称为"神经网络"（ANN），有时与 HMM 一起使用。这听起来就很复杂和具有挑战性。

当今的个人系统使得语音识别应用得更加普遍，例如，大多数系统已被熟知，如 Siri、Alexa 或 Cortana 等。大多数个人设备已经在系统中内置了这些功能，因此，不需要在搜索引擎中输入问题，唯一需要的操作就是向设备说话。当然背景噪声是经常存在的问题，但是可以在记录过程中加入滤波器，从而消除环境声音，就像高端耳机消除飞机噪音一样。也许最大的障碍是用户自己没有与系统"对话"的意愿。随着时间的流逝，这种态度将会改变。

当我们考虑未来银行时，我们应该能想象出屏幕和键盘将越来越过时，我们与银行系统的互动将以语音驱动为主。即使我们提高了识别的准确性，用户在财务问题上可能仍然持谨慎态度。仅根据语音命令即可向第三方付款或转账的时代还有多久会到来？如何跟踪该指令？该如何处理"错误口头指令"？

另外，智能系统能查询奇怪的数字或看似不正确的指令吗？如果使用语音识别系统的成本收益高过风险，应该为此风险建立一些成本定价吗？如果应该，为什么消费者会感到受限？欺诈分析能与生物特征分析以同样的速度前进吗？

如果人工智能在银行业（最初是零售银行业务）中被适当使用，后来延伸到财富管理，那么不能排除语音识别能力变得日益重要的可能性。

视觉和面部识别

人脸识别系统是可以从数字图像中识别或验证个人的系统。通常，它们提取个体的选定面部特征并将其与数据库进行比较。它被描述为"生物识别人工智能应用",生物识别是人体测量的专业术语。生物特征识别应用于指纹或虹膜识别系统中。

该领域的先驱之一伍迪·布莱索（Woody Bledsoe）说，生物识别源于20世纪60年代中期的安全性问题，其中一个特别的挑战是将面部元素与数据库数据相匹配，而且还要考虑"头部旋转倾斜角度、光照强度、面部表情和老化等带来的识别问题"。从那时起，技术有了长足发展，例如，脸书和谷歌现在都提供标签和照片应用程序，可通过自动识别家人和朋友来帮助用户整理照片。

脸书通过分析15亿用户的内容而变得能力超强，但一些人认为这是一种背信弃义的行为，尤其是在一个基本上不受监管的领域。2014年，他们发表了有关人脸识别程序 Deepface 的论文，声称其准确率为97.35%。

领先技术供应商 Cognitec 公司认为：

从本质上讲一张脸的全貌都会被观察。面部识别软件对每张脸进行各种测量，并将其转换为一串数字。然后，只需将一串数字与另一串数字进行比较即可。相似度得分越高，同一个人的可能性就越大。

《生物信息隐私法》（BIPA）可能为消费者提供一些补救措施和保护。众所周知，BIPA 于2008年由伊利诺伊州通过，目前仍然是唯一涉及该领域监管的法律，美国多个州有许多法律有待制定。它还允许受害方针对滥用生物特征数据而向法院提出补偿。

面部识别是一项无处不在的技术，几乎每个行业甚至社区中都在使用：

- 面部识别可用于安保，例如，在赌场、火车站和机场。
- 在微软的 X Box 游戏中，用户可以使用人脸识别技术访问其个人资料。
- 在广告业，例如，德国的 Digital Astra 啤酒广告可以检测路人的年龄和性别，并相应地调整数字广告牌内容。
- 在零售业，它用于计算排队等候的人数和性别，帮助重构商店布局和识别入店行窃者。
- 在社会或宗教环境中，例如2015年，一家名为 Churchix 的公司甚至推出了一个应用程序，让教会了解谁正在参加其活动。

First Insight 对美国消费者的调查发现，75% 的人不会去使用这种技术的商店，但有趣的是，如果商店提供优惠，则这个数字会下降到55%。如果是这样，那么客户对面部识别的反应似乎反映了远程信息处理行业的情况，用户会"选择"有位置跟踪和"推送通知"的咖啡店，前提是他们能得到一些好处，如饮料打折等。

在金融服务领域，万事达卡已经在试验基于自拍来验证付款的系统。据评论员 TechCrunch 称，在苹果手机和苹果手表推出"苹果支付"指纹支持系统后，用于支付身份验证的生物识别技术也越来越受到关注。这种创新并不仅限于苹果；安卓设备也越来越多地拥有诸如安卓支付（Android Pay）和三星支付（Samsung Pay）等支付系统的指纹读取器。

指纹识别

将指纹用于识别的想法由来已久。有证据表明，早在公元前 2000 年巴比伦时代，它们就被用作一种识别形式，当时是被用作印在黏土上的印记以确认合同。[19]到公元前265 年，中国人也将其用作合同中识别身份的一种形式，当时指纹（手印和脚印）甚至也被视为"犯罪现场证据"。

那时它们的独特性尚未确立，直到 19 世纪才开始保留指纹记录，这也许是生物统计数据存储的最早版本。在美国，联邦调查局 FBI 管理着"综合自动指纹识别系统"，该系统拥有5 100 万条刑事记录和150 万民事（非犯罪）记录的数据。"美国访问计划"收集入境旅客的指纹数据，同时保存了超过500 万非美国游客的记录。

指纹启发了整个指纹学领域。指纹之所以具有独特性，是因为所谓的"指纹脊"具有特殊的特征，"指纹脊"不仅包括诸如弓形、环状和螺纹状的图案，而且还包括专家称为细节的更小特征。本质上，指纹是"摩擦脊"或"表皮脊"的记录，即手指的凸起部分。这些脊不仅提供抓力，而且还可以将信息传递到皮肤下的感觉神经。指纹很难改变而且历久弥新，即使犯罪分子时不时使用强力胶去除个人指纹，指纹在人的一生中也不会发生改变。

自动扫描仪的目的不仅在于测量摩擦脊的位置，而也在于测量脊峰和脊谷之间的深度。通过对手指施加压力可以使此信息失真，因此，又引入了指纹"非接触式扫描"的方法，通过该方法可以获得有关指纹的 3D 信息，但这个领域一直受到批评。有的人可以使用凝胶模具欺骗简单的扫描设备。2013 年，一群黑客绕过了苹果公司 iPhone 5S ID 触摸式指纹传感器的指纹验证系统（现在苹果已经修正了这种指纹验证系统）。

不过，这个领域正持续受到关注。现代技术捕获手指的数字图像，将其处理成生物特征模板，然后进行存储和匹配。这些技术可以是光学的、电容式的（即管理皮肤的各个微点的电阻）、热学的、超声的，甚至可以鉴别皮肤的"微电"成分，这些成分包含了诸如电荷、磁性元素和表面流体力学等复杂的组合。

这显然是一个异常复杂的领域，在与银行业相关的领域，手指和指纹已经被视为签名的替代品。更重要的是，随着银行业日益数字化，消费者在管理（和调用）多个密码方面面临越来越大的挑战。消费者使用生物识别获取信息的能力变得更加有吸引力，尽管反面是潜在的漏洞开始出现：如果一个站点被使用伪造生物识别技术的黑客入侵，则消费者的整个数字生态系统可能都处于危险之中。

生物识别技术必然是未来银行的一部分。例如，Windows Hello 旨在将生物识别信息扩展到其他设备身份验证中，"借助 Windows Hello"，微软营销人员在运行 Windows 10 的新设备上，只需露出脸或用手指触摸即可立即得到认可。

掌静脉识别

掌静脉识别是一种生物识别的形式，它能够鉴别手掌皮肤下方静脉的布局以及血液中的载氧蛋白（血红蛋白）的含量。通过使用静脉的近红外扫描，可以创建静脉图，该图提供个体的唯一标识符，因为血液通过手（以及身体其余部分）泵送的方式是个人独有的。

这也称为"血管生物识别"或"血管技术"，开发人员指出了其独特的优势：

■ 识别过程的非接触性减少了健康和安全问题，尤其是在公共场所使用识别设备的情况下。

■ 识别准确率 100%。

■ 皮肤表面问题（例如干燥、湿润或粗糙）不影响系统识别。

■ 与能够在未经许可的情况下进行远程扫描的面部识别不同，需要得到用户的同意才能提供手部的物理扫描。

■ 由于消费者需要亲自在场，因此减少了欺诈的可能性。

这是一个有趣的领域。不利的一面是，有可能对一个失去知觉的人进行扫描（该人可能正在接受医疗），并获得他的账户。

财富管理系统和应用程序

无数公司都拥有用于财富管理的网站和应用程序，提供实时财经新闻、股票跟踪信息以及交互式可视化图表。数字化日益增长的期望要求股票投资组合能够随时随地进行管理。

人们对使用机器人顾问和社交交易的兴趣日益浓厚，即分享交易行为和想法，让投资者可以跟随彼此的行动。通常，交易者可能希望使用"技术分析"或"基本面分析"等方法，查看财务表现、领导力和股息历史，以作出投资决策，但从众行为可能是另一个有趣且相关的考察因素。从众是一种公认的方法，但有时也是危险的方法。

在外汇交易中，更广泛的经济指标（例如 GDP 和就业率）可能是关键因素，公共和社交媒体也可能是关键因素。财富管理系统的使用意味着经验不足的交易者（以及一些经验丰富的交易者）可以跟随经验更丰富的投资者作出决定。没有经验的交易者在这些情况下会带来什么价值？

社交媒体或社交交易可能越来越多地在财富管理中发挥作用。社交交易类似于"复制交易"和"镜像交易"。复制交易将用户的投资组合与专家的投资组合连接起来，并且可以自动完成。镜像交易是在外汇交易中使用的一种类似于复制交易的方法。

这些系统，特别是社交交易的好处，包括：

- 更强的可访问性。
- 易于使用。
- 更低的成本。
- 降低最低投资额。
- 减少学习曲线的积累。
- 能够学会在无风险沙盒中进行交易。

人们担心，尽管财富应用程序和机器人顾问在牛市中可能会受益，但传统投资经理的建议在熊市中会特别有价值，因为熊市存在相当大的不确定性，客户需要更多"掌控权"或特殊需求（如税务管理）。投资经理越来越倾向于拥有"多分销渠道"。

机器人中一个特别让人感兴趣的领域是财富顾问聊天机器人。它们通常可以通过社交媒体和移动设备获得，并且在获得许可的情况下深入研究客户的财务状况并提出建议。如果客户满意，则代表客户会进行投资。为了做到这一点，聊天机器人通常需要以只读方式访问客户的账户，以使其无法直接做任何交易授权。其主要是电子钱包，通常有银行支持，但通常不包括在财务补偿计划（英国）中。

一种名为 Plum 的系统通过用户的脸书网站链接，可以根据脸书应用程序指示的客户心情提出有关存储的建议。它甚至会给客户发送一个"快乐"的表情符号，以祝贺他们存了钱。它不支付利息，而是将钱留给了 P2P 借贷提供商 Ratesetter，该提供商通常提供比传统银行更高的回报率，但风险也更高。

另一个关键要素是风险评估，这通常是为了帮助个人或机构了解其风险倾向，以其确保做出与该评估相匹配的适当投资。风险态度通常被认为更多地与行为属性有关，而不是与财务状况有关。人工智能被认为是一种更好的衡量方法，它结合了社会、行为和态度因素，而且可能还会重复使用 360 度客户视图中使用的许多指标（见第 4 章）。在评估风险时，还需要其他部门考虑更广泛的问题。司法系统曾尝试使用算法来预测罪犯重复犯罪的可能性，但显然取得的成效有限，因此在使用分析方法评估个人的风险偏好方面需要谨慎。

最后，在进行风险评估时，银行应该认识到个人的风险偏好会随时间而变化，这可能会影响他们的投资偏好。目前，风险评估似乎相对静态，但人类的行为和态度是动态的。未来的财富管理很可能比目前更为动态化。

生物识别的道德争论

从表面上看，生物识别技术似乎一定会在银行业中发挥关键作用。尽管这本书是关于人工智能和银行业的，但生物识别技术接入银行系统是一个关键因素。换句话说，银行业的人工智能将会是融入生物识别的。

该行业的潜在应用包括：

■ 分行可以通过虹膜、指纹或手掌扫描在柜台对来访的客户进行身份验证。

■ 通过指纹扫描进行 ATM 身份验证。

■ 多因素生物识别，即语音和位置，例如，用于网上银行和更大量的交易。

■ 在手机银行中使用语音或面部识别等生物识别技术。

一些欧洲企业已经使用生物识别技术，对进入办公场所的员工进行验证。与访问个人银行账户相比，我们进入工作场所具有何种程度上不同的"规则"？

总体而言，挑战在于消费者可能以多快的速度接受这一问题。同时还存在市场成熟度的问题。生物识别专家 M2Sys 指出：

全球许多银行已经在其银行系统中使用生物识别技术来对员工和客户进行身份验证，在所有使用生物识别技术的银行中，有 52% 位于亚洲。日本估计有超过 1 500 万客户使用生物特征认证进行银行交易。

墨西哥、南美、非洲和中东的银行也正朝着使用生物识别技术的方向发展，因为它在消费者中非常受欢迎，并且能够提供比传统个人识别码

（PIN）和密码更高的安全性。

中国生物识别技术市场在 2014 年至 2019 年期间实现了两位数的增长。部分受限于安全性问题，但总体趋势也是增长的。2014 年，已有 20 多家商业银行、130 家区域性商业银行和 200 多家外资银行在使用生物识别技术。该地区的接受程度似乎与技术的参与度、普及度有关，包括：

- 政府干预，要求在护照和身份证中添加生物数据，以便快速、轻松地进行识别。
- 假日跨境旅行的庞大旅客压力迫使使用创新技术。
- 节日欢庆活动中的安全性和识别性。
- 在煤矿这种多变且风险性较高的工作环境中跟踪工人。
- 医疗保健，特别是为了患者安全，提供血液供应链验证。

随着这一领域主要在亚洲和成长型市场上快速发展，是什么阻止了西方和北美客户转向以生物识别为导向呢？

- 认为我们的身份信息基本上是私人的，生物识别技术跨越了个人准备共享和存储数据的界限。
- 从科幻小说的领域来看，这可能只是一种奥威尔式（受严格统治而失去人性的社会）的感觉。

然而有非常实际的问题需要处理。为了遵守 PSD2（修订后的支付服务指令），欧盟的银行需要提供多重识别。虽然有必要考虑其他因素，但银行仍看重密码、安全问题和读卡器等传统方法。仅使用生物识别解决方案是不够的，它可能构成识别方法的一部分。

这可能主要是代际问题。是什么要求消费者做好使用生物识别技术的准备呢？为什么其他市场如此迅速地进入生物识别领域？政府干预很可能是一个主要驱动因素，但在宏观层面上可能只是向使用此类先进技术发出了更强的指导信号。可能部分原因是某些市场中数量的绝对权重以及人口的多样性，还有部分原因是某些地区对新技术的接受程度越来越高，以及它们迅速实施新方法的能力。

结论

银行业越来越受数据驱动，因此，由于机器人技术和人工智能的影响，银行业尤其容易被颠覆。专家说，超过 75% 的银行业务功能可以实现自动化，并且一个机器人（无论是哪种机器人）可以代替 8 个人。

指标表明，机器人系统可以 24 小时全天候运行，维护成本相对较低，变化灵活，有些人可能认为这是比培训人员更好的投资。因此，其潜力不仅在于改变银行业，而且在于彻底改造银行业。

但是，可能还会出现其他风险或社会影响：

- 恶意算法，会导致失真。
- 在构建系统的人员中出现无意识的偏见。
- 系统作出符合市场条件的反应但被证明是不正确的。
- 系统之间的互连性使网络攻击尤为严重。

在其报告《人工智能如何改变金融生态系统：金融服务的新物理学》中，德勤与世界经济论坛为了消除人工智能耸人听闻的情况，提出了九项主要发现，包括：

- 随着共享服务变得越来越普遍，后台服务可能成为利润中心，而不是成本中心。
- 随着银行逐渐脱离商品化服务，金融机构提供的增值服务将改变客户的忠诚度。
- 人工智能将越来越多地实现客户财务自动化，并增强自助服务。
- 协作解决方案将出现，它将汇集数据和信息，并将"安全"纳入金融服务行业。
- 战略伙伴关系的重要性将提高，但"充满战略和运营风险"。
- 关于数据隐私的法规将开始影响银行和金融服务的提供范围。

本书从未打算全面解读人工智能的工作原理，也不寻求涉及所有不同类型的有助于银行高级分析或机器学习的元素和应用程序。相反，本书旨在为你提供一些当下在功能影响方面的见解。

除此之外，重要的是我们要认识到这些技术变革对生活方式的真实影响。尽管银行业生物识别技术的商业案例比较多且显著，但生物识别技术对社会的广泛影响却不那么清晰，使用人工智能的情况也是如此。两者都存在广泛的争论和分歧。这些新技术是否发生，与道德争论一样，都取决于变革中的商业案例。如果说掌静脉识别被证明是银行业一个强大且具有成本效益的技术，并且充当了"利剑之刃"，那么使用同样的技术打开你家的大门，或者解锁我们的电动汽车只是时间问题。

这本书无意提供关于变革的道德指南，相反，其目的是反映包括人工智能在内的新技术如何为未来制定路线图，并告知读者他们可以加入这场非常重要的进步中来。本书的读者都是利益相关者，有权发表意见，而且我们希望你可以积极分享意见。

参考文献

1. Newsroom. 'Bank of America Surpasses 1 Million Users on Erica'. Bank of America. 12 June 2018. (Viewed 28/11/2019) https://newsroom.bankofamerica.com/press-releases/consumerbanking/bank-america-surpasses-1-million-users-erica

2. Boobier, Tony. *Advanced Analytics, AI: Impact, Implementation and the Future of Work*. John Wiley & Sons, 2018.

3. Cocheo, Steve. 'How Bank of America Became a Tech-Driven Powerhouse'. Financial Brand. (Viewed 04/10/2019) https://thefinancialbrand.com/86675/bofa-brian-moynihan-ericabranch-mobile-banking-millennials-fintech/?edigest

4. http://www.thalesians.com/finance/index.php/Main_Page (Viewed 04/10/2019)

5. https://personal.natwest.com/personal/ways-to-bank/mobile-app.html (Viewed 05/10/2019)

6. Money Whisperer. 'Best Personal Banking App: Can You Trust the British Banking Awards?' 3 March 2018. (Viewed 05/10/2019) https://themoneywhisperer.co.uk/best-personal-banking-app-can-trust-british-bank-awards/

7. Andreasyan, Tanya. 'US Challenger Banks: Who's Who and What's Their Tech?' Fintech Futures. 6 August 2018. (Viewed 05/10/2019) https://www.bankingtech.com/2018/08/uschallenger-banks-whos-who-and-whats-their-tech/

8. https://en.wikipedia.org/wiki/Starling_Bank

9. https://test.io/

10. Danevva, Victoria. 'Data Visualization Techniques'VironIT. 8 October 2018. (Viewed 05/10/2019) https://vironit.com/data-visualization-techniques/

11. http://shiny.rstudio.com/

12. Rist, Oliver; Baker, Pam. 'The Best Data Visualization Tools of 2019'. PCMag. 24 July 2018. (Viewed 5/10/2019) https://uk.pcmag.com/cloud-services/83744/the-best-data-visualization-Tools

13. https://www.techopedia.com/definition/9961/voice-recognition

14. Liddell, H.G.; Scott, R. *A Greek–English Lexicon. revised and augmented throughout by Sir Henry Stuart Jones. with the assistance of. Roderick McKenzie.* Oxford. Clarendon Press, 1940.

15. Woodford, Chris. 'Speech Recognition Software' Explainthatstuff! 13 March 2019. (Viewed 05/10/2019) https://www.explainthatstuff.com/voicerecognition.html

16. 'How Facial Recognition Works: The Ghost in the Camera' 4 January 2016. (Viewed 08/10/2019) https://www.consumerreports.org/privacy/how-facial-recognition-works-theghost-in-the-camera/

17. 'Facial Recognition: Who's Tracking You in Public?' 30 December 2015. (Viewed 08/10/2019) https://www.consumerreports.org/privacy/facial-recognition-who-is-tracking-youin-public1/

18. Lomas, Natasha. 'Mastercard Launches its Selfie Pay Biometric Authentication in Europe'. 4 October 2016. (Viewed 08/10/2019) https://techcrunch.com/2016/10/04/mastercardlaunches-its-selfie-pay-biometric-authentication-app-in-europe/

19. 'Finger prints found on pottery'. www.news.CN. (Viewed 4/11/2019) http://big5.xinhuanet.com/gate/big5/news.xinhuanet.com/health/2010-02/09/content_12956719.htm Archived from the original on February 13, 2010.

20. http://www.articesbase.com/business-articles/history-of-fingerprinting-for-identification-1328238.html Articesbase.com. Archived from the original 12 November 2014. Retrieved 2 August 2014. (Viewed 4/11/2019)

21. Stephen Musil. 'Hackers Claim to Have Defeated Apple's Touch ID Print Sensor'. *Cnet.* CBS Interactive Inc. Archived from the original 22 September 2013. Retrieved 23 September 2013.

22. Marous, Jim. 'The Biometric Future of Banking' The Financial Brand. (Viewed 08/10/2019) https://thefinancialbrand.com/61449/biometric-banking-password-trends/

23. Drew, Thomas. 'The Current State Of Authentication: We Have A Password Problem'. Smashing Magazine. 6 June 2016. (Viewed 08/10/2-019) https://www.

smashingmagazine. com/2016/06/the-current-state-of-authentication-we-have-a-password-problem/

24. Belfiore, Joe. 'Making Windows 10 More Personal and More Secure with Windows Hello'. 17 March 2015. Microsoft/Windows Blog. https://blogs.windows.com/windows experience/2015/03/17/making-windows-10-more-personal-and-more-secure-with-windows-hello/

25. https://whatis.techtarget.com/definition/palm-vein-recognition (Viewed 08/10/2019)

26. 'The Ultimate Resource on All Things Social Trading.' (Viewed 08/10/2019) https://socialtradingguru.com/

27. Williams, Aime. 'Robot or Human: Which Is the Best Wealth Manager?' Financial Times. 16 June 2016 (Viewed 17/11/2019) https://www.ft.com/content/86a66844-2f1e-11e6-a18da96ab29e3c95

28. Shaw, Gareth. 'Would You Let a Robot Control your Savings for a 5% Return?' Which. 17 April 2017. (Viewed 10/10/2019) https://www.which.co.uk/news/2017/04/would-you-let-arobot-control-your-savings-for-a-5-return

29. Trader, John. 'The Impact of Biometrics in Banking' M2Sys Blog. (Viewed 08/10/2019) http://www.m2sys.com/blog/financial-services/impact-biometrics-banking/

30. 'The Top 7 Ways China is Using Biometrics' Technavio. 30 December 2014. (Viewed 10/10/2019) https://blog.technavio.com/blog/the-top-7-ways-china-is-using-biometrics

31. Contri, Robert. 'The Societal Impact of AI in Financial Services'. Forbes. 1 November 2018. (Viewed 09/10/2019) https://www.forbes.com/sites/deloitte/2018/11/01/the-societalimpact-of-ai-in-financial-services/#77fbd6357728

32. Contri, Bob; Galaski, Rob; et al. 'How Artificial Intelligence is Transforming the Financial Ecosystem'. Deloitte Global/World Economic Forum. 2018. https://www2.deloitte.com/global/en/pages/financial-services/articles/artificial-intelligence-transforming-financial-ecosystem-deloitte-fsi.html?id=gx:2el:3dp:forbescampaign:awa:abt:103118

第 6 章

人工智能与品牌在银行业中的重要性

概述

字面意义上，你很容易误认为本章讲的是营销，而非人工智能。随着人工智能的发展越来越自动化，客户将通过自助功能和聊天机器人进行交互，产品和服务也将进行定制。

除了通过高级分析和人工智能，恐怕没有办法满足超级客户化的需求。本章将探讨 X 世代、Y 世代和 Z 世代客户在银行业务和品牌方面的一些具体期望。

相互竞争的银行之间的差异将越来越小，也许它们唯一的区别会是所使用技术的质量，而且在许多情况下，银行的后台部门可能会使用与竞争对手相同的技术。

那么，一家银行和另一家银行会有什么区别呢？银行应用程序的笨拙会影响用户体验，但这可以说是整个价值链的浅层元素。一家银行和另一家银行的区分很简单，就是品牌，更具体地说，是用户群对品牌的看法。

本章将讨论品牌在银行业中意味着什么，品牌对千禧一代和后千禧一代客户的具体影响，以及两者与人工智能的联系。

这也表明，银行有可能成为某种形式的"生活方式管理者"，从而在消费者的生活中发挥更大的作用。

对这一代人来说，与机器人交谈并不稀奇

GlobalData 的一位资深银行分析师说："在金融服务行业中，聊天

机器人的总体采用率仍然很低，但是这种情况正在迅速改变。""对于与 Alexa、Cortana 和 Siri 一起成长的一代，与机器人交谈并不稀奇。为了与这一代保持联系，金融服务提供商将不得不将聊天机器人整合到其总体渠道策略中。"GlobalData 在其 2018 年的《投资者调查》中称，只有 8.3% 的客户在与投资提供商打交道时使用了聊天应用程序。

引语

我们认为自己了解品牌，毕竟，我们每天都与它生活在一起，被它包围，并经常根据它作出购买决定。但是（有些人可能会说）它除了是营销人员手中的一个工具，到底还是什么呢？根据美国营销协会的定义：

品牌是名称、口号、设计、符号或其他可识别的特征，把一个卖家的商品或服务与其他卖家的商品或服务区分开。

品牌是人们在思考商品或服务的物理性质，以及进行情感投入时所想到的形象。科特勒（Kotler）和凯勒（Keller）在《市场营销管理》一书中说："品牌正在赋予产品和服务一个品牌的力量。"这似乎相当简单，而且鉴于它的重要性，不乏有关该主题的信息。

品牌推广以多种方式实现，例如：

- 广告。
- 沟通策略。
- 产品和包装设计。
- 客户体验。
- 赞助和伙伴关系。
- 品牌的视觉标识（徽标、网站和颜色）。

但是，为什么品牌会与我们产生如此强烈的共鸣，它如何产生如此不同的效果，为什么它是客户忠诚的关键因素，为什么它在未来会更为重要？随着我们对这些方面的了解越来越多，数字时代和人工智能时代的影响将是什么？

奥利维迪乌·莫伊塞斯库（Olividiu Moisescu）副教授在论文《品牌意识在消费者购买决策和感知风险评估中的重要性》中，对零售银行与消费者之间的关系进行了研究，他的发现强化了品牌意识和认可度在决策过程中的重要性。

莫伊塞斯库将消费者眼中的品牌等同于风险问题，因为对品牌及其特性的熟悉为购买决策提供了信心。品牌认知分为两类：与品牌印象相关的"无辅助"认知和与品牌认知相关的"辅助"认知。相对于购买决策而言，这两者都很重要，但有些人可能会认为，这些技术更适用于商品购买，而不是金融服务。

金融服务营销日益被认为是一个专业领域，不仅需要深入了解产品和服务，还需要了解消费者情绪以及如何最有可能引起当前和未来客户的共鸣。考虑到银行业本身，许多金融服务的品牌定位似乎是相对无形的。金融服务通常使用与运动、动物相关的品牌标识，以强化创新、团队合作和守信的内涵。在人工智能和图像技术更成熟的时代，手机上呈现的方式一定会推陈出新，声音和其他感官相关的新技术将出现。人工智能将开始集中体现品牌的特定元素如何更好地吸引个人消费者。

随着通用或全方位服务银行概念的发展，营销人员面临的挑战将是确保银行生态系统的所有要素以一致的方式传达品牌信息。供应生态系统最薄弱的环节将成为银行业最薄弱的环节。更有效的供应链治理将变得越来越重要，供应链经理的角色必须要反映这一点。

银行业的品牌价值与资产

品牌不仅是吸引客户的一种手段，而且具有强大且相对清晰的财务价值。加利福尼亚大学的美国组织理论家、顾问和名誉教授大卫·阿克（David Aaker）在《管理品牌资产：品牌名称的价值资本化》中，将"品牌价值"的概念描述为"品牌意识、感知质量、品牌忠诚度和品牌关联的复杂结合"。

品牌价值用三种关键方式衡量：

- 基于成本的品牌估值。
- 基于市场的品牌估值。
- 基于收入的品牌估值。

专家还认识到品牌价值的重要性以及如何对其进行财务评估，通常来说以下方面很重要：

1. 从客户感知、社交媒体中获得的价值，作为针对无品牌／通用品牌的相对衡量标准。

2. 一段时间内通过感知品牌价值获得市场份额和收入增长。

因此，品牌是吸引新客户并鼓励现有客户忠诚的"吸铁石"。顺便提一下，这两者都是重要的因素，因为开放银行的概念日益受到关注，而品牌价值就成为吸引客户的工具。相反，在银行的合并和收购中，无论是银行之间的，还是涉及其他业务企业（例如技术公司）的，品牌对于潜在"目标"的市场估值都非常重要。

品牌估值的领军企业 Brand Finance 等公司试图以品牌价值来识别全球最大的银行。它们通过三个因素来计算品牌价值：

1. 企业价值，它们将其定义为"由多个品牌组成的整体企业的价值"。

2. 品牌经营价值，它们将其定义为"在主品牌下运营的单个品牌价值"。

3. 品牌贡献，它们将其定义为"企业通过拥有品牌而不是经营品牌而获得的股东价值的整体提升"。

Brand Finance 将"品牌价值"和"品牌优势"区分开，后者的定义是"相对于竞争对手而言，品牌在无形衡量指标上的效果（或价值）"，由营销投资、相关者权益及其对业务绩效的影响来衡量。

在 2018 年的报告中，Brand Finance 还特别关注苹果、脸书、谷歌和亚马逊等更广泛的非金融领域的竞争对手。报告指出，这些科技巨头要么已经创建了面向消费者的金融服务，要么有望很快创建。它们给传统银行服务带来了新的挑战，因为它们更符合现代客户对即时多渠道和多平台服务的期望。

2018 年所有银行的品牌价值见表 6-1。

表 6-1　2018 年所有银行的品牌价值

排　名	银　行	国　家	2018年品牌价值 （单位：百万美元）	2017年品牌价值 （单位：百万美元）
1	中国工商银行	中国	59 189	47 832
2	中国建设银行	中国	56 789	41 377
3	富国银行	美国	44 098	41 618
4	中国银行	中国	41 750	31 250
5	大通银行	美国	38 842	33 737
6	中国农业银行	中国	37 321	28 515
7	美国银行	美国	33 289	30 273
8	花旗银行	美国	30 737	27 647
9	汇丰银行	英国	18 305	20 688
10	摩根大通	美国	17 651	15 710

2018 年欧洲顶级银行的品牌价值见表 6-2。

表 6-2　2018 年欧洲顶级银行的品牌价值

排　名	银　行	国　家
9	汇丰银行	英国
12	桑坦德银行	西班牙
17	法国巴黎银行	法国
18	巴克莱银行	英国
22	毕尔巴鄂比斯开银行	西班牙

2018 年美国顶级银行的品牌价值见表 6-3。

表 6-3　2018 年美国顶级银行的品牌价值

排　名	银　行	国　家
3	富国银行	美国
5	大通银行	美国
7	美国银行	美国
8	花旗银行	美国
10	摩根大通银行	美国

不可避免的问题是，从客户的角度来看，苹果、脸书或亚马逊的银行业
务构想是什么样的？让我们从用户的角度重新审视品牌问题。

千禧世代（Y 世代）对银行品牌的期望

在研究品牌未来的重要性时，要更多地关注当前和未来品牌的客户性质，并深入了解客户的思想。

作为一个集合，我们将千禧一代（有时称为 Y 世代，在 X 世代之后和 Z 世代之前）描述为从 20 世纪 80 年代到 20 世纪 90 年代中期出生并在 21 世纪初成年的那个群体。尽管在地理位置、经济和社会条件方面存在相当大的差异，但他们通常都比较熟悉数字技术。他们被称为"数字原住民"，与后来生活中被引入该主题的人（称为"数字移民"）相反，他们成长的过程中充满了技术的因素。这两种说法最早是在 1996 年的《网络空间独立宣言》中提出的，实际上是在反驳随着互联网的发展，政府无权管理网络空间，因为互联网正在形成自己的规则或"社会契约"。

根据美国银行的数据，千禧一代被分为三个子集（见表 6-4）。

表 6-4　千禧一代群体的概况分析（基于美国银行数据）

年轻的千禧一代	18～22岁 多数仍在接受教育 接受父母的财务建议 一些人从父母那里获得经济支持
中年的千禧一代	23～29岁 大部分已经就业 有收入，有财务预算 从专业顾问那里获取财务建议
年长的千禧一代	30岁以上 可能结婚了 比其他千禧一代有更多的储蓄 开始为儿童教育或退休储蓄 使用广泛的财务建议，包括自助

根据美国银行的报告，总体而言，千禧一代不愿成为银行的客户：

- 1/3 的人认为他们五年内就不需要银行了。
- 1/5 的人认为银行将不是首选的金融机构。

尽管银行希望使用最新的沟通方式，但美国银行的报告表明，千禧一代认为银行使用社交媒体是"愚蠢"或"令人毛骨悚然"的。

关于前一章介绍的银行应用程序问题，美国银行报告说：

- 59%的千禧一代使用过银行的移动应用程序。
- 72%的人每周使用几次应用程序。
- 24%的人每天访问该应用程序。
- 74%的人收到过手机银行推送。

千禧一代的财务特征见表6-5。

表6-5 千禧一代的财务特征（基于美国银行的数据）

优 点	缺 点
74%的千禧一代认为他们拥有良好的财务习惯，84%的千禧一代认为他们有能力有效管理个人财务	34%的人将他们的财务知识评分为普通或差
40%的人认为他们"经济上有准备"（有储蓄能支付债务和应对紧急情况）	67%的千禧一代说，他们"经常"或"有时"担心钱。41%的人说他们对金钱有"长期压力"
年长的千禧一代比年轻的千禧一代更担心钱（19%对15%），可能是因为他们对钱有了更多的理解	32%的人不知道他们的信用评分，67%的人不知道该分数是如何计算的

Z世代的品牌期望

Z世代，其定义是出生于1996年至2010年之间的群体，有时也被称为"青年军"。

他们的发展还不够成熟，具有很大的不确定性，但不可避免地，他们不仅具有其父母的某些特征，还具有后来年轻人的一些特征。作家瑞安·斯科特（Ryan Scott）在他的报告《为Z世代做好准备》中指出，他们有四个关键的区别因素：

1. 技术思想根深蒂固，注意力持续时间短。
2. 对隐私的更大渴望和对留下数字足迹的紧张。
3. 文化多样性。
4. 实用主义、敏感性和风险厌恶。

除此以外，还可能有其他文化和社会因素对 Z 世代的工作和闲暇时间产生越来越大的影响，例如多元文化主义、新文化货币，甚至颠覆性做法。即便如此，根据营销公司 Vision Critical 的说法，即使在这个相对较早的阶段，仍会出现一些关键特征：

1. 他们的媒体消费习惯不同于前几代人，甚至与千禧一代也不同。
2. 他们更喜欢很酷的产品而不是很酷的体验。
3. 他们的典型行为是创业精神和精通技术。
4. 他们会关注前卫的活动。
5. 他们想共同创造文化，而且他们确实会如此做。

X 世代的品牌期望

尽管当我们研究未来银行业的品牌塑造时，很容易忽视 X 一代，而且甚至说 X 一代是"昨天的一代"，但至少在未来几十年内，这一客户群仍将是重要的利益相关者，不容忽视（因此，本章以相对于该主题的重要性顺序，而不是按字母顺序排列，介绍了 Y 世代、Z 世代和 X 世代）。

X 世代是"婴儿潮一代"（20 世纪 40 年代中期至 1964 年出生）之后的人口群体，他们出生于 20 世纪 60 年代中期至 20 世纪 80 年代初。尽管依次对应这三个世代可能更方便，但 Y 世代和 Z 世代因为数字化的影响比 X 世代拥有更多共同点，对 X 世代影响最大的因素是政治、社会和经济。X 一代是在社会更加关注成年人而不是儿童、社会离婚率上升以及"性解放"运动同时发生的时期成长起来的群体。

关于这一主题的内容已经有很多了，因为社会科学家有足够的时间来研究这一现象的原因和影响。本书感兴趣的是这个群体如何具体回应品牌和营销，特别是他们与银行和金融部门的关系。他们选择如何"消化"品牌和营销信息也很有趣。按人口结构划分的分销渠道之间有些重叠（见图 6-1）。

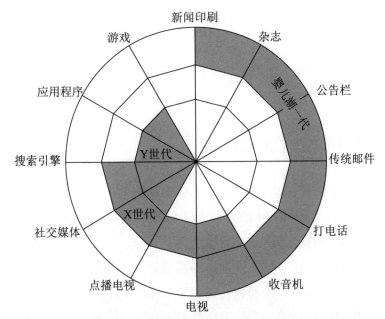

图 6-1 按细分市场划分的分销渠道

参考：Maye Create

X 世代被描述为：

- "独立，足智多谋，自给自足"，并且不喜欢受到约束。
- "技术娴熟，能够吸收使用新技术"。
- 更灵活，尤其是在工作场所。
- 重视工作 / 生活的平衡。

诸如 Maye Create 这样的营销公司认为，X 世代并不像婴儿潮一代的父母那么保守，但不如 Y 世代的孩子那么自由。

针对 X 世代的营销应具有如下特点：

- 真实性和透明性：他们对可信赖的关系作出最好的反应。
- 声调：态度至关重要，因此，当你与他们交谈，写信给他们，向他们推销时，请不要专横。不要告诉他们必须做什么。当你为 X 世代提供"可供选择的选项"，然后让他们自己解决这个问题时，他们的主观能动性能发挥到最大。

- 传统邮寄：X 一代仍然欣赏传统分销渠道，包括传统邮寄。
- 电子邮件营销：X 世代会定期浏览互联网。
- 视频营销和社交媒体：Maye Create 表示到 2017 年，4 500 万 X 世代的人将使用社交媒体。

品牌和客户体验相互关联

金融市场越来越反映出新一代消费者的特点。Young Money（成立于2011 年）被誉为"第一个帮助年轻人了解个人理财的英国博客"。对于年轻一代来说，其内容既清晰，又有吸引力。

该网站指出，"所有年轻人都应该精通财务知识，保持自信并掌控自己的未来。这对于个人、经济和社会进步至关重要。这意味着要促进真正的选择和机会，摆脱造成冷漠、不公平牺牲和无助学习的系统。"

它认为，"我们应得的是"：

- 对金融业的真实、公平和有见解的看法。
- 真正符合我们利益的政策和法规。
- 代表所有人，以便我们能够正确地塑造我们的金融未来。

其创始人爱奥娜·贝恩（Iona Bain）的观点被称为英国年轻人金融问题的"首选声音"。她的博客在 2016 年的桑坦德财经新闻奖中被评为"年度最佳金融博客"，她个人在 2018 年被独立专业人士和自雇人士协会（IPSE）评为"年度最佳自由职业者"。

对个人财务的掌控无疑是吸引投资者的话题。虽然金融科技和新兴企业相关的话题在其他地方被讨论得更多，但现阶段值得一提的是一家特殊的公司：Revolut，它在伦敦的金融技术类公司孵化器中起家，已经获得"独角兽"的地位，也就是说其起步估值超过 10 亿美元（7.4 亿英镑）。尽管它最初不是一家银行，但它可以代替银行，包括开设基于应用程序的活期账户。除其他服务外，它还提供预算服务，"可以向您确切显示每月的收入支出，甚至可以为餐馆和食品杂货设置每月预算"。

另外，2019 年，Revolut 因一个广告引来争议，该广告突出了订购情人节单人餐的人数。批评人士说，这不仅会让单身人士难堪，还让人们质疑财务数据是如何被利用的。财经记者爱奥娜·贝恩也质疑，这是否适合年轻且精通技术的客户，对于这些客户而言，信任和正直是主要考量因素。另一方面，正如一些人说的，"没有所谓不好的宣传"（顺便说一句，这个短语经常与马戏团企业家菲尼亚斯·巴纳姆联系起来，尽管没有确凿的证据证明他和这些话有关）。

品牌与以人为本的设计

品牌通常与客户体验的质量相关，可能是正面的，也可能是负面的。"客户体验"的说法似乎很流行，但至少向银行客户了解他们在"客户体验"上的专业要求是很有帮助的。

最近的招聘广告（几乎可以肯定现在已经完成了），有一个职位是"团队路线和业务设计"。职位要求申请人：

- 挑战和塑造现有思维，整合整个团队中的投资组合。
- 开发技术以改变公司与客户、员工的互动方式，并影响未来的业务模式和架构。
- 定义总体战略在实践中的含义，并制定框架，使价值流向、企业推动者和主要核心计划能够实现战略和架构目标。
- 支持投资组合关键要素的流动性。
- 将跨业务设计、IT 架构和以人为本的设计（HCD）进行协调。

"以人为本的设计"是一种解决问题的方法论，指在决策过程的各个方面都以人为本来制订解决方案。其国际标准 ISO 9241-210：2010（E）规定：

以人为本的设计是一种交互式系统开发方法，旨在通过关注用户的需求，并通过应用人为因素、人体工程学、实用性知识和技术，使系统可用及有用。这种方法提高了效力和效率，改善了人类的福祉、用户满意度、可及性和可持续性；并抵消了可能对人体健康、安全和性能造成的不利影响。

申请人还必须是：

■ 能在一个充满不确定性、瞬息万变的环境中舒适工作，可处理各种优先事项。

■ 高度了解公司的整体战略，以客户为中心，善于交际，有较强的管理利益相关者的能力。

■ 具有塑造和管理复杂投资组合的经验，并拥有久经考验的记录。

■ 对技术的使用方式着迷，并了解银行业的挑战。

■ 非常了解银行产品、流程和投资组合。

这是一个独立的示例，但有希望加强该特定银行的服务、消费者体验与技术使用之间的联系。这个职位广告打破了传统的不同部门之间的孤岛思维，特别是将开发技术作为了关键推动力。

品牌化还是去品牌化？

汤姆·彼得斯的书《重新想象！》被某些人认为是一本"Marmite"出版物（Marmite 说法来自澳大利亚的 Vegemite——一种英国酵母酱，宣传口号为"您爱它或恨它"）。他的书于 2004 年首次出版，被评论家们如此归类不仅是因为其新颖的结构，还因为其对"品牌化"的挑衅。

他提醒我们，品牌是一种"情感联系点"，一种"强大的联系体验"，并且机构必须"根据他们的深刻感受"定义自己的品牌。他的挫败感在于，我们倾向于将品牌视为一种外部形象，而不是对企业真正的个性、价值观和身份的反映。

有关公司的一些基本问题：

■ 你是谁？

■ 你为什么在这里？

■ 你如何独特？

■ 你如何能带来巨大的改变？

■ 谁在乎？

品牌和领导力被称为"连体双胞胎"，具有启发性的领导者为品牌形象树立榜样。这本身就带来了挑战，正如我们传统上所认知的那样，不断挥舞着"跟随我"旗帜的领导方式，越来越被认为不适用于未来。毕竟，也许有人会争辩说，我们中的哪一位领导者在数据分析和人工智能的新时代有经验。也许未来的领导者必然来自 Z 世代，以某种跨越世代的方式出现，而不是 X 世代或 Y 世代。

其他人则将领导力描述为权力的职能，而不是角色或职位，并认为领导者角色可以根据情况的不同而在人与人之间转移。

如果领导力模式要改变，那么也许我们对品牌的理解也将改变。如果品牌是机构思考、感觉和行为的方式，那么就必须以某种可持续的方式将其嵌入机构的基因中。而且最重要的是，这些品牌价值必须符合机构客户群的期望。矛盾的是，如果我们接受"真正的品牌"具有一定程度的持久性，那么它对政治、经济、社会或技术变革带来的消费者情绪变化有何反应？一个新的品牌概念是否需要在设定的路线或参数范围内具有某种灵活性？灵活的品牌塑造方法必须不仅仅是改变徽标或产品包装的意愿。

银行业品牌发展见表 6-6。

表 6-6　银行业品牌发展

品牌的过去	品牌的未来
静态	互动
以活动为导向	以个人为导向
可持续的	临时的
安全有保障	反映出颠覆性经济
大而轻率	微妙和支持
客户服务的标志	双方之间有亲密关系的证据
公司价值观的代表	个人用户价值观的代表
由营销人员创建	由用户共同创建

在"银行业的未来"以及高级分析和人工智能广泛应用的背景下，未来的品牌推广可能会带来什么？数据分析和人工智能的影响被认为具有颠覆

性，这可能也将导致品牌主张的颠覆。

根据快公司（Fast Company）的说法，品牌塑造的未来将是"去品牌化"。它认为，最成功的品牌称为"内化品牌"，主要是为了隐藏商业意图，其目的是建立产品熟悉度，并赋予品牌可靠和不可或缺的印象。因为对品牌的强烈抵制经常发生在产品植入之后，所以出现了更微妙的品牌塑造方法，被称为"伪装品牌"。实际上，这与潜意识有关。快公司说，消费者"更有可能追求一个快乐、不提要求的品牌，从而逃离真实的人和现实世界中的问题。品牌永远不会向您求助。它不会使您面临困难或反对意见。"

"去品牌化"实际上代表了对消费主义的强烈反对。它关注体验而不是产品，关注人和地点而不是购买的结果。这是网络时代的理想应用。"令人大声尖叫的品牌不再吸引最多关注；提供真正有用的东西才行。"

这是对质量而不是数量、对价值而不是价格的要求。"包装上的信息将是诸如原产地、制造商、生产过程以及对环境的影响等特征。"最终的结论是，消费者不再需要品牌，而是需要质量，他们将能够更容易地在网络社会中找到有品质的产品。

Foresight Alliance 公司对品牌的看法有所不同，认为到 2030 年：

1. 将会出现"人工智能品牌推广"的概念，即智能定制品牌在数字细分市场中积极寻找客户。因此，广告将转变为传播渠道。

2. 通过把品牌嵌入虚拟世界，品牌将成为"超游戏化"。这种方式将特别吸引 Z 世代，其中多达 68% 的 Z 世代男性都积极参与游戏。

3. 品牌将检测消费者需求模式，利用自我生成的算法开始"自我生成"。

4. 品牌流动性将会增加，随着市场环境以及消费者本身成为共同品牌，品牌流动性将不断变化。

5. 品牌将与客户建立更深入、更有意义的关系。这将以更深入的参与度来取代对客户的轰炸，这种参与需要透明、诚实和情感上的联系。

6. 道德成本将变得越来越重要。有道德意识的消费者会寻找更多关于如何购买的线索，道德决策将开始超越仅仅基于价值和消费的购买决策。

7. 人们将使用社交媒体等不同方法来定义品牌，以识别品牌间的"差距"，消费者自己将采取行动弥补这些差距。在这种情况下，消费者将"品牌视为朋友"。

8. 品牌关系的重要性将随着"广度"取代"深度"而降低。品牌将在多个场景下被广泛使用且更简单地参与其中。

9. 零售增强品牌将会出现。到2030年，在线购物将变得非常便捷，以至于品牌不得不以某种方式鼓励消费者在正常零售周期之外作出购买决定，而零售商将使用强大的品牌识别来辅助这一过程。

10. 诸如互联之家这类的品牌生态系统将会出现，交叉购买者可以获得大量折扣（作为"锁定"品牌合作伙伴的回报）。

上面的清单描述了十年内可能出现的情况，为银行业，尤其是在品牌推广方面提供了重要的线索。与数据和分析一样，在客户服务和消费者参与方面的领导地位来自零售行业，因此，建议银行在该行业寻求下一波品牌创新浪潮。未来可以考虑的机会包括：

■ 将银行的自有品牌延伸到比当前更广泛的生态系统中，并在每一个机会中增加客户体验的价值。银行进行道德投资以满足客户特定的道德诉求。

■ 加强银行业与游戏业之间的联系，这种联系可能以不同的方式产生。也许可以创建更多以财务为导向的游戏，包括金融服务机构对游戏的赞助或银行品牌的嵌入。

■ 一种更流畅、更灵活的人工智能驱动品牌识别方法，与消费者对个人品牌的期望更加紧密吻合。这意味着横幅广告的重要性可能降低，尤其是在数字时代。

银行将使用人工智能并成为生活方式管理者

品牌与生活方式的融合早已为人所知。消费品供应商和银行/财富管理公司都侧重于相同的市场，尽管方向不同，因此他们越来越有机会融合思想和共享技术：

■ 银行在促进消费者支出方面具有潜在作用。

■ 消费品供应商不仅帮助银行提供可用的信贷额度，而且在提供财富管理建议方面具有潜在的作用。

两者都可能使用高级分析和人工智能来识别潜在客户，还可以确保及时将正确的产品、服务和信用额度推送给客户。一个特别的挑战是确保客户在财务决策方面不会过度扩展。

在研究银行业的未来时，最先进的金融机构不仅将针对当前的风险偏好提供建模，还有助于消费者有效规划未来，同时考虑到当前和预期资产、当前和预期承诺、生活方式和预期寿命。核心品牌机构最终将成为"终身合作伙伴"，这是一种使用高级分析和人工智能作为催化剂的准金融婚姻。这种长期关系的重要组成部分将是消费和信贷平滑。

消费和信贷平滑

"消费平滑"的概念是指消费者管理个人生活方式的过程，以确保他们有足够的储蓄来维持他们的生活方式，包括在退休之后。这是冲动与克制之间的平衡。那些在工作生活中超支而没有储蓄的人将在未来的生活中承担后果，因为他们的储蓄不足，需要更加节俭地生活。那些在工作中"节俭"并过节俭生活的人将在未来的生活中获益。

它表明，一些"节俭"的因素迟早要出现，而且计划是一种微妙的平衡。从经济角度来看，"消费平滑"就是：

■ 消费的稳定性，例如，在消费生命周期的不同阶段管理消费模式或购买行为。

■ 减少风险和不确定性，例如，发生意外的收入损失或危及生命的事件。

■ 能够预测在财务储备方面可能需要什么。

除经济分析外，消费平滑还反映了消费者在行为、品牌意识甚至消费者心理方面的行为方式。在考虑"消费"的心理时，要赚钱以便可以花钱。这样，消费者会使自己更快乐，因此，这似乎意味着银行系统在管理客户的"幸福感"中扮演着一定的角色。

消费主义在促进一个国家的经济增长或繁荣方面也可以发挥重要作用。亚当·斯密在《国富论》中说，我们花得越多，对于我们的国家来说越好。由于在银行业和人工智能的背景下都考虑到了消费主义这一主题，所以也不应忽视人工智能在工作场所造成的影响，许多从事常规工作的工人（包括银行业的人），他们的工作年限可能会缩短。

公认的思想和经济学理论认为，高息、无担保的借款（如信用卡透支）经常被用作管理收支平衡的一种方式。这是维持消费模式稳定性的另一部分，即上面提到的"消费平滑"。

信贷平滑一直充满争议，信贷管理可能优于消费管理，而且消费者最好管理自己的债务，而不是他们的消费模式。对此已经进行了许多研究，理论家认为，信贷平滑和消费平滑是"反周期"行为，这表明消费者行为的变化取决于经济状况。研究还表明，当出现失业导致收入损失等金融"冲击"时，借贷不会上升。

在银行层面，信贷风险（即无力支付）是银行需要承担的最大风险之一。

在银行、人工智能以及消费主义的背景下理解这些概念非常重要。如果零售银行可以通过对客户的360度视图来更好地控制消费者行为，那么它们就可以更好地理解如何更好地管理客户的资金，甚至考虑到消费和信贷平滑等问题。然后，银行可能开始扮演金融监护人的角色，或许会以与金融经理相同的方式提供建议。

此类建议将通过分析的方式注入。"分析提供可采取行动的洞察"口号仍然有效，特别强调"可采取行动"，但采取"行动"的负担实际上落在了哪里？是让消费者听取建议并采取行动，还是让"智能银行"以某种方式积极参与资金管理工作？至少，银行能够提供某种个性化、精细化的情景模拟，即"如果你不采取行动，那么后果就是这样"。

结论

品牌是银行业未来不可或缺的一部分，它不仅是开放银行时代忠诚度和客户获取机制的一部分，也是为机构创造价值的一种方式。品牌不是软弱无力的，而是有硬核财务附加属性的。

服务体验——这是我们与银行互动时所体验到的，包括通过使用应用程序——将逐渐成为"品牌体验"。当银行业中系统所采用的技术或多或少都相同，所有其他事物都相似的时候，可能唯一能区分一家银行与另一家银行的就是其品牌。

品牌的概念也需要改变，从某种形式的无处不在的标志或口号，到与个体消费者更深入、更相关的事物。品牌也可能采用新的属性，例如声音或情感投入，这种方式在各个渠道都是一致的，但对个体而言却是独特且超个性的。与不断重塑银行业务概念（包括传统的分支网络）的方式相同，很可能需要对整个品牌塑造方法进行重新审视，营销人员可以通过人工智能视角来考虑这一主题。

参考文献

1. 'Wealth Managers Need More Conversational Chatbots, Says GlobalData'. Strategic Newslink. 30 October 2019. (Viewed 28/11/2019) http://www.onlystrategic.com/Articles/search/article/84394

2. 'What Is Branding?' The Branding Journal. (Viewed 09/10/2019) https://www.thebrandingjournal.com/2015/10/what-is-branding-definition/

3. Kotler, Philip T.; Keller, Kevin Lane. *Marketing Management*. 15th ed. Pearson, 2014.

4. Moisescu, Olividiu. 'The Importance of Brand Awareness in Consumers Buying Decisions and Perceived Risk Assessment'. *Management & Marketing* 7(1):103–110 January 2009.

5. Aaker, D.A. *Managing Brand Equity: Capitalizing on the Value of a Brand Name*. New York. Free Press, 1991.

6. 'Banking 500:2018.' Brand Finance. February 2018. http://brandfinance.com/images/upload/brand_finance_banking_500_2018_locked_report_1.pdf

7. http://brandirectory.com/league_tables/table/banking-500-2018 (Viewed 09/10/2019)

8. Barlow, John Perry. 'A Declaration of the Independence of Cyberspace'. 8 February 1996. (Viewed 09/10/2019) https://www.eff.org/cyberspace-independence

9. Crosman, Penny. 'What You Thought You Knew About Millennials Is Wrong'. American Banker. 23 January 2018. (Viewed 04/11/2019) https://www.americanbanker.com/news/millennial-stereotypes-are-wrong-bank-of-america-survey

10. Scott, Ryan. 'Get Ready for Generation Z'. Forbes. 28 November 2016. (Viewed 10/10/2019) https://www.forbes.com/sites/causeintegration/2016/11/28/get-ready-for-generationz/#1fb3195a2204),

11. Kleinscmidt, Matt. 'Generation Z Characteristics: 5 Infographics on the Gen Z Lifestyle'. Vision Critical. 7 October 2019. (Viewed 4/11.2019) https://www.visioncritical.com/generation-z-infographics/.

12. Kane, Sally. 'The Common Characteristics of Generation X Professionals'. The Balance. 17 April 2017. (Viewed 10/10/2019) https://www.thebalancecareers.com/common-characteristics-of-generation-x-professionals-2164682

13. Jacoby, Caroline. 'The Most Culturally Diverse Population to Date Has High Standards for Openness and Inclusivity'. Adrenaline. (Viewed 10/10/2019) http://adrenalineagency.com/blog/gen-z-culture-builders/

14. 'Generational Marketing: Tips for Reaching Generation X'. Maye Create. (Viewed10/10/2019) https://mayecreate.com/blog/generational-marketing-tips-for-reaching-generation-x/

15. www.youngmoneyblog.co.uk (Viewed 10/10/2019)

16. https://www.revolut.com/ (Viewed 10/10/2019)

17. 'Bank of the Future and Roadmap Lead'. LinkedIn. (Job posting; position no longer available) (Viewed 10/10/2019) https://www.linkedin.com/jobs/view/9674 47346/?recommendedFlavor=IN_NETWORK&refId=2264b526-d62c-4529-aac2-634f2a9d5c8d&trk=eml-jymbiiorganic-job-card&midToken=AQHsquyGKZFVlA&trkEmail=eml-jobs_jymbii_digest-null-3-null-null-l3s07%7Ejpbehm4z%7E1c-null-jobs%7Eview

18. Peters, Tom. *Re-Imagine!* Dorling Kindersley, 2003.

19. Venkatesh. 'Leadership: Meaning, Characteristics and Functions'. Your Article Library. (Viewed 10/10/2019) http://www.yourarticlelibrary.com/leadership/leadership-meaningcharacteristics-and-functions/53325/

20. De Bruycker, Jasmine. 'The Future Of Branding Is Debranding'. 6 July 2017. Fast Company. (Viewed10/10/2019) https://www.fastcompany.com/3060658/the-future-of-branding-isdebranding

21. 'Brands 2030: Ten Forecasts on the Future of Brands and Branding' Foresight Alliance. 2014. (Viewed 10/10/2019) http://www.foresightalliance.com/wp-content/uploads/2014/06/Future-of-Brands-2030.pdf

22. Wallace, Frankie. 'The Impact of Generation Z on the Gaming Community'. Headstuff.org. 23 April 2019. (Viewed 04/11/2019) https://www.headstuff.org/entertainment/gaming/theimpact-of-generation-z-on-the-gaming-community/

23. Hundtofte, Sean; Pagel, Michaela: 'Credit Smoothing' 10 February 2018 https://editorialexpress.com/cgi-bin/conference/download.cgi?db_name=EEAESEM2018&paper_id=2986

24. Hundtofte, Sean; Olafsson, Arna; Pagel, Michaela. 'Credit Smoothing' 16 September 2018. https://www.tse-fr.eu/sites/default/files/TSE/documents/sem2018/finance/olafsson.pdf

第 7 章

人工智能领导力与员工转型

概述

本章将研究关于领导力和员工转型复杂而有用的要素,这些要素将揭开成功创新的秘密,涉及诸如权力、掌控、奴役和自由等问题,以及它们与人工智能注入的工作环境的关系。

在数字化转型和人工智能注入的世界中,领导力和员工转型的话题是相通的,并且有一些共同持续的趋势。考虑到这些趋势,我们将在银行业的背景下进行更深入的研究。

本章将不仅关注人工智能时代的新领导方法,还将探讨培训和心理问题。

最后,它将提供有关领导力发展和员工发展的一些观点,并初步提供银行业员工在 30 年内的情况。

英国银行提高内部人工智能能力

英国国民西敏寺银行希望通过建立内部人工智能团队在整个机构中使用人工智能。该团队已经能够使用人工智能扫描通信内容,以挑选关键主题并进行更智能的处理。

引语

我较早的著作着眼于工作的未来,尤其是在人工智能的背景下,探讨了工作的概念及其重要性。如果我们了解工作的概念,那么就有可能更好地理解领导力的概念。

几乎我们所有人都想成为"领导者"。否则，我们就将被形容为"跟随者"或商业"农奴"，即使我们对事务有一定程度的控制，但跟随者需要尽职尽责地完成他人分配给我们的任务。"农奴"一词源于奴隶制，而奴隶制又源于罗马人。在罗马时代，奴隶的生活条件完全取决于主人的性情，主人可能是残忍的，可能是友善的，也可能是冷漠的。罗马作家科伦梅拉（Columella）写了关于对待奴隶的问题，他推荐用胡萝卜和大棒的方法，在当时的罗马人中，对于平衡地进行奴役在道德和经济利益方面有着普遍的共识。

奴隶制的反面是"自由"，古希腊人在咨询皮提亚（Pythia）时就认识到了这一点，皮提亚是德尔斐神殿的女主祭司。她在神殿的墙壁上定义了自由的四个要素：

1. 在法律事务中的代表权。

2. 免于逮捕和扣押。

3. 做事的权利。

4. 前往任何地方的权利。

两千年后，美国总统富兰克林·罗斯福在 1941 年谈到了建立在四个自由基础上的世界：

1. 言论和表达自由。

2. 信仰自由。

3. 免于匮乏。

4. 免于恐惧。

对于奴隶制和自由的概念似乎取决于我们的阶层地位，而马克思在其《共产党宣言》中认为，它在某种程度上与阶级之间的斗争联系在一起。"权力"问题也在该方程式中起作用。

在现代和未来世界中，权力、掌控能力和领导力之间有什么共通点？

■ 权力指"做某事或以特定方式行事的能力"，或者"指导或影响他人或事件走向的能力"。

■ 掌控能力为"对某人或某物的控制"。

■ 领导力指的是"领导一群人或组织的行为",即"负责、指挥"或"设定发展流程"。

这三个词都具有微妙的特征或含义。它们似乎都与六个特质相关联,这些特质在某些领域相互关联:

1. 个人在某领域是"知识大师",并拥有别人不知道的见解。

2. 魅力影响力,包括魅力和人格的力量。

3. 资金或财务控制,使个人可以引导(或扣留)资金,从而促进或阻止某些活动。

4. 个人或身体的力量,我们的身体或精神可能受到个人或团体的威胁。

5. 个人自我意识,这是一种"禅宗"方法,用于判断个人是施加还是接受其他强大的影响力,例如外部欺凌或内部压迫。

6. 有(非理性)情感影响的爱的力量。

更具体地针对领导者,他们需要:

1. 了解正确和错误决策的关键驱动因素,以及决策和结果的区别。

对我们来说,什么是好的决定似乎很明显,实际上往往比看起来复杂得多。《今日心理学》将好决定定义为"一个经过深思熟虑、考虑所有相关因素、与个人哲学和价值观一致,并且可以清楚地向其他重要的人解释的决定"。

他们认为,"好的决定"与好的结果是不同的,因为"任何决定的结果都会受到决策者无法控制因素的影响"。

2. 能够创建正确的环境以进行有效的决策,这不仅仅是指正确的物理环境。

这还包括访问正确的信息(作出决定所依据的信息)、正确的工具(例如德·博诺的"六顶思考帽"方法),以及让合适的人员参与该过程。

3. 了解有效决策的主要障碍。

这可能包括心理学(行为和思想科学,包括意识和无意识的反应)、社会学（社会关系和互动研究）、人类学（对人类行为的研究，包括"规范"的内容，涉及文化和语言的使用）、政治学（涉及治理、政治权力和资源分配）和经济学（对财富的生产、消费和转移的研究）。

4. 了解行为决策科学。

这包括判断和决策科学，还可延伸到"认知科学"，以及理性思维和决策倾向（例如低估或高估概率）。

这一切听起来是一套难以获得的技能。一些领导者有能力凭直觉做很多事情，而另一些领导者则需要正规持续的培训。要解决的一个关键问题是，这些技能将在多大程度上被机器人技术或人工智能系统补充甚至取代。

大多数人似乎都同意，领导者不太可能被机器人取代。他们认为：

■ 变量太多了，机器不知道重要变量和次要变量之间的区别。

■ 人类仍然能够从广义上看待正在发生的事情、将来会发生的事以及事情的影响。

■ 人类高管已经发展出了基于有限信息作出明智决策的能力，而且不太可能在数据驱动的业务环境中轻松复制。

在文章《人工智能可以取代管理层作决策吗？》中，作者建议，这可能是好事、坏事和丑陋的混合，高管将摆脱烦琐的工作，但可能会发现来自"自动化虚拟员工"的挑战，其主要目的可能是提供数据驱动的逻辑决策。在这种情况下，"丑陋"表示将来的高管可能无法为决策过程提供任何增值。

"精通"似乎是一个完全不同的命题。如前所述，马尔科姆·格拉德威尔在他 2008 年出版的书中，观察了那些被他描述为"大师"的人，即那些对技能或学科非常精通的人。他认为，通过每天练习约 3 小时，持续 10 年（换句话说，在特定领域学习约 10 000 小时），将达到"伟大的临界点"。

另一些人则认为，10 000 小时不是一个神奇的数字。蒂姆·费里斯（Tim Ferris）说："我相信你在 6 个月内就能成为世界级的人物。"他将这一概念描述为"元学习"，并强调学习质量胜于数量。（成为任何学科的专家并在 6 个月内实现"精通"的想法似乎比 10 年更具吸引力。）

集中学习计划应该包括：

1. 持续评估的反馈循环，以找出薄弱点和改进的地方。

2. 刻意练习技能子集，使个人有意识地超出其当前能力。

3. 去教别人，如果您无法向他人解释，那么你自己也不是完全明白。

人工智能时代的领导者

那么，在人工智能注入的时代，这意味着什么呢？首先，让我们思考一下不同的领导风格。领导风格似乎与个性类型非常一致，Chron 公司认为有七种领导"类型"：

■ 专制型领导采取命令和控制的方法，下达命令并期待迅速执行。公司所有权通常是个问题。在这种情况下，专制型领导会努力推动员工，但有时领导者在员工忠诚度和投入程度方面要付出代价。

■ 自由放任型领导非常"放任自流"，无组织，依靠员工的自我激励和自我施加方向感。

■ 变革型领导往往被视为鼓舞人心的人物，领导者有大视野，可以有效地进行沟通；既鼓舞人心又富有魅力。

■ 实践和参与型领导在风格和应用上非常协调，但有时被批评为不够果断。

■ 事务型领导是由流程和环境驱动的，并且特别"以结果为导向"，例如在联络中心的环境中。

■ 官僚型领导是受纪律、规章制度驱使的。在这种情况下，领导者很难激励自己，但必须努力在非常有限的运营环境中提高员工的参与度和热情。

■ 情境型领导会随着情况的变化而变化，可以从合作的方式变为直接指导的方式。

当我们不时反思自己的个人职业生涯时，通常可以将组织层次结构归类为上述一种或多种类型。也许我们将其中一些人奉为"交易型领导者"而不是"管理者"。毕竟，"经理"实际上是什么？《牛津英语词典》只是将管理者描述为"负责控制或管理一个组织或一组员工的人"，也许不具备（或不需要具备）远见、魅力和其他方面的关键能力。

经理是否会成为"交易"或"官僚"领导？归根结底，也许我们只是在玩文字游戏。

领导力、控制和管理仅仅是一组同义词吗？如果是这样，那么"思想领袖"和"未来主义者"又会是什么呢？《牛津英语词典》将"思想领袖"描述为"对某个主题的看法具有权威性和影响力的人"，将"未来主义者"定义为"研究未来并基于当前趋势作出预测的人"。

似乎有很多不确定和歧义，所以重要的是要理解：

- 打开我们未来大门领导者的性格是什么？
- 我们的领导是谁，他们会把未来的愿景变为现实吗？
- 谁是所在领域的大师，可以指导我们前进，而不过分依赖技术和术语？
- 谁将是那些在运营上能按要求实施和实现这些变革的领导者？

我们可以根据自己的意愿回顾和重新审视现有的领导和管理理论。因为不乏有关管理和领导力理论的信息，也不乏可以花费时间和金钱的课程。真正的重大问题是当前的管理和领导理论在多大程度上与人工智能新时代相关。当前实践中几乎所有的管理理论都适用于人工智能出现之前的时代，但我们必须问自己，它是否不仅对于今天，还对于明天仍然有效。

增强型领导力

领导力的关键原则已超越过去在"模拟"环境中运作的原则，转向数字、机器人、人工智能注入体系所需的原则。试想一下，如果商学院可以教会你所有商业规则，那通过学习教科书和通过崇拜"大师"获得的知识就只是旧的东西，就像电子管收音机和数字广播的关系一样。

从传统思维转变为数字思维可能还不够，并不是仅仅将现有的流程和想法数字化，而是一个全新的比赛。新的比赛是什么样的？对它的思考开始为新的领导方式打开大门，这种领导方式可以被描述为被技术"增强"或"注入了人工智能"。

"增强型领导力"表示领导风格主要由技术增强。当我们开始寻找例子时，应该去看一些现代领导人，他们在任职期间被社交媒体所关注和影响。越来越多的信息似乎表明，领导力和技术不可分离。

在商业领域，有效的运营领导者需要深入参与应用性技术。不一定要成为专家，但他们必须完全了解这些新功能的价值和风险。通常，这类领导者对纯数字不感兴趣，或者没有时间对纯数字感兴趣。他们需要快速可视化，以便一目了然地了解问题和压力点在哪里。商业智能公司越来越重视可视化，将分析与智能融合在一起，这为高级主管提供了理解和消化高级分析的大门。

有效的可视化是数字环境的关键扩展，它使得复杂的信息变得更容易消化。对于我们的业务领导者来说，具有复杂性的人工智能注入环境可能代表什么？他们会感到困惑与不信任吗？还是被鼓励与赋能？毕竟，如果事实是在数据中，那么领导者怎么会不想使用这些数据和洞察力作出有效的决策呢？

数据完整性和现实洞察力将越来越重要。很少有领导者愿意"逆势而上"，作出分析输出无法支持的决策。那些相信自己直觉而不是数据的人可能会发现自己在公司治理方面很弱。

依赖于领导者决策的利益相关者可能受到很大影响，如果领导者拒绝接受来自强大的分析的建议。

分析型领导力

除了上述考虑的治理问题，分析型领导者的特征是什么？如果我们当下的领导风格不够好，也不可能在一夜之间进行变革，那么很可能会采取中间方法。这是领导方式过渡的一种形式，决策者不再依赖直觉，而是依赖经过适当分析的数据。有些人可能认为，由于业务处于变革时期，最近的所有领导都是"过渡性的",因为需要不断管理技术进步及其对商业模式、客户和劳动力的影响。

这些新的过渡型领导者不仅有机会根据摆在他们面前的信息作出合理的决定,而且有机会捍卫自己的决定。领导者始终依赖摆在他们面前的信息,但有时由于数据质量差或解释不明确,这些决定会受到不确定性的影响。

在一个分析驱动型的世界里,数据可能会提供"单一版本的事实",对于向决策者提交的信息几乎没有分别,主要问题是需要采取的最适当的行动。

在此阶段,必须假定决策过程尚未准备好自动化,但仍有这种可能性。例如,灵活的银行业务可以允许新产品自动化、现有产品或投资策略退出。

在大多数情况下,分析可以提供有关最佳行动的建议,因此,领导者的角色几乎仅限于认可、倡导和利益相关者管理或沟通。这种情况与机器人财富顾问并无不同,后者考虑了所有选择,包括客户的风险状况和风险意愿,然后就最合适的投资组合提出建议。除此之外,投资经理还可以使用高级分析来帮助其作出最佳的投资决策。那么,与机器人财富顾问或投资经理(使用咨询系统决定投资策略)进行交互的真正"价值"是什么?

也许这不过是人的问题。人类往往喜欢与人类打交道。人类信任人类,但还不相信机器。我们信任银行家而不是机器。话虽如此,我们似乎相信卫星导航可以找到最快的回家路线,并避免交通堵塞。卫星导航可能有人的声音(显然女性声音比男性声音被用得更多,因为我们更为偏爱女性声音),但这只是一种经常被自动联络中心使用的沟通机制。在机器人财富管理决策中,客户会对高亢的男性声音或善解人意的女性声音作出更好的反应吗?撇开性别平等问题不谈,女性客户是否会更好地回应拥有女性或男性声音的机器人财富经理?

人类领导者需要帮助以作出决策,而决策越来越多地以有效的可视化形式出现。数据的复杂性和多样性使人类无法计算或消化组织内部信息、外部信息、上下文信息、结构化信息和非结构化信息。系统已经开始结合有效的可视化来帮助人们理解这一切。随着数据的发展和增长,智能系统极有可能作为一种过滤器运行。因此,与决策无关的数据或信息将被排除,剩下的内容将通过有效的可视化方式显示。一个特别的挑战是过滤机制的运作,以及它是否有足够的敏感性和意识来了解什么是重要的，什么不是。

除此之外，通过创建各种情景，理解后果并相应地制定策略，有可能以一种战争游戏的方式为未来建模。未来可能会以模型化的游戏形式取代面试过程，对潜在的领导者进行"测试"。

人类已经能够基于不完整的信息作出决策。我们直观地找出了相关和不相关的内容，下意识地考虑选项，评估可能的结果，然后作出决策，可以将其视为金融方面的"战争游戏"。随着分析和"博弈论"的融合，商业领袖不仅将成为企业的领头羊，而且可能成为金融服务世界的专家，就像在《我的世界》（*Minecraft*）游戏里获得大师称号一样。

《我的世界》是 2011 年发明的 3D 视频游戏，玩家必须在其中获得建设世界和维持健康的资源。玩家有不同的"模式"，即生存、创造、冒险和旁观。除此之外，还有一个"硬核"模式，但玩家只有一条命。

如第 6 章所述，在审视品牌和营销以反映 Z 世代"数字原住民"的属性时，还应该花点时间思考新一代将对银行和金融服务战略产生的影响。Z 世代的某些成员将成为银行和金融服务的领导者，并以此将他们的"游戏"方法带入商业领域。那不是坏事。但如果在作出决定之前可以准确地对决策进行建模，就肯定会有所帮助吗？智能系统最终可能不仅可以对选项进行建模，还可以进行评估。

领导新方法："信任但验证"

如果采用智能系统的方法，可能对各种选项进行建模，进行评估并最终实施最佳解决方案（无论如何衡量），对决策的信心就会开始从个人决策转移到数据和模型上。

一个人在某个时点可能会说："我看到了模型告诉我们的内容，但与我的经验不符。"这时候应该喊出口号"信任但验证"。SiliconAngle 在它《信任但验证》的同名报告中，描述了称为"财务援助杠杆"的流程。

在这里，算法可用来识别"更好的"有足够的钱接受进一步教育的学生，然后将资金用于他们，以使他们能够成功完成学业。但是问题在于，收集和作出决策的数据可能是有偏差的。数据不小心出现了偏差，输出的结果就是有缺陷的。

分析领导者的能力见表 7-1。

表 7-1　分析领导者的能力

过　去	将　来
管理和控制	赋权和培养
以男性为导向的行为	反映了执行功能之间更大的性别混合
保守和规避风险	冒险和颠覆性
威权主义者，通过响应和精通媒体来控制消息	企业公关
合同保护	情感坚韧
服务于银行的经验	在非银行、面向客户的行业有经验
股东驱动	价值驱动
个人形象保护	真实而有魅力
坚定而沉稳	激励和激发
增量	转型

现实中，这不是每天都在发生吗？决策不是经常基于不完整甚至不准确的信息作出吗？领导者在作出任何性质的决策时都可能没有充分考虑来自其环境内外的数据。如果他们没有考虑到这些，就有可能被董事责任保险要求索赔。在这种情况下，如果对违反分析建议的高管提出责任索赔，保险公司可能会认为这违反了谨慎义务，从而影响其承担的责任。

总体而言，在决策、领导力、数据和分析之间的交互方面，案例法不多。这是一个新生的法律领域，律师们需要在某个时候了解人工智能的整个问题及其后果。例如，如果他们在自动驾驶汽车的保险责任这一主题方面受到质疑，那么律师们将有一个"现场日"，讨论人工智能注入决策中的法律义务。

领导者和管理者在不久的将来可能成为数据和分析的"守门员"。作为守门员，他们将需要查看信息并融入自己的直觉和经验，然后才能作出最终决定。我们可以将他们描述为分析型领导者。

注入人工智能的领导者属性

在这种不确定性不断增加的环境中，考虑领导力所需的关键属性非常重要。如今，最有效率的领导者已经从过去的指令式风格变为一种新的领导风格——赋权、培养和"价值驱动"。传统的官僚商业模式也正在向灵活、敏捷和高效的商业模式转变。尽管自上而下的方法仍然存在，但通常是提供指导并鼓励自下而上的思考，这使企业得以蓬勃发展。

领导者的作用是沟通，确保组织价值保持不变，并具有"管理"业务的使命。使命不仅需要与组织的集体精神产生共鸣，还需要与组织内个人的价值观产生共鸣。要有效地做到这一点，领导者需要不断学习，要有自我意识，但不是傲慢。他们不仅要成为"大师"，而且要成为组织中其他人追随的榜样。

未来的领导鼓励组织内外的协作，包括与客户的协作。通过这种方式，领导者永远在提出问题并寻求解决问题的新方法。Adnams brewers 公司的首席执行官安迪·伍兹（Andy Woods）这样解释："领导者的工作就是给人才浇水，让他们茁壮成长。"

BCI 的创始人吉尔斯·哈钦斯（Giles Hutchins）在他的文章《未来的领导力：多样性、创造力和共同创造》中写道：

未来的领导不符合理想化的领导模式理论，但具有驾驭真实和灵感之旅的实践能力；激励并装备自己和他人，为当前的情况作出正确的选择。

作为一个组织，BCI 在开展业务时以非常强烈的"道德立场"而出名，"受到自然的启发，与自然和谐相处"。从表面上看，这似乎是一种禅宗式的方法，它形容为"紧急、勇敢、觉醒、真实"的领导，其重点是佛教"意识、停止、平静、静止、和平、真实思考和成就"的理念。

很难看出这种"自然主义"的商业方式会如何与能源生产公司产生完全的共鸣，但他们似乎也越来越热衷于在可能的情况下尽力采取环保的经营方式。但问题是，这是真正希望环保，还是只是向环保游说者提供口头承诺。毕竟，有人可能会争辩说，商业（包括银行业）不是从根本上满足股东的要求吗？哈钦斯认为，能否实现财务目标只是衡量成功与否的一种方法，而不是创造"发自内心的、深厚文化底蕴的企业使命"。

这是一个有趣的观点，可能不仅会引起数字原住民的共鸣，还会引起社会组织的共鸣。金融服务巨头中国人寿主要通过代理运营业务，拥有超过 6 亿名客户。这是一个有效的业务分销渠道，他们也把这视为提供了社会福利。

福布斯对未来的领导话题持不同观点。他们说这是实用性的问题，因为没有一个领导者（或一个领导集体）有能力"筛选大量数据"，而授权至关重要。尽管这对于"分析型领导者"的概念是有力的论据，但这可能无法为人工智能环境中的领导力提供足够的指导。

Tata 公司的首席人力资源官拉詹（N. S. Rajan）博士雇用过 60 万名员工，他倡导"服务型领导者"的概念，即构想、沟通、激励和重视团队。除此之外，他建议领导者通过倾听来了解团队的需求。

考虑到未来的领导力时，我们还应考虑最终将成为领导者的那些群体。人力资源专业人士的研究小组在《2015 年千禧一代领导力调查》的报告中称："91% 的千禧一代渴望成为领导者，其中 52% 是女性。"几乎一半的千禧一代将领导力定义为"赋予他人成功的能力"，当被问及他们成为领导者的最大动力是什么时，有 43% 的人表示是"赋予他人权力"，而只有 5% 的人表示是金钱，1% 的人表示是权力。

鉴于调查对象（412 人）的规模相对较小，而且调查是基于美国而不是国际社会，这可能会使结果有所偏差。话虽如此，注入人工智能的领导力很可能最初会在美国出现，这是由于其特定的技术成熟度曲线，而且早期的"人才管理"学习大部分可能来自该地区。

亚洲等其他市场也将受到影响，但它们还有其他文化上的管理问题需要解决，例如"地位"问题，即根据为他们工作的人数来衡量个人成就。工作场所趋势报告还反映了千禧一代以下特征：

■ 相信他们具备成为领导者的适当技能，他们将沟通能力排在第一位。51% 的人认为沟通和建立关系的能力是他们最强的技能。

■ 但是，他们认识到他们的领导才能有薄弱的地方，需要有所改善，他们最弱的技能是缺乏行业经验（43%）或技术专长（41%）。

在该群体中，对大学和正规教育有一种反对倾向，68% 的人更喜欢在线课程，只有 4% 的人表示更喜欢大学。他们还表示，他们更倾向于指导（51%）而不是管理，83% 的千禧一代说，"他们愿意为管理更扁平化的公司工作"。此外，55% 的受访者表示，他们对雇主提供的领导力发展机会不满意。

未来的领导力培训

我们认识到，未来的领导力将因人工智能的影响而发生变化，因此千禧一代有必要为将要担任的领导角色做好准备。例如，隶属于国际赫斯特集团（Hearst Group）的 Fitch Learning 等公司已经为金融服务行业提供了定制在线培训，该培训面向公司和个人。与许多其他商学院一样，伦敦的卡斯商学院（Cass Business School）不仅提供系统化学习，而且还通过指导框架提供支持。

对未来的人工智能领导者的培训会是什么样？他们报告的重点是：今天的挑战是到 2030 年建立金融服务高级人才储备，Fitch Learning 确定了他们所描述的未来领导者的"关键任务"。这分为两个要素：关键技能和关键能力。

要识别和发展的关键技能是：

■ 远见

■ 战略

■ 道德

■ 目的性

■ 分析

■ 实用主义

■ 敏捷

■ 沟通

通过结构化学习获得的关键能力是：

- 启发能力
- 挑战能力
- 激发能力

除此之外，Fitch Learning 还为个人制定了他们描述的 6 年"发展路线图"。它有三个关键阶段：

1. 获得战术能力，在 0～24 个月的最初期发展。

2. 获得战略能力，在 24～48 个月的过渡期内发展。

3. 获得改变游戏规则的能力，在 48～72 个月的"最终"期内发展。

即使未来的领导者完成了为期 72 个月（6 年）的计划，旅程也尚未完成，因为始终需要进行持续回顾与反思，尤其是避免自满。

对于那些可能关心此时间长度的人，有人认为要精通某技能必须学习 10 000 小时，相当于 10 年（之前已提及）。然而，有些人指出这些观点是基于 1993 年由科罗拉多大学教授卡尔·爱立信（Karl Ericsson）撰写的论文《在获得专家级表现中实践的作用》，此论文专门研究学习小提琴中的表现。其他人仍然提醒我们，重要的是学习质量，而不是数量。

所有的培训都是为个人的未来做好准备，但在某些情况下，培训是向后看的，因而不具有充分的前瞻性思维。正如中国俗语所说："补漏趁天晴，未渴先掘井。"还应当认识到，人工智能注入领导者的概念不是最终目的，而是过程的一部分。随着人工智能和分析对行业和专业的影响越来越大，我们与人工智能的交互方式也在不断发展。

也许挑战不在于如何为人工智能注入的领导力做好准备，而是如何为人工智能和机器人系统的使用提供指导，而并非让技术引导我们成为人类。人类是未来的利益相关者，因此，我们不仅有权利参与讨论，而且有义务参与。这些社会变革太重要了，不能仅由技术专家决定。

"银行业的数字化未来需要新的领导力模式"

在《金融品牌》这篇文章中，吉姆·马鲁斯（Jim Marous）也指出，需要改变我们对银行业领导地位的理解，以反映技术、新的竞争形式和客户群的变化。

他建议，领导者不仅要能够"阐明愿景"，而且要提供充足和及时的资源，以确保愿景得以实现。他引用了麻省理工斯隆商学院和德勤为期五年的研究结果，该研究探讨了传统的领导力模式是否仍然有效，是否需要一种全新的领导力模式来应对数字时代，或者（根据报告的结论）未来需要新旧模式融合。

在这个颠覆性的时代，马鲁斯总结道，未来的领导者必须"拥抱变革，承担风险，并自我颠覆"。至于领导者本身，麻省理工斯隆商学院通过对3 000多位领导者的调查确定了三个关键问题：

1. 领导者需要具备的最重要属性是"变革性愿景"（22%）。针对"变革性"，受访者认为，领导者应具有"预测市场和趋势，作出明智的业务决策并在动荡时期解决棘手问题的能力"。

2. 其次的是"前瞻性愿景"（20%），由于需要"拥抱模棱两可"的多种可能情况，管理业务变得更加困难。实际上，这意味着每只手要同时做一些不同的事情。用业务术语来说，它是指同时创建两个紧张关系，但同时运行两个业务模型的组织。

3. 通过对技术领域的了解，第三大最重要的技能被认为是"精通数字技术"（18%）。2019年的报告确定了"只有1/4的董事会成员属于这一类别，并且中层以上管理层不具备数字素养"。

麻省理工斯隆商学院确定了银行业领导者的四项关键活动，以使他们变得具有数字意识：

1. 自主学习，或在具有数字意识的导师带领下学习，或两者同时进行。

2. 与来自数字技术先进企业的同行会面，成为"数字游客"。

3. 制定专门针对技术的数字策略。

4. 招聘具有强大数字技能的新领导者。

必须认识到，这不是一次性的活动计划，而是需要持续进行的活动，以反映数字技术在当前环境中的不断演变。

麻省理工斯隆商学院还试图找出传统组织与数字组织之间的差异，并指出其最主要的区别为：

- 业务节奏
- 文化心态
- 灵活性、更高的协作性和透明度
- 更高的生产率
- 更方便地使用工具和相关数据
- 持续连接

禅宗与银行业领导力

领导能力的两全其美需要"同时加强优化和探索"，以及能够承受失败。这个概念适用于管理矛盾，由学者罗伯特·邓肯于 1976 年首次提出，此后在不同领域出现：

1. 战略管理，代表一致性与适应性的问题。

2. 运营管理，代表灵活性和效率。

3. 创新管理，代表激进与渐进的挑战。

麻省理工斯隆商学院的作者说，要做到这一点，就要求未来的领导人具有"坚毅的情感"。这被描述为坚韧，应对多种障碍的能力以及如果他们未能提供适当结果就愿意"放手项目"的综合考虑。其他人称之为心理韧性。

他们还刻画出了与佛教禅宗的联系，使领导者在没有全部答案时就可以确定可能性。扩展到这个特定的元素，想知道未来的领导者在业务中是否需要具有"像禅宗"的品质是很有可能的。这不是一个独特的想法，因为以前一直在努力将实际上是宗教道德的东西扩展到商业（即禅宗和工作艺术）中，甚至扩展到摩托车维修中。

《禅与摩托车维修艺术》于 1974 年首次出版，已售出 500 万册。它试图比较作家佩尔齐格（Perzig）所说的理性与浪漫。在摩托车维修的背景下，"理性"的观点是了解机器的工作原理并维护机器；另一方面，"浪漫"的方法只是将机器放到地上，然后支付机械修理费。故事表明，最佳方案是将两者结合起来。这种知识和活在当下的观念共存有可能获得通常无法合理解释的见解。

斯蒂芬·巴尔扎克（Stephen Balzac）在他的《禅与领导艺术》一文中，对剑客大师和商业领袖进行了分析。他说，剑客大师精通他的技能，但在不关心生死的情况下才会发挥得最出色。巴尔扎克说，一个成功的运动员也会采用相同的方法，因为过度分析会使他们过于内省，并导致怀疑或失败。我们可以称其为"分析瘫痪"。在企业中也是如此，成功的领导者必须为胜利和失败做好准备，并赋予其团队力量，而不是因为害怕失败而对其进行微观管理。

但是，存在潜在的矛盾。在银行这样的高度监管行业中，合规性是至关重要的成功因素，而失败则可能造成严重后果，因此"欺诈活动"没有生存余地。最大的实际挑战之一是以某种方式将"相对较新"的企业家风格与相对僵化的行业约束结合在一起。也许前面提到的"心理坚韧"还需要包括"新领导者"的挫败感，这些人将无法通过他们的经营框架来转变业务。

职能转变与角色转换

本书在前面研究了不同类型的银行，因此，读者将认识到需要了解许多不同类型的组织结构。通常，这些人员可能包括高级主管或首席职能主管，由一组高级经理（通常是高级副总裁）支持。在分层方法中，通常存在一系列功能孤岛，例如后台操作、业务线、零售分支机构运营等。

银行内部的具体职能，反映在其组织方式中，可包括信贷业务、直接银行业务、防欺诈、贷款业务、贸易业务支持、交易处理支持、业务银行、商业贷款、消费者贷款、信用卡、投资管理、抵押贷款、在线和移动银行、资金和现金管理以及平台运营。

银行或企业如何管理自身取决于其商业模式。"商业模式"是指其实现目标的方式，包括管理和销售其产品或服务的方式，以及政策和流程。早先曾考虑过灵活性的概念，包括可以在同一组织内运营两个（或多个）明显冲突的业务模型的概念。

据管理专家彼得·德鲁克（Peter Drucker），商业模式需要回答以下三个问题：

- 客户是谁？
- 客户重视什么？
- 如何以适当的成本交付价值？

德鲁克说："组织中只有三件事会自然发生——摩擦、混乱和绩效不佳。其他一切都需要领导才能。"

因此，本质是银行如何重组自身业务模型，从而不仅满足当前的需求，而且满足未来的需求。另外，这种重组将考虑如何使用高级分析和人工智能。根据吉姆·马鲁斯的说法：

大多数金融机构了解影响银行业的主要趋势，以及应对这些趋势需要采取的措施。传统银行组织面临的挑战是确定资源的优先次序和部署资源。问题是组织是否准备好迎接变革，承担风险并颠覆自己。

在本章的前面，我们讨论了领导力的问题，以及领导者胜负的重要性和团队授权的重要性。

斯蒂芬·巴尔扎克确定了 10 个关键点：

1. 澄清宗旨和目标。
2. 在交付时提供信息。
3. 鼓励建设性讨论。
4. 了解成功和失败。
5. 易于提供反馈。

6. 尽量减少对例行公事的干扰。

7. 设立关键检查点以监测进展情况。

8. 分析、评价和调整——不会受到惩罚。

9. 随着进展而修订愿景。

10. 放弃权力并下放。

尝试为未来银行创建一些说明性模板很诱人。公认的观点是，未来银行可能是以下各项的组合：

■ 更高的数字化。

■ 新技术与传统核心技术一起工作。

■ 更加关注网络和移动技术。

■ 创新与测试中心。

■ 更多 API。

■ 个性化的客户体验。

一个非常有趣的转型例子是美国银行，其董事长兼首席执行官布莱恩·莫伊尼汉（Bryan Moynihan）形容它是"一家科技公司，包裹着银行的外衣，这将是我们未来所做的工作"，并说，"这是因为我们的客户需要它"。

像巴克莱银行等其他大型银行一样，美国银行拥有支持和指导金融科技的创新中心，并不断寻找技术盟友。

这些新创新中心的目标一般可能是：

■ 构建新的服务和业务模式，使银行成为客户的真正合作伙伴。

■ 将创新中心作为一个独立的业务部门，以确保其有专门的组织和资源，不会有被蚕食的风险。

■ 利用新技术和方法发展银行业，为客户提供更好的服务。

银行业员工的演变

银行员工的演变见表 7-2。

表 7-2   银行员工的演变

过去的员工	未来的员工
工作时间：朝九晚五	工作时间：任何时候
工作地点：公司办公室	工作地点：任何地方
使用公司设备	使用任何设备
专注于输入	专注于产出
沿着公司层级向上	有自己的职业阶梯
有预定义的工作	有定制工作
囤积信息	共享信息
没有话语权	可以成为领导者
依靠电子邮件	依靠协作技术
侧重于知识	专注于适应学习
企业学习	民主教学
教学民主化	学习和教学

与组织和领导层可能发生变化一样，考虑员工可能会发生变化的方式也很重要。从 Chess 传媒集团联合创始人雅各布·摩根（Jacob Morgan）在2014 年出版的名为《工作的未来：吸引新人才，培养更好的领导者和创建有竞争力的组织》摘录中可以看到，作者已经开始更多地了解潜在（也许是当前）员工的发展。

2050 年的银行业员工角色

在结束此特定部分时，创建一个面向未来人工智能的银行员工角色可能很有趣；也许在一二十年内，当高级分析和人工智能在运营上变得更加主流时，将预测与现实情况进行比较可能很有趣。随着本书的第一版在 2020 年出版，我们应该考虑制作一个时间表，这一时间表将引起大多数千禧一代的共鸣。预计他们将还有 30 年的工作生涯，因此，让我们来展望 2050 年。

对于那些处于职业生涯中后期的读者来说，他们可能认为这与自己无关。他们应该反思这样一个事实，即虽然在 2050 年他们可能不是活跃的专业人士，但可能仍然是未来银行服务的客户。

但在时间跳跃之前，回顾 30 年前的类似时期可能会有所帮助。

到 20 世纪 80 年代末，社会经济发生了巨大变化。这包括从计划经济转变为有些人所说的"自由放任资本主义"，即"一种经济体系，其中个人当事方之间的交易不受政府干预，例如监管、特权、关税和补贴"。

在当时，30 年前，发展中国家面临多重债务危机，要求国际货币基金组织进行干预。埃塞俄比亚的饥荒导致了 1985 年的现场援助音乐会。跨国公司越来越多地将生产活动外包给亚洲。蒂姆·伯纳斯·李（Tim Berners Lee）在 1989 年正式提出了互联网的概念。从技术角度看，1984 年，摩托罗拉 DynaTAC 8000X 成为第一款市售手机（完全充电需要 10 个小时，提供 30 分钟的使用时间）。游戏机推出 Donkey Kong 和超级马里奥兄弟。包括家用计算机在内的 PC 使用正在增加，例如 Macintosh 128，它是原始的 Apple Macintosh。

从零售银行的角度来看，根据爱尔兰银行的数据，今天只有 3% 的客户在柜台上进行银行业务，而在 1980 年则是 100%。几乎所有的零售交易都是用支票进行的，包括周五在柜台排长队领取工资。自动取款机很少。在多家银行和分支机构中，分行经理的角色不仅享有盛誉，而且举足轻重。他是制定当地贷款和抵押贷款决策的关键，而决策通常需要几天甚至几周的时间，而如今，这些决策通常在总部花费数小时完成。

到 2050 年，银行业员工的现实情况很可能是：

- 不会有目前的分支机构。
- 客户与银行的主要关系将完全以应用程序为导向。
- 古朴的键盘会消失，屏幕可能也会消失，取而代之的是 4D 投影。
- 将会有更多类型的细分市场和可定制服务的银行产品。
- 后台功能（我们目前所知道的）几乎是完全自动的。
- 前台功能（我们目前所知道的）几乎全部自动化。
- 银行业务的主要运营成本通常是人员和财产的运营成本，即使这方面的成本没有完全消除，也会大大降低。

- 银行的主要宗旨将是管理和创造资本。

那么，在未来的场景中，人工智能注入的"领导者"的典型角色是什么？

1. 性别和种族问题将逐渐得到解决。40 年前，随着《同工同酬法》的出台，性别平等得到了承认，虽然董事会中妇女人数更多，但银行业的高层仍然由男性和白人群体主导。根据彭博社的数据，在整体金融服务行业中，目前只有 12% 的公司董事会成员是女性，（在撰写本文时）只有桑坦德银行有一名女性主席。

2. 技术和金融培训将会融合在一起，以便未来的银行业领导者拥有融合的能力。早期的榜样将是具有数字技术意识的金融家，以及具有金融意识的技术员。随着时间的推移，这两个角色将成为一个统一的角色。到那时，使用语音或思想激活指令以及非接触式安全访问，也将改变单个用户与技术系统交互的方式。那些现在被认为是"数字原住民"一代的人到那时将被视为"数字祖先"。

3. 个人学习将发生转变。不仅将在"实时"环境中获得经验，还将通过增强现实和虚拟银行场景获得经验。游戏将是学习经验的重要组成部分。传统的职业道路将不再存在。领导力最重要的特征是成为有影响力的人。

4. 领导者的关键角色将是"管理银行的使命"，无论在之后的 30 年会发生怎样确切的变化，因为在此期间银行和货币的性质都在不断变化。

这通常包括管理战略知识资产、保留和发展核心能力、利用专门知识领域、保护知识产权和确定人才的培养。

结论

本章的重点不在于基于人工智能系统的技术和应用，而在于我们个人和企业对这些变化的响应。任何转型计划的有效实施都不仅仅依赖技术，而通常取决于领导力、组织结构以及组织内部个人最终对变革的反应方式。毫无疑问，对于许多人来说，变革既令人不安，又充满威胁。自动化和先进方法的应用将使人们省出更多的宝贵时间，从事更有价值、更有趣的工作，还有人说将出现全新的其他行业来填补失业缺口。

在这种不确定的背景下，银行业将转型。

银行业的领导者将需要以某种方式规避风险，顺应监管方向的需求以应对瞬息万变的时代，应对不断变化的客户需求以及挑战者银行和新的准金融机构（通常是零售商和其他新进入者）日益增加的威胁的挑战。要有效地做到这一点，就需要领导者采用新的相关能力，也许他们会从比他们年轻且经验不足的导师那里学习。难道不应该向年轻但更有活力的新一代学习吗？

随着领导层性质的变化，组织结构也将发生变化，而组织结构将越来越关注消费者和品牌体验。因此，银行员工自身将不可避免地遭遇变革与转型，他们要取得成功将不是靠努力工作和延长工作时间，而是靠识别和应对周围发生的变化。

参考文献

1. Carey, Scott. 'How UK Banks Are Looking to Use AI and Machine Learning'. Computerworld. April 18 2019. (Viewed 22/10/2019) https://www.computerworld. com/article/3430257/howuk-banks-are-looking-to-use-ai-and-machine-learning.html

2. Boobier, Tony. *Advanced Analytics and AI: Impact, Implementation, and the Future of Work* (Wiley Finance). John Wiley & Sons, 2018.

3. https://en.oxforddictionaries.com/definition/power

4. https://en.oxforddictionaries.com/definition/mastery

5. https://en.oxforddictionaries.com/definition/leadership

6. Radwan, M Farouk: 'How to Become Powerful' 2KnowMyself.com. (Viewed 10/10/2019) https://www.2knowmyself.com/Power_influence/how_to_become_ powerful

7. Dholakia, Utpal. 'What Is a "Good" Decision?' *Psychology Today*. 9 July 2017. (Viewed 4/11/2019) https://www.psychologytoday.com/us/blog/the-science-behind-behavior/ 201707/what-is-good-decision

8. 'Creating the Right Environment, to Make the Right Decisions, at the Right Time'. Black Training and Enterprise Group. 18 October 2011. (Viewed 4/11/2019) https:// www.bteg.co.uk/content/creating-right-environment-make-right-decisions-right-time

9. Ransbotham, Sam. 'Can Artificial Intelligence Replace Executive Decision Making?'

MIT Sloan Management Review. 28 June 2016. (Viewed 10/10/2019) https://sloanreview.mit.edu/article/can-artificial-intelligence-replace-executive-decision-making/

10. Gladwell, Malcolm. *Outliers: The Story of Success*. Penguin, 2009.

11. 'Acquiring the Skill of Meta Learning: Tim Ferriss at SXSWi'. Vertical Response. 10 March 2013. (Viewed 9/10/2019) https://www.verticalresponse.com/blog/acquiring-the-skill-ofmeta-learning-tim-ferriss-at-sxswi/

12. Lazzari, Zach. '5 Different Types of Leadership Styles'. Chron.com. 14 August 2018. (Viewed 10/10/2019) https://smallbusiness.chron.com/5-different-types-leadership-styles-17584.html

13. https://en.oxforddictionaries.com/definition/us/thought_leader

14. https://en.oxforddictionaries.com/definition/futurist

15. Gillen, Paul. 'Trust but Verify: Machine Learning's Magic Masks Hidden Frailties'. Siliconangle.com. 10 February 2019. (Viewed 10/10/2019) https://siliconangle.com/2019/02/10/trust-verify-machine-learnings-magic-masks-hidden-frailties/

16. Hutchins, Giles. 'Leadership for the Future: Diversity, Creativity and Cocreation'. Guardian. 26 June 2012. (Viewed 10/10/2019) https://www.theguardian.com/sustainable-business/leadership-future-diversity-creativity-cocreation

17. Hutchins, Giles. 'Courageous Natural Leadership'. Biomimicry for Creative Innovation. 19 August 2014. (Viewed 10/10/2019) businessinspiredbynature.com/courageous-naturalleadership/

18. Gleeson, Brent. 'The Future of Leadership and Management I the 21st Century Organisation'. Forbes. 27 March 2017. (Viewed 10/10/2019) https://www.forbes.com/sites/brentgleeson/2017/03/27/the-future-of-leadership-and-management-in-the-21stcentury-organization/#6022d679218f

19. Morgan, Jacob. 'What Does Leadership Look Like in the Future of Work'. Forbes. 28 March 2016. (Viewed 10/10/2019) https://www.forbes.com/sites/jacobmorgan/2016/03/28/whatdoes-leadership-look-like-in-the-future-of-work/#2606ef1e2704

20. 'The Millennial Leadership Survey'. WorkplaceTrends.com. 20 June 2015. (Viewed 10/10/2019) https://workplacetrends.com/the-millennial-leadership-survey/

21. Fitch Learning. 'Pivot Point: Today's Challenges to Building Top-Tier Talent in Financial Services by 2030'. March 2019. https://www.fitchlearning.com/pivotpoint/

22. Ericson, Karl, et al. 'The Role of Deliberate Practice in the Acquisition of Expert Performance'. *Psychological Review* 100(3):363–406. July 1993. https://www.researchgate.net/publication/224827585_The_Role_of_Deliberate_Practice_in_the_

Acquisition_of_Expert_Performance

23. Marous, Jim. 'Digital Future of Banking Requires New Leadership Model'. The Financial Brand. (Viewed 10/10/2019) https://thefinancialbrand.com/81901/future-digital-bankingleadership-model/?edigest

24. Kane, Gerald C; et al. 'How Digital Leadership Is(n't) Different'. MIT Sloan Management Review. 12 March 2019. (Viewed 10/10/2019) https://sloanreview.mit.edu/article/how-digital-leadership-isnt-different/

25. Ibid.

26. Nieto-Rodriguez, Antonio. 'Organisational Ambidexterity'. London Business Scholl. 1 October 2014. (Viewed 4/11/2019) https://www.london.edu/lbsr/organisational-ambidexterity

27. Pirzig, Robert. *Zen and the Art of Motorcycle Maintenance*. Vintage Classics; new ed., 1991.

28. Balzac, Stephen. 'Zen and the Art of Leadership' The CEO Refresher. 3 March 2009. (Viewed 10/10/2019) http://www.refresher.com/zen-and-the-art-of-leadership/

29. https://opsdog.com/products/banking-organization-chart-template

30. https://whatis.techtarget.com/definition/business-model

31. Marous, Jim. 'Top 10 Retail Banking Trends and Predictions for 2019'. The Financial Brand. (Viewed 10/10/2019) https://thefinancialbrand.com/78423/2019-top-banking-trends-predictions-outlook-digital-fintech-data-ai-cx-payments-tech/

32. Cocheo, Steve. 'How Bank of America Became a Tech-Driven Powerhouse'. The Financial Brand. (Viewed 10/10/2019) https://thefinancialbrand.com/86675/bofa-brian-moynihanerica-branch-mobile-banking-millennials-fintech/?edigest

33. Morgan, Jacob. *The Future of Work: Attract New Talent, Build Better Leaders, and Create a Competitive Organization*. John Wiley & Sons, 2014.

34. https://en.wikipedia.org/wiki/Laissez-faire

35. 'Seven Ways Banking Has Changed Since the 1980s'. Independent.ie. 11 July 2017. (Viewed 10/10/2019) https://www.independent.ie/business/personal-finance/latest-news/sevenways-banking-has-changed-since-the-1980s-35916648.html

36. '10 Surprising Findings About the Gender Gap at Financial Institutions'. Women's World Banking. 20 July 2016. https://www.womensworldbanking.org/insights-and-impact/10-surprising-findings-gender-gap-financial-institutions/

第 8 章

未来的银行

概述

"未来（银行业）的接口将不再是分行、计算机或者电话。"

——吉姆·马鲁斯

本章将探讨未来银行的一些概念，包括其可行性和实用性。第一个问题是对传统金融服务是否仍然有需求？如果有，是什么样的需求？数字银行将来是否需要商业街支行的存在？特别是认识到一些挑战者银行正在发展壮大而无须承担这些费用。

我们将研究各种潜在的银行业模式，并考虑传统银行业是否已经消亡，以及什么可能取代传统银行业，并探讨高级分析和人工智能在思维和实施方面的影响。

本章对"未来的银行"提出了不同的设想，如分类银行、对话式银行和合作银行，也许其中没有一个会脱颖而出，因为未来的银行最终可能是一种混合体。

最后，我们将探讨一些投资银行业务的影响以及可能发生的转型。

人工智能改变客户体验

富国银行已经试运行了一个聊天机器人，据该行自己的创新小组称，该机器人使用人工智能，"引导客户浏览我们网站的页面，并把它变成聊天环境中的简单对话"。

引语

是什么推动了对金融服务的需求，为什么"需求"很重要？总部位于英国的普华永道金融服务调查公司（CBI，以下简称普华永道）2019年发布的报告显示，自2013年以来，金融服务的需求和人气开始下降，这结束了整整三年的乐观情绪。银行、建筑业和专业贷款机构之间的业务量处于2013年以来的最低点，这也影响到了利润。

普华永道首席经济学家雷恩•牛顿-史密斯（Rain Newton-Smith）说：宏观经济和英国脱欧的不确定性、监管合规和全球市场波动共同影响着英国金融服务行业。乐观情绪的持续疲软和预期恶化，预示着前景并不乐观。

显然，该行业也正在应对许多其他挑战，如使用数据来改善客户体验、行业的新进入者威胁等。但是，伴随着新的风险和需求，机遇也随之来。

技术专家和银行领导者已经承认，银行业可能由于人工智能等技术而转变，也可能由于客户改变的需求和期望而转变。或许应该承认，这种转变是"肯定的"，但是它将如何表现出来呢？消费者是应该期待商业街银行的消亡，还是会在某种程度上重塑自身？是否需要商业街上的展示？如果需要，为什么？

人工智能注入的银行不仅仅专注于使用高级分析、机器学习等系统，而是准备在所有渠道和交易中重塑自身系统。人工智能既是催化剂，也是将所有渠道结合在一起的黏合剂（见图8-1）。

一个相对简单的起点很可能是分行自身的经验。未来的银行在多大程度上需要分支机构网络？如果需要，它将是什么样子？

分行改造

在这个日益由技术驱动的环境中，更舒适的座椅和崭新的装修不可能赢得客户的青睐。

大卫•克斯坦（David Kerstein）在他的文章《一个光明的理想：最终分支机构的七个要素》中，这样描绘了未来的银行的分行：

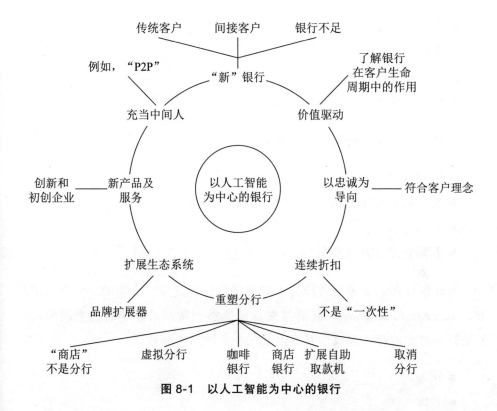

图 8-1　以人工智能为中心的银行

　　未来的"理想分行"将由机器人或全息影像作为职员，实现完全自动化。只需按一下按钮即可重新配置内墙，以创建不同大小和形状的会议室，并从地板上弹出椅子。

　　分行的标牌以及室内装饰（墙面颜色、地板覆盖物、艺术品等）将全部数字化。如果银行与竞争对手合并，标牌以及装饰将可以远程进行更改。

　　客户将通过视网膜扫描或面部识别进行身份认证。这些设施将完全无纸化、绿色环保并获得 LEED 认证。

　　他描述了未来分行设置的七个关键要素：

1. "完成业务"的交易区域。

2. 自助服务区。

3. 私人会议空间。

4. 客户会议室，它更像客户的起居室而不是银行办公室。

5. 示范区。

6. 营销展示。

7. 品牌区域。

总之，他用以下的词语描述未来的分行：

■ 开放和私有。

■ 提供高科技解决方案和高度个性化的服务。

■ 热情好客。

■ 利用技术实现灵活性。

所有银行都需要考虑传统分行如何将自己转变成一个新的、受欢迎的地方。Adrenaline Agency 在其博客文章《焕然一新，过渡和重塑空间的最佳做法》中对此进行了审议，并提出了三个关键的实施阶段：

■ 刷新

■ 过渡

■ 改革

每个阶段又都有两个关键元素：

■ **视觉**：主要涉及品牌，包括内部和外部标牌。改善视觉元素（例如灯光和色彩）可能会对空间的"感觉"产生巨大影响。

■ **运营**：包括空间的构造和其中所包含的设备。通过消除效果不佳的区域并将它们创建为"新的体验区"来解决空间的功能问题。

通过刷新／过渡／改革这三个阶段，可以初步了解成本相对较低的改造如何简单地改善视觉效果。功能性解决进入过渡阶段，可能是拥有新的办公桌或座位。激进点讲，改进要求银行从上到下完全重新构想空间。挑战在于，银行可能不希望进行昂贵的改进或"重新构想"每个分行的活动。银行能够优先考虑哪些分行应得到改进，这一点变得非常重要，这需要使用分析来有效地衡量分行的绩效（如本书前面所述）。就此而言，分析不仅是确定绩效的关键工具，而且是打造分行潜力和投资理念的关键工具。

从数量级的角度来看，任何类别都有一定程度的支出，但人们可能会想到一种成本分配方式，如图 8-2 所示。

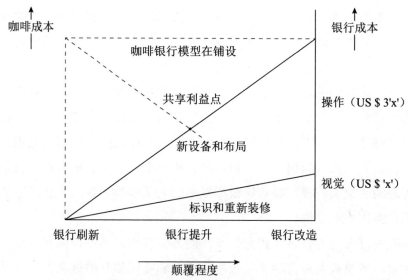

图 8-2　分行改进的转型成本（基于 Adrenaline Agency）

一种替代方法可能是将银行与其他服务（例如零售或以下所述的咖啡商）相结合。在一家百货公司（通常是一家超市）内"植入"银行的想法不应被认为是容易的事，并且不应以降低成本的方式来抢占客户。超市对空间分配这一主题特别敏感，除非有充分的促销理由，否则会拒绝为非营利产品线分配空间。植入超市的银行将需要证明其存在的理由。

同样，将银行服务放在零售店的想法继续吸引着人们的注意力，但读者不应忘记，传统的零售行业本身正受到网上购物的威胁。商业街功能和购物中心的存在都受到质疑，因为消费者越来越多地将实体店作为体验和尝试的地方，而不是购买场所。零售商本身正试图重塑自己，创造一种"客户体验"，以期最终带来销售机会，而不是直接销售。银行在"零售客户体验"中扮演什么角色？

咖啡馆银行的兴起

千禧一代采用了一种新的工作方式。曾经因为首选咖啡的名称而被称为馥芮白（Flat White）群体，世界各地的创业公司正越来越多地将其商业活动集中在咖啡店附近，这是一种非正式且互联网免费的环境。咖啡店似乎是不考虑成本的，因为它们似乎不担心访客花费的时间，也不每天更改互联网访问密码。随着初创企业变得越来越成功，它们通常会从咖啡馆发展成为创新中心，在那里整合专业知识，提供指导与支持服务。

但是，让我们关注一下咖啡店及其在未来银行业的角色。咖啡馆银行的想法并不新鲜，但它是一个新兴的趋势。在地区分行，客户在等待时经常会得到一杯咖啡，但这可能比任何复制咖啡馆银行模式的尝试都更礼貌。有些人可能会认为，咖啡馆银行是一种新的分销渠道。与车辆所有权、租赁和金融服务之间的交叉一样，咖啡馆银行似乎代表了零售、娱乐和金融服务之间的交叉，强调协同定位。

随着银行向全天候访问和无处不在的方向发展，其不再依赖电话那头的工作人员，而是被某种自动化系统所取代，咖啡馆银行的概念也可能受到影响。同时获得机器人的建议以及自助咖啡是不是个好主意呢？

乌尔斯·博尔特（Urs Bolt）在《国际银行业》一文中提到了"仿真机器人银行家"的概念，并进一步研究了机器人建议的问题。他断言："银行不仅仅是技术，但是没有技术，银行就无法进步。通过同样的方式，也许咖啡馆银行不仅仅提供咖啡，但没有咖啡其就不可能存在。"

千禧一代不满意仅与机器人打交道

GlobalData 公司进行的一项调查显示，"只有 5% 的英国千禧一代投资者使用机器人咨询服务，他们更喜欢人工专家而不是人工智能技术"。

该公司的财富管理分析师谢尔盖·沃尔德米夏尔（Sergel Woldemichael）在提出机器人建议时表示，虽然数字服务通过自动化和接触新受众提高了运营效率，但他们的研究表明，绝大多数年轻的数字用户仍然需要人为参与才能作出投资决定。他补充说：

自动将下一代等同于数字化是看待千禧一代的错误方式。移动投资应用程序在提出财务建议时无法满足人类的情感需求。混合模型是目前和不久的未来的最佳选择。显然，这些数字原住民仍在寻求与人合作，并获得有价值的见解。

这是一个有趣的观点，但可能在不同地区有不同的看法。考察哪个国家或地区最"精通技术"，根据所参考的研究会有不同的结果，但表 8-1 显示了一组典型的结果。

表 8-1　哪些经济体技术就绪水平最高

国家或地区	排名（7分最高）
卢森堡	6.4
瑞士	6.3
英国	6.3
瑞典	6.2
新加坡	6.2
冰岛	6.2
挪威	6.1
中国香港	6.1
丹麦	6.1
荷兰	6.1
爱尔兰	6.1

该报告源自世界经济论坛，英国的排名在美国和加拿大之上，有些人可能会感到意外。该报告解释说："尽管美国在新技术方面处于世界领先地位，但它并没有进入前十名。这是因为技术准备度评估是评估经济体采用现有技术以提高其行业生产率的能力，而不是关注这些技术是在哪些国家开发的。"也许技术就绪性不能很好地替代行为习惯。在这个等式中，通常很难忽略中国和其他亚洲国家，尤其是中国在本质上变得非常数字化。

千禧一代营销公司的一份报告表明，千禧一代不一定"精通技术"，而是"依赖技术"，并且具有广泛的技术能力。在 2007 年的一项基于 27 个变量的调查中，"在使用数字媒体长大的年轻人中，网络使用技能并不是随机分布的"。他们认为多样性的水平可能与家庭背景、社会经济地位以及他们所谓的"使用背景"有关。除此之外,《经济学人》杂志还建议:"只有一小部分学生可以算作真正的数字原住民。在使用技术方面,其他人并不比一般人更好或更糟。"

虚拟现实：银行和游戏融合

虚拟现实被定义为"使用交互式计算机软件和硬件系统对环境(包括三维图形)进行逼真的模拟"。它适用于银行和金融服务市场,特别是 Z 世代社区,它提供:

■ 能够重新审视客户体验的能力,可以对其进行测试和检验,而不是凭空臆断。

　　■ 具有"纯细分"的潜力,而不是采用多渠道和全渠道的广泛方法。

　　■ 具有区别于商业街传统银行的能力。

　　■ 一种更适合 Z 世代客户的方法。

　　■ 比传统的"实体建筑"便宜的分销模式。

　　■ 从有兴趣的利益相关者创造新收入来源的潜力。

　　■ 在个人客户作出决策之前,可以对收入流和财务结果进行建模。

这里主要存在两个问题,即客户是否已经为这类技术做好准备,以及银行是否准备好利用这种技术。相比之下,会议公司已经探索了"虚拟会议"的思路(虚拟会议的优缺点见表 8-2),但结果好坏参半。虚拟银行(虚拟银行的利弊见表 8-3)似乎是金融与"游戏"之间的某种交叉,但是 Z 世代的人似乎对游戏有很高的兴趣。那么,这种交叉点到底是什么样的?

表 8-2　虚拟会议的优缺点

优　点	缺　点
组织成本	没有社交机会
方便,避免旅行和酒店费用	没有社交互动
有时免费参加	需要更强的个人动力

续表

优　点	缺　点
辅助功能：与会者可以在方便的时候观看和重看相同的会话	减少参与"活动"的决心
没有时间限制：与会者可以参加每个会议，不需要选择	关注程度较低：与会者无须参加任何会议，或在会议中可以进行"多任务"
对着装没有很多要求	现在会议上的着装规范变得不那么重要了

　　矛盾之一就在于此。第 6 章探讨了不同细分市场人群（X 世代、Y 世代、Z 世代）的不同需求，认识到银行和金融服务机构需要为具有不同需求和期望的"参与者"提供产品和服务。全方位渠道的概念被推广为一种方法，它允许单个品牌将其信息一致地传达给多个渠道和受众，但这可能非常困难，甚至几乎是不可能的。

　　也许正因为如此，按传统方式组织的银行业可能需要取消中介或拆解自身业务。资本管理等核心功能可能会保持不变，但营销和分销渠道可能会变得更细分、更专业化。这可能支持这样一种想法，即银行职能需要在某种程度上从现有的"复合"模型中进一步细分。

表 8-3　虚拟银行的利弊

优　点	缺　点
对Z世代有吸引力	在早期阶段显得古怪
低成本	无须人工干预
高度可定制	可能不能吸引所有人
灵活性和可访问性	依靠个人的自律来安排时间并分配优先级
能够使用游戏化的创意	不太可能吸引X一代
适应5G及更高级的技术	要求客户投资新技术作为使用的切入点
允许使用机器人	早期版本可能"笨拙"且令人不快

似乎有三种可能的选择：

1. 采用全能银行或全方位服务银行的方法来做所有事情。

2. 进行去中介化，并在此过程中将成本中心转变为利润中心，例如销售自动化的后台服务。

3. 或两者兼而有之，显示出战略的灵活性。

全能银行及超越形态

"全能银行"是指银行提供广泛的服务，包括信贷和投资咨询服务。全能银行在美国和瑞士很常见，它允许银行提供一系列服务，但并不强迫它们这样做。一些主要银行，例如德意志银行、汇丰银行和荷兰国际银行，已经被认为是全能银行。该概念背后的总体意图是利用规模和客户洞察力，获得更多的资本使用机会。

它允许投资银行和商业银行组合，以单个实体提供两种服务。要考虑的问题之一是，银行在多大程度上可以准备超越现有模式，将品牌扩展到新的业务领域，例如汽车和房地产服务（见图 8-3）。尽管全能银行倾向于将自己的业务局限于零售、投资和股票经纪等银行服务，但它们可能有必要了解客户在银行中的需求。

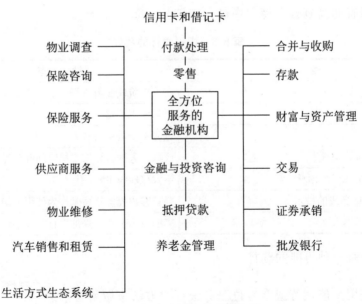

图 8-3　全方位服务的金融机构

在 2016 年的报告中，Finextra 询问了客户对银行的期望。存在与银行业务流程有关的问题毫不奇怪，例如速度、效率和安全性，但是该报告暗示"关联消费者"的期望更高，尤其是要求"与日常生活融合的银行服务"。这可能被描述为扩展到"生活方式生态系统"的银行服务。

一些银行已经通过附加功能（如家庭紧急情况、旅行和医疗保险）向这个方向发展，但是这些附加功能仍然让人感到笨拙，在消费者体验方面远未达到无缝连接。通常，它们是向独立的第三方提供商进行"移交"，对客户自身的需求几乎没有洞察，而是将这些视为孤立的关系。在许多情况下，第三方也为他人工作，不太可能提供任何服务或品牌差异化。

如果银行要采取更具战略性和更广泛的方法实现普遍性，还有一些重大问题需要克服，例如：

- 从第三方到银行的信息有效双向流动。
- 对客户需求的更深入了解。
- 更好的供应商管理机制。
- 供应链中更有效的品牌差异化。

新技术正在出现，例如"共识规划"，它在整个供应链中创建更大的基于云的集成，减少流程摩擦，提供更大的协作并改善自动化程度。

美国的全能银行

1933 年，美国国会通过了《格拉斯—斯蒂格尔法案》，以通过禁止商业银行参与投资银行业务来处理在 1929 年大萧条中失败的银行。其目的是通过减少投机行为，使商业银行业务与投资银行业务脱钩，从而降低银行风险，恢复公众信心。有人认为，1999 年通过的《格拉姆—里奇—布利利法案》（*Gramm-Leach-Bliley Act*）对该法案的部分废除是导致 2008 年全球信贷危机的原因。这导致了破产（雷曼兄弟）或收购（美林证券），因为商业银行面临数十亿美元的损失，它们的投资部门过度接触衍生品和证券，而衍生品和证券又与美国房价挂钩。

正因为如此，高盛和摩根士丹利等公司从投资银行转为"银行控股公司"。

在美国，美国银行、富国银行和摩根大通被认为是"全能银行"（全能银行业务的优缺点见表 8-4）。

表 8-4　全能银行业务的优点和缺点

全能银行的优点	全能银行的缺点
银行通过增加价值来更接近客户	在这种情况下，"银行"的真正含义不太清楚；需要重新定义银行业的真正含义
使银行更好地分散其风险	在整个银行生态系统中潜在的更大操作风险
可以专业化	银行开始摆脱核心能力
仍需遵守法规	不同组织适用不同的法规体系
可以开始扩展其品牌	如更广泛的生态系统内存在运营问题，更高的品牌传染风险
生态系统中的更多参与者	潜在的更大网络安全风险

当前，人们重新关注将传统银行业务与投资银行业务分开的必要性，实际上 21 世纪的《格拉斯—斯蒂格尔法案》，主要是为了降低美国政府在失败时必须提供救助的风险，以及降低存款人的风险。

银行是变革的催化剂："P2P"

P2P 的实质是"将贷方与借款人联系起来"。以 Zopa 为例，该公司成立于 2004 年，最初的目标是成为"资金的易趣（eBay）"，并创建了世界上第一个 P2P 借贷平台。自那时以来，它已批准向约 50 万人提供约 40 亿英镑的贷款。它根据消费者的信用等级对其进行排名，确定贷款的价格并分配投资者资金。

尽管投资数额很高，但由于 Zopa 实际上是中介，因此利润率相对较低。设立贷款时，贷方和消费者都要支付费用。如果发生付款违约，则由贷款人（而非佐帕）承担风险。Zopa 的老板贾德夫·贾纳达纳（Jaidev Janardana）表示，Zopa 现在正在考虑成为一家银行，"因为它用自有资本提供贷款将比那些在 P2P 平台上安排贷款更有利可图"。

还有其他 P2P 放款人。Funding Circle 公司是市场最大的参与者，在

2019 年进行 IPO（首次公开募股），它是第一个为企业而非消费者提供 P2P 借贷平台的公司。它为 50 000 家中小企业提供了 50 亿英镑的贷款，分别在英国、美国、德国和荷兰开展业务。贷款人资金是自动分配的，贷款人的平均回报率为 6.5%（2017 年），大大超过了商业银行的储蓄利率。他们背后的支持者包括脸书、推特、Skype 和必发（Betfair）公司。投资者包括地方议会、大学和英国政府。"Funding Circle 公司从政府那里获得了 4 000 万英镑的额外贷款，用于向小企业贷款，在企业借贷面临紧缩之际提供新资金。"（《每日电讯报》，2017 年 1 月）

借贷过程中似乎包含某些技巧。银行的一位用户表示，以放贷人的身份看，尽管亏钱了，但平均利率还是不错的。其诀窍是将尽可能少的金额借给最多的借款人，因此在进行投资时，要花时间分配资金。

其他 P2P 贷款机构包括 Ratesetter、Lending Club、Upstart 和 Prosper Marketplace。至少就目前而言，2019 年 Funding Circle 公司 IPO 令人失望的结果可能使其他一些 P2P 公司推迟采用类似的 IPO 策略，但分析师认为，这可能与市场情绪有关，而不是商业模式本身的问题。

P2P 正吸引着全球监管机构的注意，英国监管机构 FSA 创建了一个框架：

- 为所有客户提供额外的保护。
- 促进 P2P 行业内的健康竞争。
- 确保平台提供正确的信息，并明确客户资金处理程序。
- 保证公司在财务困难期间处理客户问题。

在分析方面，该过程还可以更加自动化，因为更精细的自动分配形式可以使贷方和借款人更准确地匹配，从而有效地将银行这个"中间人"淘汰。与传统系统相比，P2P 可以更快、无摩擦并且对用户更友好。从道德上看，它似乎在"共享经济"中发挥了很好的作用。它还为未来银行保持竞争性提供了又一个基准。

支付流程变得更加以客户为中心

随着电子支付越来越多地代替现金支付，人们对电子支付和移动支付产生了浓厚的兴趣。它本身是一个重要领域，这一领域包括银行、服务提供商、顾问和金融科技公司（据说有 25 000 家初创企业专注于这一领域）。

ING 全球交易服务主管马克·布伊泰克（Mark Buitenhek）表示，"支付不再是银行垄断，我们知道了这一点"。

ING 对 15 000 名移动设备用户进行了一项调查，发现：

- 41% 的用户已经将他们的设备用于移动银行业务。
- 58% 的用户使用移动设备在线购物。
- 34% 的用户表示如果零售商提供一键式服务，他们将成为回头客（如果还有其他好处，这个比例将上升到 55%）。

速度和便利性被视为使用移动支付的主要原因，但在不使用移动支付的人群中：

- 42% 的用户表示他们不信任非银行的应用程序（84% 的用户说他们信任银行的应用程序）。
- 只有 5% 的用户信任社交媒体提供商的应用程序。

在 2019 年的报告《支付世界大爆炸》中，研究机构 SMA 识别了复杂支付世界中的收款和付款（见表 8-5），并指出客户期望是推动变革的关键，而不是反过来。

在这一类别中，很难避免对支付宝、微信和贝宝进行评论，因为它们都使用不同类型的支付流程，每个都有不同特色。从根本上说，所有这些都可以替代传统的支票、汇票甚至现金汇款流程。

表 8-5　收款与付款（基于 SMA）

收　　款	付　　款
不同的访问方式，如联络中心、API	随时随地付款
自动通信	支付中心

续表

收　　款	付　　款
数字体验	付款通知
付款种类	实时
使用手机	供应商自助服务

展望未来，由于机器学习和人工智能的出现，人们希望在这一领域进行变革，其中包括：

- 使用生物识别技术付款：语音、面部和其他非接触形式。
- 根据以前的购买经验和其他个人标签的人工智能辅助购物。
- 智能报价基于对付款趋势的分析，允许新商家更智能地提供报价，从而避免了传统的广告流程和成本。

银行不应忽视通过客户的 360 度视图与智能支付流程获得洞见。

"未来的银行"的五种形态

提出未来的银行的单一观点既具有挑战性，又具有风险，因此这里提供了许多不同的方案。其中之一可能会占上风，但也许最终的结果将是某种混合形式。早些时候，人们考虑过战略的灵活性，两种或多种形态可能共存于同一组织。

在这种情况下，一个主要假设是人工智能的最终注入。未来的银行将是一个"支持人工智能"的组织。也许银行本身不是由人类设计的，而是由技术在"自我学习"进化过程中设计的。先进的分析技术最近经历了一场翻天覆地的变革，从"基于知识的系统"（即能够根据它存储的信息以及上下文和接口引擎作出决策的系统）转变为一种"机器学习"能力，能够使用 RPA 部分或全部自动化。

换句话说，基于知识的系统是根据人类创建的规则工作，而对于机器学习系统来说，机器本身会创建规则（或算法）。根据麻省理工学院的一份报告，这个问题从根本上说是规模问题中的一个，其数据量很大，因此需要很多规则，并且需要手动创建代码。显然，解决方案可能是允许机器自己整理规则。

华盛顿大学计算机科学教授，《大师算法》（*The Master Algorithm*）的作者佩德罗·多明戈斯（Pedro Domingos）在 TED 演讲中，邀请听众思考未来 100 年的世界将如何改变。

他认为变革的步伐是如此之快，以至于现今十年的变革（例如，从 2020 年到 2030 年）将相当于整个 18 世纪发生的变革，典型的包括对奴隶贩卖和全球人口贩运的认识启蒙，法国大革命，亨德尔、巴赫和莫扎特的音乐创作的革新，以及科学和工业革命的早期阶段等。

他说，十年后，"智能手机将显得过时且有些可笑"，而"我们生活中随处可见的计算机屏幕将消失"。他说，"所有现实"都将是"增强现实"，而我们认为的传统广告将被由隐形眼镜直接投射到视网膜上的图像所取代。他认为，那时个人的世界将"不是通过单击而是通过语音和手势来控制"。在 20 年后，这将被"思维"所取代。30 年后，即使思考也没有必要，因为高级大脑扫描仪会感觉到你的需求，"你周围的世界会感觉到你的反应"。

这是一个大胆的，也许有点令人恐惧的技术注入愿景。也许像诺查丹玛斯（Nostradamus）一样，人们可能会记住正确的预测，但会很快忘记那些离谱得没边的错误预测。即便如此，多明戈斯还是有一个关于变化速度的观点，它可能比我们的预期更快发生。

但是，变革必然会影响银行业。这就是为什么在本书的开始我花了一些时间来探讨银行和货币的"本质"，因为这必将渗透到我们对银行业未来的思考中。

全业务银行

在本章的前面，我们探讨了全能银行的概念，即提供广泛服务的银行。第 6 章还探讨了品牌对银行业的重要性，以及这将如何影响消费者的忠诚度，尤其对千禧一代和 Z 世代而言。图 8-3 将这一概念扩展到了"全业务的金融机构"，该机构考虑了所有客户的生活要求以及财务管理需求。

汽车制造商和银行建立合伙关系以允许客户对汽车进行融资购买，同样的这种"扩展的全能银行"替代模型使它们能够提供诸如出行解决方案之类的东西，可能会扩展到公路、铁路或飞机。换句话说，未来的消费者可能会通过银行购买机票，而不是仅仅使用银行的支付系统。大型银行的购买力将意味着可以为客户获取优惠，这要好于其他平台上的优惠条件。同样，车辆或任何重要商品的提供商都将能够利用银行自身的客户群作为分销渠道。

就客户旅程而言，在此模型中，客户将作为"值得信赖的合作伙伴"与银行建立终身关系。工资、储蓄、养老金、投资和贷款都将集中在一个银行机构中。银行不仅会了解客户的生命周期，而且会帮助他们在工作和退休期间进行规划。这种模式将全能银行的概念越来越深入和广泛地延伸到"互联客户"的要求中去，并要求银行拥有比目前更雄心勃勃的生态系统。

在创建更广泛的生态系统方面，需要采取一些关键行动：

■ 制定共同愿景和顶级战略，让银行生态系统中所有关键利益相关者都同意。

■ 全面了解所有参与者（包括客户）的预期结果。

■ 采取方案管理的实施办法，包括衡量关键成功因素。

在这种模式下，除了银行本身，参与者和主要利益相关者可能还包括现有的既定"参与者"和初创企业。银行内部可能会发展，会以某种环环相扣的方式进行。

数字银行

在这种情况下，未来的银行将继续保持我们今天所知的状态，但在分行级别则以增强的方式运作。例如，2019 年，总部位于英国的国民西敏寺银行在英格兰北部利兹市中心开设了一家新的数字分行。它旨在为客户提供顺道路过的服务，在安全的环境中使用他们自己或银行的设备在线完成银行业务，并配备专家级人员来提供帮助。新的"数字分行"还允许客户在线预订与私人银行家的会议，以满足他们更复杂的需求，避免排队浪费时间。

除了银行业务，新店还充当活动空间，不仅国民西敏寺银行的客户，任何人都可以访问和收听与金融相关的演示，例如如何避免受到网络犯罪的影响。它还吸引儿童参加儿童友好活动，作为国民西敏寺银行的"金钱感知"计划的一部分。

根据 Caravan Omnibus Surveys 的研究，88% 的美国成年人仍然觉得需要去实体分行，但是人们认识到，旧的分行模式需要转变为"实体结合线上"的方式。

一些银行，例如美国俄勒冈州的乌姆帕银行，正在采用"辐射式"的方法，在当地社区设有提供全面服务的枢纽分行和一系列自助卫星网点。巴克莱银行已经设有 24 小时全天候开放的完整自助服务分行，并且完全可以通过 ATM 和电话提供服务。Tangerine Bank（原 ING Direct 银行）在 2019 年被认定为加拿大最佳网上银行，甚至还测试了弹出式分行。

该模型的变体包括"银行舱"的概念，包括允许客户进行更复杂交易的"未来 ATM"、机器人顾问、虚拟银行（通过使用视频链接）和一种特许经营的代理分行。

似乎很清楚的是，即使在充满人工智能的数字时代，传统银行分行仍可能以某种形式发挥作用。为什么会这样呢？这个问题不仅银行可以解释，所有品牌也都可以解释。根据品牌专家 BWP 集团的说法，部分原因是消费者对广告不怎么信任。根据他们的调查，Z 世代中 95% 的人期望品牌讨好他们，而 80% 的人甚至希望品牌娱乐他们。越来越多的消费者看到零售商使用"陈列室技巧"来强化其品牌，让消费者在进行线上购买之前先进行访问、触摸、感受和体验。

如果一个品牌仅在线存在，是否能够与之很好地互动？尽管这可能与商品有关，但对金融服务业有何影响？当然，金融服务比香水和汽车更重要（尽管并非每个消费者都这样看）。

有一些更微妙的问题需要解决。银行业务涉及安全性、可及性和审慎性。这些可以通过分行（无论是实体还是线上）准确反映吗？银行是否可以向苹果商店学习？它们不仅出售设备，还出售与金钱同等无形的东西：操作系统。

拆解式银行

"拆解"的概念是指将其分解为各个组成部分。在这种模型中，一种选择是银行分解其内部供应链中不属于银行核心业务的部分。这意味着银行的许多功能并不是银行实际业务的"核心"。实际上，此模型中的柜员"只是"功能上的媒介，而不是价值的净贡献者。

在这种模型中，银行应做好准备，以摆脱传统上认为重要但实际上却会增加成本和风险的事情，转而采用企业外包这种更具活力且成本更低的运营方式。这种卸载可能包括"前台"（例如银行分行）以及组织的其他部分（例如联络中心服务）。这就是"外包"的别称，毫无疑问，外包经常以各种形式出现。外包降低成本，改善服务和质量。"拆解"不就是外包的别名吗？

传统上，大型银行认为外包放弃了与客户接触的亲密关系，并指出了语言和同理心的问题，但越来越多的问题看起来像是上个时代的问题。高管们不仅需要承认系统会朝着更具洞察力的方向发展，而且还必须承认，聊天机器人将减少或消除遗留问题。实际上，挑战者银行往往只拥有很少的基础设施，而且准备以内部能力来换取外部解决方案。

图 8-4 代表一种高度敏捷的替代运营模式，具有更灵活的运营成本，并且更加依赖供应链的有效管理。该模型保留了关键的公司职能，例如战略，并具有为新进入者创建更简单、更低成本商业模型的潜在优势。

没有"分支网络"银行的想法并非闻所未闻，并且在挑战者银行中越来越普遍。以 BankMobile 公司为例，其首席执行官杰伊·西都（Jay Sidhu）认为："我们是一家碰巧拥有银行牌照的科技公司。"他们将自己描述为"银行业的优步"，大概类比的是优步对出租车行业的颠覆性影响。

从表面上看，BankMobile 公司的主张对于一个技术时代的人来说似乎很有吸引力。从根本上讲，它是由应用程序驱动的，它使客户可以通过在智能手机上拍照来支付账单。BankMobile 公司仍提供 ATM 网络接入，并且通过避免不必要的开销为储户提供高于正常水平的利率和更便宜的贷款。他们的口号是"生活免费，银行免费"，考虑到所有因素这是相当吸引人的。

但是，是什么让作为消费者的我们担心呢？BankMobile 公司是一家初创公司，却拥有近40亿美元的资产，并且对世界有一些有趣的看法。BankMobile公司的总裁兼首席运营官迪克·埃斯特（Dick Ehst）最近建议，在当前动荡的市场环境中，消费者的需求将变得更加敏锐，并考虑最适合他们的银行类型：

这些新银行往往提供低至免费的高科技服务，并提供个性化的客户体验。它们也往往更加敏捷，能够适应不断变化的金融环境。最重要的是，你会希望你的私人银行家是一个决策者，是可以给你关于所需产品和服务的明确答案的个人。

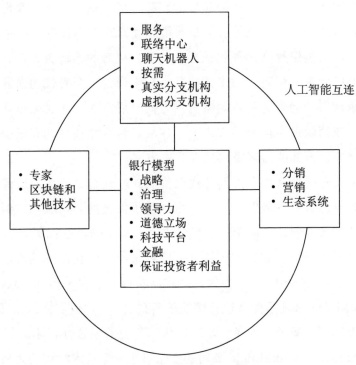

图 8-4　银行向分类机构转变

这是一个有趣的举措，从客户授权转向明确和可操作的建议——毫无疑问，它发出了某种免责声明。

在银行业中分行仍然会存在，因为这是品牌强化的问题，但也许可以通过其他方式来实现。许多人面临的挑战是"品牌化或去品牌化"。千禧一代的议程上有"去品牌化"这一选项。银行需要以某种方式扩展自己的品牌，而又不必承担更多的成本和运营风险。

商业街分行的存在与农村银行同样重要。远离城镇和城市，农村银行为社区做出了重要的社会贡献。以"运营效率"的名义关闭这些农村银行，会导致银行与寻求服务的社区之间脱节。这样一来，银行就无法意识到自己对社区负有的社会义务，而只在乎"金钱"。社区银行和合作社可能在银行业的未来中发挥重要作用。

但是，就这一特定模式而言，这一选择的结果可能是银行没有自己的"前台"，而是通过第三方和中介机构（可能获得特许经营权）进行。很可能与"英特尔内部"类似，英特尔通过授权合作伙伴在其设备中使用英特尔技术，将品牌用作最大的联合营销活动。美国银行持相反的观点，表示不希望与其他分销商合作，组成"美国银行内部模式"，而是希望以更面向客户的眼光来看待它们。

即使如今它们的营销方案有所不同，英特尔仍是银行可以参考的例子。英特尔非常关注 5G 技术，该技术将开始彻底改变银行业，并可能由于其无线连接的超快速度而可以使用新的模型。

5G 被视为满足国际电信联盟（ITU）IMT-2020 要求的技术。这些要求涵盖了 2020 年的愿景和交付成果。3GPP 版本涉及标准化，提供了他们所描述的"高流量、低延迟、高移动性和高连接密度"。

5G 关乎以下方面：

■ 超快的速度，提高了下载和上传速度。

■ 低延迟，他们形容为移动设备上的闪电般快速的实时用户体验，以至于消费者可以立即在其设备上体验银行业务和支付交易。5G 意味着零等待时间。

■ 统一性，随着越来越多的系统（尤其是设备）将能够以"超高速"相互通信，这将影响从远程设备到生物识别的使用。

■ 增强自动化，包括比如支付罚款。

在交易环境中，它将能够在几微秒内完成交易，因此，据预测，贸易公司和银行投资者将是最早的商业应用者。5G 似乎也再次引发了关于拆解的争论。

会话银行

会话银行主要是从银行业务会话中消除人的介入，涉及查询账户余额、查询交易或制定预算。聊天机器人 Abe 的共同创始人阿姆斯特朗（Keith Armstrong）说："这个概念（会话银行）是通过语音或文字来管理您的财务生活。"聊天机器人目前可通过 Slack（基于云的工作流程）或 SMS 消息传递监控收入和支出，设定预算。

这是一个有趣的方法，将人类作为解决消费者需求的最后手段。它似乎建立了某种形式的层次结构，但同时认识到自动化系统无法应对某些过于复杂的查询。这也反映了移动银行的发展。

埃森哲在 2017 年的报告《准备对话》中，将会话银行视为一种自然演变，这反映了这样一个事实，即如今和以后的许多设备都能够进行双向语音交互，例如 Garanti Bank 移动助手和亚马逊亚 Alexa 的资本一号（Capital One）。

任何向会话银行发展的举动都需要一套不同的技术技能，以减少对移动应用开发人员的依赖，并且更多地依赖与高级分析能力相联系的语义专家。

合作银行

银行业的兼并和收购在世界许多地区已经大量出现，这既满足了规模效应的要求，也为互补区域的收入增长提供了一个平台。另一个优点是，它们减少了竞争，因为并购活动有效地消除了竞争对手。它被描述为"横向合并"，因为合并实体通常参与相同类型的商业活动。

在许多国家，全球性银行正在与这些地区的区域性银行进行业务合作，以提高全球性参与者的主导地位。并购活动由印度"顶尖"金融机构（例如印度储备银行）控制或"监管"。

并购活动也可能会有不利影响。它可能会引发失业，这在经济上或政治上是不可接受的，并且在整合传统技术方面也存在重大挑战。另外，普遍的宽松管制和市场自由化仍然是变化中的市场因素。还有第四种模型需要考虑，那就是更具协作性的银行系统（见图8-5）。在许多情况下，随着银行获得新技术以确保差异化，沿供应链改善的纵向协作成为并购活动的前提。开放银行的出现也为进一步合作提供了最终的催化剂。

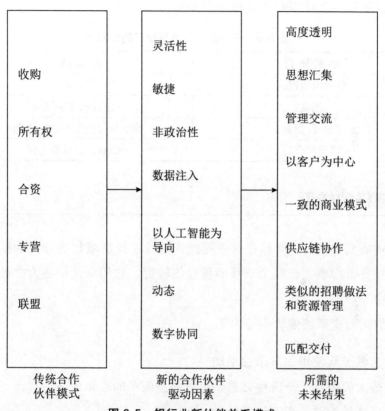

图 8-5　银行业新伙伴关系模式

在银行作为客户和卖方（可能是一家技术公司，但很容易成为分销商）的供应链中经常使用"合作"一词，但银行自身之间的"横向合作"前景不容忽视。尽管运营优化是一个因素，但客户体验不可忽视。对于许多零售消费者而言，银行的分行网络提供了有用的社交功能，当地的慈善机构可以在其中进行现金存款。此外，在社会资源匮乏或代际问题阻止向无现金社会发展的地区，传统银行可以发挥重要作用。2018年，英国的银行分行总数已从2007年的11 365家下降至7 207家。

2019 年，英国三家最大的银行——劳埃德银行、苏格兰皇家银行和巴克莱银行——决定合作，在四个城市开设"小型中心"，包括进行营业时间更长的"联合经营"，涉及存款、支票和兑换现金（外币）。消费者最终将如何看待这种合作，以及用户如何区分银行及其品牌属性，还有待观察。

手机银行与会话银行的比较见表 8-6。

表 8-6　手机银行与会话银行的比较

手 机 银 行	会 话 银 行
移动应用程序	通讯API
视觉	语音或文字导向
数字消费者	数字和数字化不足的消费者
信息和交易	信息、交易和支持

投资银行的转型

投资研究机构 CB 洞察在《杀死投资银行：投资银行的颠覆性报告》中承认，投资银行也正在经历一场颠覆性的转变，它们将其描述为"被技术和法规侵蚀"。

它们认为变革的催化剂是由于：

- 金融工具使用的复杂性增加。
- 最大的银行——雷曼兄弟和贝尔斯登破产的连锁效应。
- 崩溃后的财务影响。

随后，美国法规迫使投资银行以自有资金进行交易，并保留这些资金。因此，银行利润下降，导致关停和成本削减。除此之外，新技术也越来越多地使传统上由关系驱动的流程自动化，例如那些自动将公司与买家匹配的流程。

CB 洞察确定的五个关键颠覆性因素如下（见图 8-6）。

1. IPO 颠覆　寻求融资的顶级公司不再通过传统的投资银行途径进行，该途径使它们与投资者建立联系，这有助于确定价格并创建法律框架。相反，他们直接与风险资本家打交道，并寻求其他解决方案，如"直接公开发行"（DPO）。采用投资银行传统路线的公司正利用这些替代方案来协商降低费用，这些费用造成了银行收入损失。例如，高盛发现，在 127 个 IPO 步骤中，约有一半可以通过计算机完成，从而降低人工成本，加快速度，保持盈利能力。

2. 并购颠覆　根据 Dealogic 的数据，并购活动占"银行收入的34% 左右"，新的精品投行的出现以及技术的影响不仅影响收入，而且影响费用水平。新技术使公司能够进行"DIY 并购"，即买家与卖家进行算法匹配，从而避免了通常与投资银行相关的研究和关系驱动型活动。

3. 资产管理颠覆　从投资银行家逐渐转向专业资产管理者，这是加强监管以及专家低费用提供更大回报的结果。因此，大型投资公司将其活动重心转移到财富管理上。机器人顾问的使用也越来越广泛，更高的自动化将变得越来越普遍。

例如，高盛推出了他们的储蓄数字顾问，称为"马库斯"，积极致力于千禧一代的市场。尽管如此，GlobalData 最近进行的一项 2019 年的调查显示，"只有 5% 的英国千禧一代投资者使用机器人咨询服务，因为人类的专业知识仍然优于人工智能技术"。这并不是说人们对此的兴趣和参与程度在所有地区都一致，但确实提供了一些暗示。理由是，传统财富管理公司经历了多次衰退和市场波动，证明他们有能力在市场低迷时渡过难关，但机器人顾问可能还没有准备好应对客户投资风险。

GlobalData 的财富管理分析师谢尔盖·沃尔德米夏尔建议说："自动将下一代等同于数字化是看待千禧一代的错误方式。"并呼吁采用混合模型。这种"混合"是指具有机器人"后台"功能的人脸。

4. 股票研究的颠覆　当 MiFID II 禁止"研究和交易执行捆绑销售"，要求它们分别定价和出售时，这使得投资银行中的这一传统功能变得多余。MiFID II 的核心目标是提高透明度，因为不透明符合资产管理人的利益（例如更高的佣金），而不符合客户的利益。新技术已将复杂计算和预测自动化，还在数据的分析方面造成了重大颠覆，特别是在其他专家发展了自己能力的情况下。

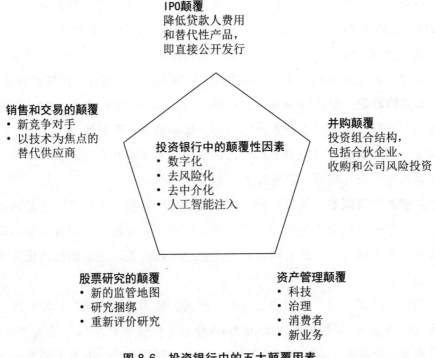

IPO颠覆
降低贷款人费用
和替代性产品,
即直接公开发行

销售和交易的颠覆
- 新竞争对手
- 以技术为焦点的
  替代供应商

投资银行中的颠覆性因素
- 数字化
- 去风险化
- 去中介化
- 人工智能注入

并购颠覆
投资组合结构,
包括合伙企业、
收购和公司风险投资

股票研究的颠覆
- 新的监管地图
- 研究捆绑
- 重新评价研究

资产管理颠覆
- 科技
- 治理
- 消费者
- 新业务

图 8-6　投资银行中的五大颠覆因素

5. 销售和交易的颠覆　2014 年,《多德—弗兰克法案》(*Dodd-Frank Regulation*)通过了《沃尔克法则》(*Volker Rule*),该法案禁止投资银行以自有资金投资(也称为"自营交易")。这样做的理由是,如果银行用自有资金投资,则可能会冒更高的风险,而这样做会使整个银行和客户的钱都处于风险之中。结果,投资银行现在只能通过对每笔执行的交易收取佣金来获利。投资银行的交易收入大幅下降。摩根大通、花旗集团、美国银行、高盛和摩根士丹利在过去十年中的总营业收入下降了 30%。

因此,人们再次倾向于使用自动化,包括区块链。高盛的自动交易平台 Marquee 于 2018 年推出,旨在实现流程自动化、减少员工、降低成本和提高盈利。

那么,投资银行的未来会是什么样子呢?像所有组织一样,他们正在认真研究什么盈利,什么不盈利。就制定这些重要决策而言,有效使用财务分析已成为至关重要的成功因素。关键选项包括:

- 推广应用技术与自动化，以降低成本、降低风险、提高确定性并改善客户体验。

- 缩小规模，在公司之间进行整合。

- 离岸外包，特别是在成本较低的地区（尽管这与印度或菲律宾有关，但越来越多的新区域正在被发现，例如马来西亚）。

- 创建更适合新时代的业务模型，该业务模型具有更大的灵活性和敏捷性，并且本质上是数据驱动的或是"数字化"的。

关键问题在于大型投资银行乃至整个行业自身的转型能力。人们倾向于认为，在银行业中零售业务会发生变化，但事实并非如此。与所有行业一样，高级分析和人工智能的出现将导致新角色和商业模式的出现。数字化现有的业务模型已不再足够，而投行必须做好应对动荡的准备。

一个特别令人感兴趣的领域是营销，像法国巴黎银行（BNP）等在机器学习方面投入了大量资金进行研究。另一方面是向客户解释算法的工作原理，特别当它们是拥有庞大输入变量和隐藏算法的"黑匣子"时。在其他地方，监管机构正在学习如何以更大的数据细分度来发现谁可能是交易的受益者，并以此发现更多的操纵市场行为。聚类分析可用来检测异常值和错误。

结论

未来银行将不仅包含人工智能、聊天机器人和咨询机器人，还将涉及实体变化。未来的零售银行在保留一些品牌形象的同时，可能看起来更像是休息室、咖啡馆甚至商店。就像高端零售商通过用展厅代替商店来展示自我，允许购买者在其中观察并了解商品，然后在线购买一样，银行也将遵循类似的路线，尽管由于银行产品和服务的无形性质，这种方法会有所不同。毕竟，正如本书序言中所提到的，银行未来可能做的事情主要是管理金融数据和数字资产。

尽管银行分行在商业街上存在可能仍具有一定的品牌强化价值，但机器人技术和虚拟服务的日益普及，削弱了对此的需求。无论如何，谁能确定未来的商业街会是什么样子呢？因此，这里提供了一些可能的方案。这些方案中的任何一个或全部都可能发生，也许是某种形式的混合，也许是完全不同的东西。不排除可能出现会说话的 ATM。

银行将逐渐扩展其生态系统和"全能性"，并相应地延伸其品牌足迹。这样做不仅允许出现双向数据流，还需要改进控制、治理和客户敏感度。

随着向自助服务和机器人咨询的转变变得司空见惯，投资银行也将变得越来越自动化。人类顾问仍将扮演自己的角色，但会与专家系统配合使用。人类顾问将需要清楚他们带来的价值，但这可能很困难。

参考文献

1. Sennaar, Kumba. 'AI in Banking: An Analysis of America's 7 Top banks.'Emerj. 24 September 2019. (Viewed 22/10/2019) https://emerj.com/ai-sector-overviews/ai-in-bankinganalysis/

2. Shillito, Douglas. 'Demand for Financial Services Falls for First Time in Five Years'. Strategic Newslink. 15 January 2019. (viewed 09/10/2019) http://www.onlystrategic. com/Articles/fea tured?id=84983&article=84983&key=18a45725f5fe5b30bccc3ae8c7 8d5d3d&category=1

3. Kerstein, David. 'A Bright Ideal: Seven Elements of the Ultimate Branch Format'. Peak Performance Consulting Group. 24 August 2017. (viewed 10/10/2019) http:// ppcgroup.com/blog/branch-distribution/a-bright-ideal-seven-elements-of-the-ultimate-branchformat/#more-1644

4. Bolt, Urs. 'The Humanoid Banker: Science Fiction or Future?' International Banker. 14 March 2018. (viewed 10/10/2019) https://internationalbanker.com/banking/the-humanoidbanker-science-fiction-or-future/

5. Shillito, Douglas. 'Global Data Says Only 5% of UK Millennial Investors Use Robo-Advice Services as Human Expertise is Still Preferred Over AI Technology'. Strategic Newslink. 27 March 2019. (Viewed 10/10/2019)

6. World Economic Forum Global Competitiveness Report 2015–2016.

7. Myers, Joe. 'These Economies Are the Most Tech Savvy'. World Economic Forum. 15 October 2015. (Viewed 10/10/2019) https://www.weforum.org/agenda/2015/10/these-economiesare-the-most-tech-savvy/

8. 'Millennials Tech-Dependent, But Not Necessarily Tech-Savvy'. MillennailMarketing. com (Viewed 10/10/2019) http://www.millennialmarketing.com/2010/04/millennials-techdependent-but-not-necessarily-tech-savvy/

9. 'The Next Generation: Unplugged'. The Economist. 6 March 2010. (Viewed 10/10/2019) https://www.economist.com/technology-quarterly/2010/03/06/the-net-generationunplugged

10. Dictionary.com

11. 'What Are Online Virtual Conferences: Pros & Cons, How to Benefit'. MoneyCrashers.com. (Viewed 10/10/2019) https://www.moneycrashers.com/online-virtual-conferencespros-cons/

12. Seel, Graham. 'What Do Customers Expect From Banks?' Finextra. 8 March 2016. (Viewed 10/10/2019) https://www.finextra.com/blogposting/12335/what-do-customers-expect-frombanks

13. https://www.e2open.com/

14. Kagan, Julia. 'Universal Banking'. Investopedia.com. 9 April 2019. (Viewed 10/10/2019) https://www.investopedia.com/terms/u/universalbanking.asp

15. Duke, Simon; 'Zopa: The Upstart Lender Intent on Rewriting the A to Z of How to Become a Bank'. The Times. 2 February 2019. (Viewed 28/11/2019) https://www.thetimes.co.uk/article/zopa-the-upstart-lender-intent-on-rewriting-the-a-to-z-of-how-to-become-a-bankj8n0xmqzp

16. 'Helping Businesses Fly' Funding Circle Prospectus. September 2018. https://www.jarvisim.co.uk/assets/ipo/Funding%20Circle%20-%20Prospectus.pdf

17. Trudeau, Michael. 'Funding Circle Review'. Which.com. January 2019. (Viewed 10/10/2019) https://www.which.co.uk/money/investing/types-of-investment/peer-to-peer-investing/funding-circle-review-ahb6v4z9qkbq

18. Thyagarajan, Harish. 'The Impact of P2P Lending on Retail Banking'. HashedIn.com. 16 August 2017. (Viewed 10/10/2019) https://hashedin.com/blog/the-impact-of-p2p-lendingon- retail-banking/

19. 'Payments is All About Customer Experience'. ING Group. (Viewed 10/10/2019) https://www. ingwb.com/insights/articles/payments-is-all-about-customer-experience

20. Furtado, Karen. 'The Payment World Explodes: The Need for Digital Customer Experiences Is Driving Payment Innovation.' StrategyMeetsAction.com. 23 January 2019. https://strategymeetsaction.com/our-research/the-payment-world-explodes-the-need-for-digital-customerexperiences-is-driving-payment-innovation/

21. Eichinger, Markus. 'The Payment Megatrends: Artificial Intelligence'. 17 January 2018. (Viewed10/10/2019) https://blog.wirecard.com/the-6-payment-megatrends-of-2018-2-artificial-intelligence/

22. Shelly, Jared. 'MIT Researched 16,625 Papers on Artificial Intelligence: Here's Why Insurers Should Care'. 6 February 2019. (Viewed 10/10/2019) https://riskandinsurance.

com/mitresearched-16625-papers-on-artificial-intelligence-here-are-their-conclusions/

23. 'The Next Hundred Years of Your Life' Pedro Domingos. TEDxLA. YouTube. com. 18 January 2017. (Viewed 10/10/2019) https://www.youtube.com/watch?v=r2YiRiLAU_Y)

24. Shillito, Douglas. 'NatWest Opens New Digital Branch in Leeds Victoria'. 26 February 2019. (Viewed 10/10/2019) http://www.onlystrategic.com/Articles/featured/id/85349/key/0c2390 e34d888e5dd3fa7a3ba08af973/user/1000

25. Marous, Jim. '10 Branches Designed to Wow the Digital Banking Consumer'. The Financial Brand. (Viewed10/10/2019) https://thefinancialbrand.com/52315/future-banking-conceptbranch-design-showcase/

26. Sridhar, Sagar. 'Tangerine Bank Review: The Best Overall Online Bank in 2019'. Personal Finance Freedom. 20 February 2019. (Viewed 10/10/2019) http://www.personalfinancefreedom. com/tangerine-bank-review-best-online-bank/

27. Krishnan, Anand. 'OmniChannel Banking'. Global Banking and Finance Review. 21 April 2015. (Viewed 10/10/2019) https://www.globalbankingandfinance.com/omni-channel-banking/

28. 'The Importance of a Physical Presence for Online Brands'. BWP Group. (Viewed 10/10/2019) https://bwpgroup.com/blog/the-importance-of-a-physical-presence-for-online-brands

29. https://www.collinsdictionary.com/dictionary/english/disaggregate

30. Baig, Edward C. '"Uber of Banking" Banks on No Fees, No Branches'. USA Today. 19 January 2016. (Viewed 10/10/2019) https://eu.usatoday.com/story/tech/columnist/baig/2016/01/19/uber-banking-banks-no-fees-no-branches/78884858/

31. Ehst, Dick. 'Managing in a Pre-Recession Environment'. Customers Bank. (Viewed 10/10/2019) https://www.customersbank.com/about/latest-news/thought-leadership-3/

32. Cocheo, Steve. 'How Bank of America Became a Tech Driven Powerhouse'. The Financial Brand. (Viewed 10/10/2019) https://thefinancialbrand.com/86675/bofa-brian-moynihanerica-branch-mobile-banking-millennials-fintech/?edigest

33. Carter, Jamie. 'Why Fintech Needs 5G'. 5G.co.uk. (Viewed 10/10/2019) https://5g.co.uk/guides/why-fintech-needs-5g/

34. https://www.abe.ai/conversational-banking-solutions/

35. Bhattacharyya, Suman. 'WTF is Conversational Banking?' DigiDay. 7 February 2017. (Viewed 10/10/2019)https：//digiday.com/media/what-is-conversational-banking/

36. Andreoli, Giorgio; et al. 'Ready to Talk! Banks Are Embracing the Power of Conversational Banking'. Accenture Digital. 2017 https://www.accenture.com/_acnmedia/pdf-69/accenture-ready-talk-pov.pdf#zoom=50

37. 'Mergers and Acquisitions in Banking Sector'. EconomyWatch.com. 7 May 2015. (Viewed 10/10/2019) http://www.economywatch.com/mergers-acquisitions/international/bankingsector.html

38. 'Brexit Breakthrough for May, No Sour Grapes for Tesco's New Gin, and More Top News'. 12 March 2019. https://www.linkedin.com/pulse/brexit-breakthrough-may-sour-grapes-tescosnew-gin-top-rundown-uk-/

39. 'Killing The I-Bank: The Disruption Of Investment Banking'. CBInsights.com (Viewed 10/10/2019) https://www.cbinsights.com/research/report/disrupting-investment-banking/?utm_source=CB+Insights+Newsletter&utm_campaign=ad21209175-Top_Research_Briefs_04_06_2019&utm_medium=email&utm_term=0_9dc0513989-ad21209175-88867289

40. 'Only 5% of UK Millennial Investors are Using Robo-Advice Services as Human Expertise is Till Preferred Over AI Technology, Says GlobalData'. 26 March 2019. (Viewed 04/11/2019) https://www.globalbankingandfinance.com/only-5-of-uk-millennial-investors-areusing-robo-advice-services-as-human-expertise-is-till-preferred-over-ai-technology-saysglobaldata/

41. Amen, Saeed. 'How French Banks are UsingAIto Help Salespeople and Regulators' eFinancialcareers.com. 18 December 2018. (Viewed 10/10/2019) https://news.efinancialcareers.com/us-en/330879/machine-learning-french-banks

第 9 章

开放式银行和区块链

概述

如果不思考除人工智能和高级分析外可能影响未来银行的两个最关键因素——开放银行（也称为 PSD2）和区块链的发展，就不可能说思考了银行业的未来。

每个主题存在差异，但也有相似之处，因为每个主题都遭遇了一定程度的炒作。人工智能在 2016—2017 年达到了炒作的顶峰，区块链和开放式银行在 2017—2018 年达到了炒作的顶峰。这三个主题之间也有重要的重叠，我们将对这些重叠进行探讨。

本章旨在对开放式银行和区块链进行概述，而不是深入探讨，但要认识到两者都将影响银行业的未来，而人工智能在两者中都会发挥作用。

本章还探讨了人工智能的使用对未来的银行更广泛的影响，特别是针对亚洲、非洲和印度等经济增长地区。它会引起读者对诸如城市化及特大城市扩张影响等问题的关注。

开放式银行需要重新思考与客户的互动

开放式银行使整个欧洲的消费者能够指示他们的银行安全地与第三方共享他们的财务数据，从而更容易转移资金、比较产品和管理他们的账户。

Optimove 公司的首席执行官评论说："了解客户行为、喜好和需求是与他们进行情感交流的关键，以让他们对银行感到满意。"

> "人工智能可以揭示每个客户的价值，使银行对客户的偏好有更清晰的了解，从而使银行能够针对性满足其需求，并为每个客户提供真正的价值。"

引语

开放式银行与区块链、人工智能并列，是思考未来银行变革的关键要素。人们倾向于认为它们本质上都是独立的，但研究表明它们可能是互补的。

搭建舞台：开放式银行

消费者被鼓励将他们目前使用的银行与其他银行，通过 CMA（竞争和市场管理局）进行比较，不满意的消费者可以更换银行。一些银行已经开始发送信息，提高人们对开放式银行的认识：

- 对数据有更多掌控。
- 提供如何查看和管理余额的选择。
- 允许访问不同银行的个人账户。

直接向客户发送的大多数消息都在说明开放银行的机制，特别是向客户保证客户将保持控制权，并且已采取适当的安全措施。可以感觉到，银行业努力去根据指令向其客户提供建议，还没做到与客户充分交流并分享收益。毕竟，约有 70% 的银行利润来自贷款，对于银行来说，告诉客户可以从竞争对手那里获得更好交易的动力在哪里呢？

银行目前正朝着更灵活的经商方式迈进。它们越来越认识到，无论消费者购买什么服务，银行目前提供的服务都差不多。如果消费者准备以一定的频率更换互联网提供商或水电公司，那么他们为什么不以同样的方式更换银行呢？

人工智能会帮助银行留住现有盈利客户并吸引新客户，但挑战可能是银行要更好地了解客户的终身价值。

"开放式银行"一词最早由桑坦德银行提出，但该词被认为是由 CMA "发布"的。

它与 PSD2 相关，已于 2015 年 12 月 23 日发表在欧盟官方期刊上。目的是：

- 促进欧洲支付市场一体化和提高效率。
- 改善支付服务提供商的公平竞争环境。
- 促进创新型在线和移动支付的开发和使用。
- 吸引新的提供商和技术公司进入银行市场。
- 使支付更安全。
- 保护消费者。
- 鼓励降低付款价格。

开放式银行的概念主要来自 CMA 向零售银行市场发布的一份 700 页的长篇报告。2016 年，它认识到大银行在个人账户（PCA）和中小企业（SME）银行方面的主导地位。报告第 1 部分详细研究了市场情况，而第 2 部分则介绍了一系列补救措施，以使 PCA 和 SME 银行市场更好地为客户服务。

实际上，所谓的"补救措施"包括标准化基本措施、服务质量信息、客户提示和三个关键支柱：

1. 经常账户转换措施，包括更好地管理转换过程和客户交易访问。
2. 透支提醒以及最高透支限制。
3. 小型企业的额外银行业务；包括中小企业转换工具和贷款利率透明度。

该报告第 168 条规定：

我们要求 GB（英国大不列颠）和 NI（北爱尔兰）中最大的零售银行开发并采用 API 银行标准，以便根据指定的时间表共享信息，并且我们要求它是一个开放标准，以使其能够被广泛使用。

这将使中介机构能够访问有关银行服务、价格和服务质量的信息。对隐私和安全保障感到满意的客户，可以授权受信任的中介机构共享他们的交易数据，然后中介机构可以为每个客户提供量身定制的建议。

总体目标是使客户能够更轻松地找到满足其需求的最佳产品，但仍存在一些有趣的挑战。就银行的任何变化而言，消费者似乎是主要推动者。消费者必须假定所使用的 API 提供者符合标准并已获得批准。不管审核程序是否适当，愤世嫉俗的消费者都会对先前政府交付的信息技术计划不满意，例如 NHS（英国国家医疗服务体系）患者记录计划被描述为"有史以来最大的 IT 失败"，据说它花费了 100 亿英镑，最终被放弃了。

一些专家认为，开放式银行的概念很可能是缓慢进行的。这本质上是高度政治性的，主流银行肯定不愿意采用可能导致客户流失和收入损失的流程。其他人认为，虽然开放式银行本身可能不是终点，但它可能会为新的合作和伙伴关系提供某种催化剂。安永的报告显示，"接受调查的英国金融科技公司中有 81% 正在为开放式银行做准备，而 29% 的受访者说他们已经做好了充分准备"。

人工智能与开放式银行的紧密连接

尽管越来越多的人接受如下的观点：开放式银行的未来取决于成功实施应用程序和 API 以提供无摩擦的支付流程，但这意味着客户很容易更改其银行服务提供商。情况并非总是如此；许多消费者在考虑更换银行、保险公司、公用事业提供商时会因惯性思维或缺乏信心而放弃。

高级分析以及人工智能将成为银行之间争夺的关键武器，用来确定哪些是最有可能被吸引及留住的客户，以及哪些客户很容易流失到其他银行。现有银行服务提供商将更能识别出哪些是有利可图或未来有利可图的客户。

人们强烈认为，PSD2 将提供更多的信息，使银行能够为客户创造更好的服务和产品。一项重大挑战是，从可能的大量数据中获得洞察，并使其在操作上变得有用。高级分析和人工智能很可能被证明是解锁安全性的关键。

区块链：搭建舞台

目前正在进行一场区块链革命，而银行和金融服务业也是该革命的一部分。区块链通常被描述为"分布式记账"或一组会计记录（见图9-1），其遵循以下过程：

1. 有人发起交易。

2. 交易被广播到一组称为节点的联网 P2P 计算机。

3. 使用复杂算法进行验证过程。

4. 发生的交易可能包括加密货币或"稳定币"，文件、合同或其他记录。

5. 交易完成后，交易将成为分类账本的一部分，实际上创建了一个新"块"或数据组件。它成为"区块链"的一部分，且是永久不可篡改的。

6. 交易完成。

在这种情况下，加密货币是一种没有内在价值的货币。它不能兑换黄金（虽然可以买卖），没有实际存在（只存在于网络上），其供应不由中央银行决定，并且其运营网络是分散的。分布式记账意味着数据不是保存在一个地方，而是由许多（可能数百万台）计算机同时保存，因此，任何拥有互联网和适当密码的人都可以访问这些数据。它被描述为有三个关键支柱。

1. 去中心化 传统方法是将信息集中化，例如在银行系统中，获得资金只能通过中央系统。这种方法存在缺陷，主要因为它是可受攻击的中心点，并为黑客提供了单一目标。在去中心化系统中，消费者无须通过银行即可获得资金。

2. 透明度 在区块链环境中，可以看到实体的"公共地址"进行了哪些交易。这可能看起来像"2XT1bhs GhkBxtvuhekngt2TbyCt7NKLsent1BTC"，即使不知道该地址所属的人或实体。跟踪和审计这些付款的能力对于供应链内的资金管理以及税收变得很重要。

3. 不可篡改性 与可以更改的"可变"对象相比，编程中的不可变对象创建后其状态无法更改。这种"不可变性"意味着一旦将数据输入区块链，它便是永久的且防篡改的。这是通过所谓的"加密哈希函数"完成的，这意味着每笔交易都有一个"哈希引用"（长度为 256 位）以及"哈希指针"，它们将一个"哈希"链接到前一个哈希，从而创建区块链。

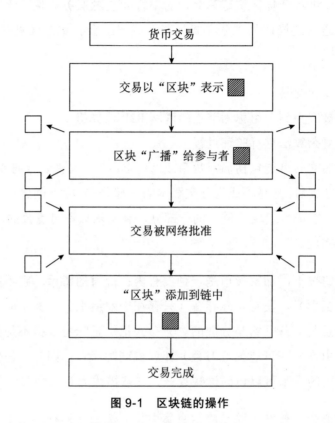

图 9-1　区块链的操作

区块链与人工智能之间的紧密联系

弗朗切斯科·科里亚（Francesco Corea）等专家确定了区块链和人工智能相遇的一系列机会。他在 2017 年的文章《人工智能和区块链的融合：这是怎么回事？》中指出了人工智能的几种可能用途。

■ 区块链能耗管理：区块链已被确认为非常耗能，他认为有效利用人工智能可能有助于管理这一能耗需求。

■ 解决可扩展性问题：如果充分利用了区块链，扩展可能会成为问题，人工智能可以通过"修剪"保存的数据以某种方式提供帮助，并确保仅保留关键数据。这可以避免占用不必要的存储空间，并最终帮助创建新的区块链"模型"。

■ 改善安全性：尽管区块链的主要卖点之一是安全性，但有效使用人工智能可能会进一步增强该功能。

■ 改善隐私：数据安全和隐私法规将趋于成熟，并将越来越多地应用于区块链。

■ 提高效率：网络的最终规模将带来网络优化的问题，人工智能和降低能耗可能是解决这一问题的工具。

■ 人才管理：当前关于使用区块链的想法是，创建"分布式记账"主要是手动操作，但科里亚不排除使用人工智能通过某种方式自动执行此操作的可能性。

科里亚还认为，使用区块链还可以通过以下方式帮助人工智能的推广。

■ 改善对数据系统的信任。

■ 改善人工智能的有效性，因为更安全的数据共享模型将提供更多的数据，从而能够进行更多的分析。

■ 通过"构建区块链"，降低市场进入壁垒，参与者可以更轻松地访问人工智能。

■ 在直接的机器对机器交互中增加"人工信任"。

银行业中的区块链

除其他功能外，区块链还为银行提供跨境支付和外汇交易功能。IBM 的跨境支付系统 Blockchain World Wire 使银行可以使用所谓的"Stellar 协议"来优化和加速外汇交易，以及进行跨境支付和汇款。这是一个旨在向所有人开放和使用的通用金融平台。此文件概述了 Stellar 发展基金会与 Stellar 网络议定书的长期目标。

Stellar 发展基金会，也称为 Stellar.org，于 2014 年在美国成立，是一家非营利性非持股公司，由慈善捐款和 Lumens（恒星币）购买组成。

IBM 区块链主管杰西·隆德（Jesse Lund）谈到了加密货币在此背景下的使用：

我认为加密货币可以很好地作为一种结算工具使用。我们从 Stellar 网络的原生资产 Lumens 开始，而且我们已经有能力引入其他加密货币，包括比特币或以太币。我们将根据客户需求和网络上的参与者添加更多数字资产。

特别适用的是汇款。世界银行估计，世界各地的移民寄回家的资金估计达 5 740 亿美元，约为 10 年前的两倍。仅 2016 年，就有超过 1 380 亿美元的汇款从美国汇往其他国家，来自拉丁美洲和加勒比海地区的移民汇回了创纪录的数额。根据 Pew Research 的数据，在多数情况下，这些汇款不仅仅是家庭的生命线，而且对某些地方尤其是发展中地区的经济做出了重要贡献。然而，这些付款之所以困难，是因为需要让中介参与其中，从而导致时间、成本和复杂性增加。据说使用区块链解决方案可以近乎实时地进行清算和结算，并且转移资金的成本比传统银行业务更低。

IBM World Wire 的解决方案是，它为银行业提供了"私有许可"的区块链协议，而不是"公开许可"的区块链协议。与众不同的是，这是一种特定的提供给银行的解决方案，符合 Stellar 协议的更广泛标准，它要求"每天数千笔交易"。隆德认为，"这个网络确实有潜力彻底改变外汇交易"。

从客户的角度来看，提高速度、降低成本和提高效率都具有一定影响。对于银行业来说，这再次表明银行使用数字技术会减少（甚至取消）传统工作职位。

外汇被描述为"使股票市场相形见绌的市场"。主要有两种类型的外汇市场：银行间市场和零售外汇市场。

银行间市场

银行间市场涉及的银行很少，但规模巨大且足以有操纵市场的可能，尤其是在外汇业务中，此前有人曾对它提出过操纵的指控。银行间交易每天可以达到 1 000 万到 1 亿笔之间。自动化程度的提高会对管理这些交易和检测异常现象提供帮助。

银行还参与了 1974 年成立的 SWIFT（全球银行间金融电信协会）市场，使银行间能够相互进行外汇兑换。SWIFT 是一种消息传递系统，使银行可以通过一系列标准化代码在彼此之间安全地传输信息。这是一种以代码为主的方法：

- 前四个字符：机构代码（即银行代码）。
- 接下来的两个字符：国家 / 地区代码。
- 再接下来的两个字符：位置 / 城市代码。
- 最后三个字符：可选，可用于将代码分配给各个分支机构。

与 Stellar.org 一样，SWIFT 也是非营利性组织。在这种情况下，它包括一个由付费会员参加和拥有的合作模式，外加根据使用类别而定的支持费用。SWIFT 面临的独特挑战是交易的数量、复杂性和自动化程度的升级。尽管 SWIFT 目前处于主导地位，但确实有声音希望 SWIFT 随时代相应进行改变。毕竟，在银行业中，30 年前创建的功能有多少会经受时间的考验而不会改变呢？

最近，考虑到对分析和人工智能的关注，人们认识到 SWIFT 新推出了商业智能仪表盘和报告程序，使客户能够实时查看监控消息、活动、交易流程和报告。这些报告根据区域、国家、消息类型和相关参数进行过滤。

与区块链的前瞻性思维相比，SWIFT 在可扩展性、参考数据和合规性问题上可能落于下风。但这些本身并不是不可改变的，看看 SWIFT 如何回应区块链的挑战会很有趣。也许一个方法是看银行业的新进入者是更喜欢 SWIFT 解决方案，还是区块链类解决方案。可能两者都在过渡期间，但这些选择中哪一个更具有持续性呢？

外汇市场

第二类是所谓的外汇"场外交易"市场。这个市场的监管程度不高，可能会受到大量机会主义的影响。在交易时，交易都围绕"现货交易"进行。每天伦敦的基准外币汇率是"固定的"，该汇率由下午 4 点前后 60 秒内的买卖交易情况决定，且 21 种货币的基准汇率也是在这一分钟的窗口期内确定的。市场上操纵汇率的行为横行，有人指控交易员互相串通，在下午 4 点前互相分享有关订单的信息，即所谓的"敲定收盘"——在下午 4 点截止前大量买入或卖出待处理订单。

此时，除了考虑更细致的分析和自动化的影响，无须详细介绍这些交易方法的利弊。对比人工操作，高级分析的使用对帮助决策和发现异常现象都非常重要。彭博社记者通过对为期两年的回顾分析发现，每月的最后一个交易日，下午 4 点之前交易量突然激增（至少 0.2%）的发生率高达 31%，然后快速恢复正常。

货币交易的管理看起来像一场博弈，投资者和养老基金持有数万亿美元在进行博弈。在这些背景下，"博弈论"的想法很值得考虑，尤其是当某些规则的自动化可能即将出现时。在相互关联的经济环境中，我们想到了两种特殊的博弈论，并为此撰写了许多报告并分析了这些理念。

- "囚徒困境"是一个典型的例子，两个理性的参与者不合作或相互不信任，即使这样做符合他们双方的利益。这是气候变化讨论中经常出现的情况。

- 在"触发策略"中，双方将首先进行合作，但是如果参与者之一采取不合作策略，则另一方也将采取不合作策略并且永远采取不合作策略。

投资银行和区块链

埃森哲在 2017 年报告中与基准公司麦理根（McLagan）一起指出，使用区块链可以使投资银行在 2025 年削减 80 亿至 120 亿美元的基础设施成本。在对全球十大投行中的八家进行调查后，这个报告得出的结论是："由于数据质量和透明度的提高，它们可以将基础架构成本平均降低 30%。"除此之外，报告还表示"与合规相关的成本、业务运营（如贸易支持）和集中运营（如"认识你的客户"检查）可能会下降多达 50%"。这些节省不包括实施成本。其他人则持怀疑态度，认为这只是搭上"区块链潮流"的又一次尝试。

决定权在监管机构手中，有人认为监管者可能不愿意在还没有完全确定这些新方法的安全性时就打乱现有模式，新方法包括在清算和结算基础设施中引入新的解决方案和技术。

作家阿努吉特·穆霍帕迪亚伊（Anujit Mukhopadhyay）在《中国银行在区块链中展望未来》一文中提醒我们，中国银行——中国最大的国有企业之一——希望不仅通过使用数据和人工智能，而且通过区块链实现业务转型。该银行已经在多达 12 个项目（截至 2018 年）中使用区块链，包括跨境支付、数字货币和数据共享等。到 2018 年，他们已经申请了 11 项区块链技术专利，成为中国金融服务领域最大的区块链创新者。根据穆霍帕迪亚伊的说法，一个特别的专利是在区块中压缩数据，从而提供可扩展性。中国银行的目标不仅是将其整个运营数字化，而且可能将所有业务转移到数字平台，并消除对硬通货的需求。

印度银行业中的区块链

德里和孟买不仅在当今的特大城市中一直名列前茅，而且在十年后和下个世纪初也会一直名列前茅。详细地研究印度非常有必要。

就分析和人工智能的发展而言，印度似乎并不是一个秘密力量，《分析印度》（*Analytics India*）杂志是报告该地区相关发展的绝佳参考来源。在其 2019 年的报告《人工智能是改变印度劳动力并创造就业机会的全球力量》中，里查·巴蒂亚（Richa Bhatia）提醒我们，自 2017 年以来，印度的人工智能产业增长了 30%，并且在"机器学习、自然语言处理、神经网络、分析、云计算和模式识别"领域增长迅速。

除此之外，由于印度政府的 UPI（统一支付界面）是印度国家支付公司（NPCI）开发的实时支付系统，因此开放式银行在印度也很重要。UPI 系统不仅允许消费者在两个银行账户之间转移资金，还允许消费者使用智能手机直接用银行账户向商家付款。

2017 年，HDFC 银行推出了一个基于人工智能的聊天机器人，声称"可以立即通过多个渠道回答数百万客户的查询"。据报道，2019 年印度商业银行联盟已启动了开放式银行项目。

区块链也是印度关注的焦点,作为"银行间合作机制"计划的一部分,印度已签署了金砖国家倡议(巴西、俄罗斯、印度、中国和南非)的协议备忘录。"目前的协议允许金砖国家开发银行研究创新技术在金融基础设施和银行产品优化中的应用。"

就像近年来中国金融市场经历了巨大的增长一样,印度金融服务业也是如此。AIM 和 Jigsaw Academy 联合发布的年度报告《印度金融业的分析和数据科学:2019 年深入研究》中指出,已经使用分析来关注早先涵盖的三个关键事项:运营、客户分析和风险。但是,他们还意识到市场正在考虑在整个企业范围内应用高级分析和机器学习。

据估计,印度分析市场的规模为每年 12 亿美元。该行业拥有大量人才,有 60 000 名数据科学和金融分析专业人员,而且这一数字以每年 7 000 人的速度增长,虽然变化的速度很快,但印度仍将主要挑战视为资源不足。印度金融分析的"重心"是孟买,其中 33% 的分析专业人员在金融领域工作。尽管如此,这是一个相对不成熟的职业,有 45% 的分析人员经验不足 5 年。只有 23% 的人拥有超过 10 年的经验。

AIM 和 Jigsaw Acadamy 的报告在印度市场的背景下深入探讨了一些问题,例如位置、薪资甚至性别,并得出以下结论。

1. 印度的银行和金融机构正在推行数据驱动的议程,"数字技术日益成为金融机构的支柱"。

2. 银行已经意识到变革的关键是技术的增强和人员的发展。

3. 人工智能卓越中心和战略合作伙伴关系的建立推动了创新。

4. 探索人工智能和机器学习的具体案例,以推动更大的利润增长。

印度银行特别关注的重要问题之一是公司培训,因为开始认识到如果银行要从数据中获得竞争优势,则每个员工都必须具备数据素养和"数据智慧"。他们发现,随着人工智能和自动化技术的不断发展,它将对工作角色产生影响。这将涉及重新设计工作框架的需求(例如,人工智能财富顾问取代人类顾问)。因此,银行需要"与利益相关者合作,为人才管理开发量身定制解决方案，并为培养工作准备劳动力"。就新兴技术而言，人才分析方兴未艾。

印度银行也踏上了区块链之旅，ICICI 银行与中东银行集团阿联酋航空 NBD 合作，2016 年在印度采用了第一个区块链解决方案。

2019 年 1 月，由 11 家印度银行组成的财团发起了一项区块链计划，旨在为 MSME（微型和中小型企业）提供资金，使供应链融资更加有效和安全。该解决方案由 BIC 公司提供。在印度，MSME 类别的银行资金不足，仅占印度银行信贷的 17.3%，尽管它代表了 40% 的劳动力（1.17 亿人），并贡献了印度 GDP 的 37%。这些公司的个人信贷要求在 1.4 万美元至 14 万美元之间。

BIC 公司的作用是确保银行之间的合作。财团成员之一的 ICICI 银行业务技术主管 Abhijeet Singh 表示，"只有整个生态系统通过单个网络协同工作，区块链网络才能蓬勃发展"。

尽管如此，印度监管机构仍然强势要求财团成员处置掉其他加密货币。这种立场主要受到洗钱问题的影响，某些人却将其视为反加密货币策略。但是泰国和韩国等国家积极鼓励加密货币。2018 年，韩国政府启动了超过 2 亿美元的投资计划，旨在未来 4 年内创建 100 家新的区块链公司，雇用 1 万人。

在欧洲其他地方，这似乎是一种标准化的情绪。在欧洲议会经济、科学和生活质量政策部门给出的《虚拟货币和中央银行货币政策：未来面临的挑战》的分析中，总结道：

> 虚拟货币是一种当代形式的私人货币。由于其技术特性，其全球交易网络相对安全、透明、快速。这为它们提供了进一步发展的良好基础。
>
> 然而，它们仍然不太可能挑战主权货币和央行的主导地位，尤其是主要货币领域的央行。
>
> 与其他创新一样，虚拟货币对金融监管机构构成挑战，特别是由于其匿名性和跨境特性。

这份报告很有帮助，因为它总结了过去十年"虚拟货币"的影响、演变以及监管方法。也许更重要的是，它研究了虚拟货币是否可以代替中央银行对货币发行进行垄断，最终得出的结论是不会。作者证明了这一结论的合理性，其依据是"私人资金"的产生有三个关键原因。

1. 货币和信贷需求迅速增长，中央银行无法单独满足这一需求。

2. 倡导自由银行及私人货币发行的"自由市场经济学派"。

3. 缺乏建立中央货币当局和银行监管的政治共识。

在将当前情况与过去进行比较时，加密货币不会超过主权货币的最可能原因是缺乏政治意愿。因为政客们可能不会以同样的传统方式来控制新的数字经济。该报告称，"中央银行，尤其是在主要货币地区的中央银行，将不会面临其货币需求减少的风险，从而不会失去对货币政策的控制权"。

该报告呼吁国际标准化，在缺乏统一机构的情况下，这将是一项艰巨的任务。该报告在结论中指出：

VC（虚拟货币）响应实际的市场需求，很可能会在我们身边保留一段时间……监管机构应将虚拟货币视作其他金融工具，视其市场重要性、复杂性和相关风险而定。

这听起来似乎是一个极好的方法。不管涉及什么行业，高级分析和人工智能都已被确立为颠覆性技术的基础。区块链和加密货币的技术影响属于这一类。区块链对银行业的未来至关重要，因为它将不仅对业务流程产生影响，也会对公司治理产生影响。

我们既要付出技术成本，又要付出人力成本。与更高的自动化、机器人技术和人工智能一样，这些互补技术将不可避免地改变银行业。

区块链和开放式银行在非洲

从长远来看，消费者对能查看不同银行系统的能力很感兴趣。保险和公用事业行业已经开始使用各种形式的比价网站。很难理解为什么金融服务业不提供类似设置。

欧洲以外的其他地方对变革的需求不仅限于消费主义。为中小企业找到最佳银行服务可能是它们生存与否的关键。在新兴地区，银行业务缺乏的程度（人们无法使用主流银行，因此诉诸高利贷等替代融资方式）也鼓励了开放式银行的使用。

各国在考虑的不是这些新技术将如何改变银行业的面貌，而是它们如何改变整个地区的面貌。以非洲为例，每年一度的非洲区块链大会聚集了专注于该地区使用区块链的核心专家。自 2015 年以来，南非所有主要的大型银行都一直在积极研究其用途，IBM Z 系统总经理罗斯·A. 莫里（Ross A. Mauri）称，"南非所有领先金融机构都有一些与区块链相关的概念验证或早期技术"。这不仅是南非的一项举措，而且已扩展到整个非洲。

区块链技术、大数据、按需服务、云计算和物联网的出现都在刺激非洲大陆的包容性增长。Goodwell Investments 公司的范德·贝克（Van Der Beek）说，正是这些令人振奋的技术创新融合改变了非洲的面貌。贝克是专注投资非洲市场的荷兰投资者。

目前很难不去关注非洲。正如在中国和其他亚洲地区所看到的那样，城市化的挑战可能会产生重大影响。非洲的城市化速度比地球上任何其他地方都要快（见图 9-2）。据估计，到 2050 年，非洲的 11 亿人口将翻一番，其中 80% 以上将在城市发生。麦肯锡认为，到 2025 年，非洲将有 100 个城市人口超过 100 万，是拉丁美洲城市数量的两倍。

人们担心的是基础设施是否足够成熟以满足这一增长水平。贫民窟地区尤其可能出现超增长，60% 的城市居民已经生活在贫民窟地区。如果不发展基础设施，就有可能再次发生人道主义危机。在这种困难的情况下，积极的态度是重要的。基本设施的发展为经济的快速增长奠定了基础，尽管因为政府的不稳定和混乱，这只能依靠企业和私营部门提供资金而不是依靠公共资金。

变化是不可避免的，虽然非洲才刚刚开始看到数据时代带来的好处，但转型增长的机会不仅诱人，而且可能是不可抗拒的，尤其是对用长远眼光看待非洲大陆的人来说，如图 9-2 所示。

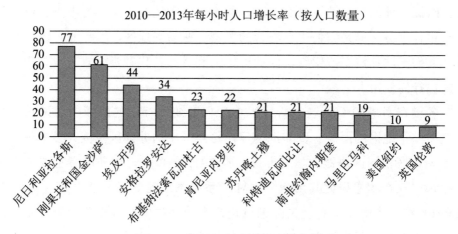

图 9-2 非洲人口增长最快的城市

资料来源：2014 年联合国世界城市化前景

那些从长远角度看待事物的人会对预测到 2100 年（即 80 年后）最大的特大城市感兴趣。作为比较，我们应该考虑自第二次世界大战结束以来的变化程度，当时德鲁克等"未来主义者"正在刻苦钻研管理理论。让我们把时钟向前拨动相同的时间。

亚洲和非洲的人口密度似乎将发生巨大变化，这与当今时代亚洲人口数量的增长超过欧洲的方式大致相同。人们需要处理"生活质量"与"人口数量"平衡的问题，银行业将在促进经济发展中发挥关键作用。

结论

尽管本书主要内容是关于人工智能、高级分析和银行业的未来，但有些部分也探讨了开放式银行和区块链，因为这些问题并不是孤立存在的，很可能会带来更广泛的变革。我们也不应孤立地考虑这些技术变革，因为它们都将受到人工智能的影响。纯粹主义者可能会进行某种 PEST 分析，并认识到所讨论的内容主要是技术元素，但是在研究银行业的未来时还有其他问题需要考虑。作家帕拉格·汗纳（Parag Khanna）在他的著作《未来是亚洲的》中提醒我们，亚洲有：

50亿人口，占世界大城市的2/3，全球经济的1/3，全球经济增长的2/3，《财富》100强企业中的30个，10大银行中的6个，10大军队中的8个，5个核大国，大规模的技术创新，最新的顶尖大学。

亚洲还是世界上种族、语言和文化差异最大的地区，除了地理标签本身，没有任何有意义的概括。即使对于亚洲人来说，亚洲的复杂性也令人眼花缭乱。

当研究非洲市场时，亚洲市场观点只是一种过渡。非洲以及中国和印度的新兴银行市场都将经历前所未有的巨大变化。在关注诸如移动、社交、分析和云等技术的同时，了解（萨万特·辛格所描述的）"大趋势"也很重要：

■ 联网的汽车/家庭/工厂：整个系统通过物联网的概念不断加强连接。

■ 地理社交化：社交媒体和位置信息的融合，使我们的设备以及与这些设备连接的所有设备都可以了解用户的准确位置，并及时"推送"相关产品。

■ 创新至零：使用分析和数据了解流程中的延迟并消除重叠，最终导致"无摩擦"和更高效的流程环境的概念。

■ 城市化：也许是银行业的未来背景下最相关的，大规模的人员流动将为银行业创造新的问题和机会。

不应忘记全球变暖对非洲及印度的影响，而非洲及印度通常被视为银行业增长的重要引擎。虽然银行本身无法解决全球变暖问题，但增加资金供应将有助于农业社区改善灌溉基础设施，并最终提高农业产量。在这个人口急剧增长的世界，银行有社会责任去帮助解决问题，而不是制造问题。

众所周知，社会和经济会持续发展。在此过程中，银行基础设施首先得到开发和应用，其他金融服务（例如保险、养老金管理和商业开发）也将紧随其后。尽管商业已经存在并且已经有数千年的历史了，但资金的供应和诸如信用保险之类的保护为经济发展创造了关键的催化剂。如果管理得当，客户将越来越积极地看待这些问题，因为他们希望从银行品牌建设中看到更多道德元素。

参考文献

1. Strategic Newslink. 19 December 2017

2. https://www.halifax.co.uk/aboutonline/open-banking/how-open-banking-works/

3. https://www.fca.org.uk/firms/revised-payment-services-directive-psd2

4. Syal, Ranjeev. 'Abandoned NHS System has cost £10 bn so far' Guardian. 18 September 2013. (Viewed 10/10/2019) https://www.theguardian.com/society/2013/sep/18/nhs-recordssystem-10bn

5. Turner, Michael. 'Open Banking Prompts UK Fintechs to Reassess Collaboration Partners'. Peer to Peer Finance News. 22 March 2018. (Viewed 10/10/2019) http://www.p2pfinance news.co.uk/2018/03/22/open-banking-ey/

6. Corea, Francesco. 'The Convergence of AI and Blockchain: What's the Deal? Why a Decentralized Intelligence May Affect Our Future'. Medium.com. 1 Dec 2017. (Viewed 29/10/2019) https://medium.com/@Francesco_AI/the-convergence-of-ai-and-blockchain-whats-thedeal-60c618e3accc

7. https://www.stellar.org/about/mandate/

8. Wolfson, Rachel. 'IBM Launches a Blockchain-Based Global Payments Network Using Stellar's Cryptocurrency'. Forbes. 18 March 2019. (Viewed 10/10/2019) https://www.forbes.com/sites/rachelwolfson/2019/03/18/ibm-launches-a-blockchain-based-global-paymentsnetswork-using-stellars-cryptocurrency/#82f7d8053ec0

9. https://www.thebalance.com/foreign-exchange-market-3306088

10. Seth, Shobhit. 'How the SWIFT System Works'. Investopedia.com. 29 May 2019. (Viewed 10/10/2019) https://www.investopedia.com/articles/personal-finance/050515/how-swiftsystem-works.asp

11. Picardo, Elvis. 'How the FOREX "fix" May Be Rigged'. Investopedia. 25 June 2019. (viewed 10/10/2019) https://www.investopedia.com/articles/forex/031714/how-forex-fix-may-berigged.asp

12. Irrera, Anna; Kelly, Jemima. 'Blockchain Could Save Investment Banks Up to $12 billion a Year: Accenture'. Reuters.com. 17 January 2017. (Viewed10/10/2019) https://www.reuters.com/article/us-banks-blockchain-accenture-idUSKBN1511OU

13. Mukhopadhyay, Anujit Kumar. 'The Bank of China Sees a Future in Blockchain'. Blocktelegraph.com. 16 October 2018. (viewed 10/10/2019) https://blocktelegraph.io/the-bank-ofchina-sees-future-blockchain/

14. Jackson, Cedric. 'China Releases Crypto Rankings, Puts EOS at Top'. Blocktelegraph.com. 26 June 2018. (Viewed 10/10/2019) https://blocktelegraph.io/china-releasescrypto-rankingsputs-eos-at-top/

15. Helms, Kevin. 'China's New Crypto Rankings: EOS First, Ethereum Second, Bitcoin Drops to 17th'. Bitcoin.com. 25 June 2018. (Viewed 10/10/2019) https://news.bitcoin.com/chinascrypto-rankings-eos-ethereum-bitcoin/

16. Redman, Jamie. '2018's Top Cryptocurrencies Ranked by Github Activity'. Bitcoin.com. 2 Jan 2019. (Viewed 09/10/2019) https://news.bitcoin.com/2018s-top-cryptocurrencies-rankedby-github-activity/

17. https://www.analyticsindiamag.com

18. Bhatia, Richa. 'AI Is the Global Force that Will Transform the Indian Workforce & Create Jobs'. Analytics India. 25 March 2019. (Viewed 10/10/2019) https://www.analyticsindiamag.com/ai-is-the-global-force-that-will-transform-the-indian-workforce-create-jobs/

19. Chowdhury, Amit Paul; 'HDFC Bank Transforms Banking Sector with the Launch of its AI-Powered Chatbot EVA'. Analytics India Magazine. 14 March 2017. (Viewed10/10/2019)https://www .analyticsindiamag.com/hdfc-bank-transforms-banking-sector-launch-ai- powered-chatbot-eva

20. Alexandre, Alex. 'India Approves MOU on Joint Blockchain Research with BRICS Members'. Cointelegraph.com. 12 September 2018. (Viewed 10/10/2019) https://cointelegraph.com/news/india-approves-mou-on-joint-blockchain-research-with-brics-members

21. 'Financial Analytics Industry in India Grows to US $1.2 billion'. MoneyControl.com. 12 Mar 2019 (Viewed 10/10/2019) https://www.moneycontrol.com/news/business/financial- analytics-industry-in-india-grows-to-1-2-billion-3637441.html

22. Modgil, Shweta. 'Blockchain Comes To Indian Banks: Can They Bank On It?' INC42. com 18 October 2016. (Viewed 10/10/2019) https://inc42.com/features/blockchain-indian-banks/

23. Lewitinn, Laurence. 'As India Bans Cryptocurrencies, Thailand, South Korea, Switzerland, and the EU Embrace Them'. 3 July 2018. (Viewed 10/10/2019) https://modernconsensus.com/regulation/asia-australia/india-cryptocurrencies-thailand-south-korea-switzerland-eu/

24. Dabrowski, Marek; Janikowski, Lucasz. 'Virtual Currencies and Central Banks Monetary Policy: Challenges Ahead'. European Parliament: Policy Department for Economic, Scientific and Quality of Life Policies. Monetary Dialogue. July 2018. https://www.europarl.europa.eu/cmsdata/149900/CASE_FINAL%20publication.pdf

25. De Meijer, Carlo RW. 'South Africa and Blockchain: Changing the Face of Africa' Finextra. 15 November 2016. (Viewed 10/10/2019) https://www.finextra.com/blogposting/13371/southafrica-and-blockchain-changing-the-face-of-africa

26. '2014 Revision of the World Urbanization Prospects'. United Nations Department of Economic and Social Affairs. 10 July 2014. https://www.un.org/en/development/desa/publications/2014-revision-world-urbanization-prospects.html

27. Desjardins, Jeff. 'Animated Map: The 20 Most Populous Cities in the World by 2100'. Visual Capitalist. 23 June 2017. (Viewed 10/10/2019) https://www.visualcapitalist.com/animatedmap-worlds-populous-cities-2100/

28. Khanna, Parag. The Future Is Asian. Simon & Schuster, 2019

第 10 章

创新与实施

概述

本章将探讨诸如创新以及更重要的实施等问题。实施是众所周知的"角落里的大象",通常是许多组织的绊脚石。

尽管领导力问题已在其他地方进行了探讨,包括组织的性质和它们需要如何适应,但在这一部分,我们将在创新和实施的背景下更深入地探讨这一因素。

本章将研究创造性方法,例如创建新角色和职责以鼓励创新,以及使用训练营和黑客马拉松。此外,本章还探讨了金融科技的主题,附录亦提供了金融科技公司在银行业的例子。

最后,我们将探讨创新的潜在障碍和应对策略。

国民西敏寺银行成为首家推出数据学院的英国银行

国民西敏寺银行将建立一个数据学院,以培训员工更好地理解和利用数据。它向所有银行雇员开放,将提供涵盖所有级别的广泛培训、课程和资格证书。

此举对于银行的数字化转型和实现包括人工智能和机器学习在内的先进技术的全部潜力具有重要作用。学院将为员工提供工具和培训,通过提供更量身定制、个性化的产品和服务,满足员工们的财务需求,以促使他们更好地为客户服务。

引语

可以说对于创新来说这是最好的时代。根据方舟投资公司的说法，"全球正在经历历史上最大的技术变革"。据估计，人工智能、机器人技术和区块链等创新技术（以及能量存储和基因组测序）的影响使蒸汽机、电话、汽车、互联网和电力的历史影响也相形见绌。

对于个人和组织来说，这是现代的"淘金热"。和老探矿者一样，秘密不仅在于在哪里挖掘黄金，还在于如何出售和分配黄金。与淘金热一样，不仅掘金者自己（其中许多人失败了，只能艰苦渡日）获得利润，中间人也通过他人的成功从中获取利润。这些中介机构是这一进程的关键"推动者"，与创新中心向初创企业提供中间和增值服务的方式大体相同。2018年5月，WeWork等公司的估值规模为160亿美元，9个月内增加了60亿美元，实际上，对一些公司来说，办公租赁空间的表现令人吃惊，尽管如此，也表明一些地方是如何重视创新的巨大价值的。

创新是过去一直被讨论的主题，广义上，它只是在做一些新的事情。"新"可能指的是全新事物或只是该行业的新事物。实际上，许多创新都源于思想从一个行业转移到另一个行业，或从一个区域转移到另一个区域。创新不必包含"灵感乍现"时刻，而只需对一个行业成功运作的方法或技术进行合乎逻辑的思考，并且有一颗好奇的心，探索它如何适用于另一个领域。

许多组织希望成为"第一"，并提出新的创新想法，但成为"第二"有很多优势。第二的优势是可以观察"先行者"——原始创新者，不仅可以改进该创新，还可以更有效地实施该创新。

成为"第二"的典型优势包含在以下场景中：

- 先行者已经建立了市场或创造了机会。
- 产品的发展可能会更加强劲。
- 从对客户群的分析中，可以更快、更有利可图地进入市场。
- 除非先行者通过某种形式的协议获得独家授权，供应链可以优化。

后发优势的例子包括亚马逊、苹果、帮宝适和脸书等。在万众创新的时代，可能存在等待、复制和依靠他人创新成功的诱惑。所以我们需要作出重要的决定：一个人应该尝试作为先行者进行创新，还是作为后发者进行复制但卓越地实施？

新角色和责任

公司希望被视为创新者，并在企业中展示思维领导力。它不仅有助于创造良好的公关形象，而且有助于满足关键利益相关者的需求，包括渴望看到公司"与时俱进"的机构投资者。对于高级管理层来说，这是一个真正的挑战，通常可以通过创建新的"创新导向"角色来弥补，例如以下角色。

创新主管 该角色旨在确保所有想法都以创新为理念进行管理，这通常是内部头脑风暴和"新思维"的协调与管理。对于一个复杂的组织（可能在孤岛中运作）或不同地区可能有不同想法的国际组织来说，这一点尤其重要。一旦一个想法达到一定的成熟度（这可能涉及测试），则可以将其交给产品负责人和设计师以做进一步的输入和完善。

产品主管 在就创新达成共识后，产品经理的职责实际上是进行设置并将其付诸实践。这可能涉及营销、培训、澄清价值主张以及其他各种支持服务。

还有其他职位，例如品牌和创新经理（培养一些新思维，使投资得以流动）、创新顾问、首席创新官、业务模型设计师、运营创新总监、数字和创新实践策略师等。这些角色不仅有助于在组织内提供创新点，还可以帮助创建实现自我构想的方法。

训练营、黑客马拉松、创新实验室与其他

创新发生的一些"机制"，特别是在组织内部，包括训练营和黑客马拉松等技术。

创新训练营 从本质上讲，这些训练营由来自不同业务领域的团队组成。训练营通常在场外进行，并围绕特定主题进行介绍，以便对创新团队进行培训。这种教育的一部分是确保团队了解市场状况，以便任何创新都能及时满足客户需求，这些需求可能因地理位置不同而发生变化。然后，为每个团队

分配一名执行发起人，并责成其提出包括产品、解决方案或服务的创新。在约定的期限（通常为 4 到 6 个星期）结束时，每个团队都会进行演示，而最成功的团队将制作出成熟的解决方案。

24 小时黑客马拉松　与上述大致相同，但更为激烈，尤其参与者几乎没有时间睡觉。

以设备为中心的创新　尽管大部分创新的焦点似乎都是寻求技术上的领先，但新思想本身并不局限于新的技术思维。它们可能还与如何将不同但互补的功能和产品捆绑在一起有关。由于大部分思考都集中在物联网和互联设备上，因此需要考虑它们对业务模型的影响以及诸如风险、负债和网络安全之类的问题。

如何进行交流变得比以往任何时候都重要。虽然与银行相比，保险公司似乎更专注于互联设备的发展，但银行和保险公司（银行保险模式）日益趋同，而且将银行作为保险分销链的关键部分，意味着以设备为中心的创新受到银行的重视。同样，在自行车和汽车方面，金融和出行之间的联系也变得至关重要。在基于交易的模型中，新模式正在成为个人拥有交通工具的替代方案。

模块化　一种不同的创新方法是模块化，即不同的产品和服务被创建为更广泛的产品模块，允许客户选择，而不是"供应商"为他们创建标准产品。理由是，客户对灵活性的要求越来越高，创建标准化产品和解决方案将变得越来越没有价值。

创新实验室　根据凯捷公司（Cap Gemini）的说法，有 87% 的金融公司设有创新实验室，或者至少创建了一些创新专用设施。凯捷银行和资本市场执行副总裁桑卡尔·克里希南（Sankar Krishnan）认为，它们在模型设计中起着重要作用，特别是正如他所说，"几乎没有任何投资资金被浪费掉，因为金融机构可以在可变成本的基础上经营一个创新中心"。

但问题仍然存在，为什么银行需要这样的中心？有人说，创新根本不在银行家的 DNA 中。另一些人则声称，由于银行困在传统系统中，它们根本无法灵活创新。更有说服力的论据是，与新兴的金融科技初创企业不同，银行并不是吸引顶级人才的地方，如果技术金矿被打开，则可以赚大钱，创新中心对人才很有吸引力。

即便如此，有迹象表明，企业开始审查他们使用创新中心的方式，并让创新工作回到组织内部，声称创新中心和创新团队在完成工作时"缺乏紧迫感"。

根据 PYMNTS.com2017 年的一项调查，吸引银行和信用社关注的创新包括：

- 数字钱包（56.1%）。
- P2P 付款（42.5%）。
- 欺诈管理（42.1%）。
- 忠诚度和奖励（36.4%）。
- 实时付款（33.2%）。

埃森哲还报告了哪些具体技术将改变金融服务的未来，并建议如下：

- 内置人工智能（40%）。
- 机器学习（38%）。
- 自然语言处理（37%）。
- 机器人流程自动化（34%）。

创新的实施

在考虑实施问题时，实际上考虑的是创新产品、服务或解决方案的"可操作化"。此问题不仅涉及有机设计（即内部创新）产品和服务，还涉及与外部合作伙伴（可能是金融科技初创公司）合作创建产品和服务。实施不应只着眼于技术，而应考虑诸如它如何影响当前（甚至未来）业务模型、客户观点的价值主张以及如何推向市场等问题。

在实施人工智能程序的特定语境中，一系列关键组件可以描述为一个层级，它们的范围从基础需求（例如硬盘和内存）到满足特定业务需求的大规模交付解决方案（见图 10-1）。

文化问题也是促成变革的重要因素。麦肯锡在 2019 年的报告《构建人工智能支持组织》中建议，组织要防止对人工智能采取"即插即用"的方法，对问题采用"点解决方案"不是最好的前进方向，机构需要进行全方位的人工智能转型，例如，关注整个客户生命周期。报告认为说，在大多数非天生的数字化企业中，传统思维和工作方式与人工智能所需是相反的。

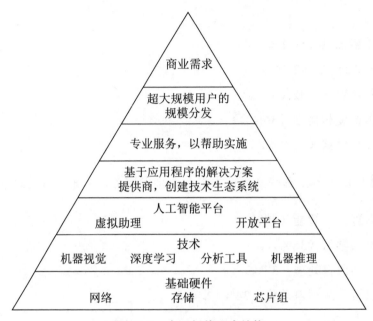

图 10-1　人工智能层次结构

银行业的基本组织变革见表 10-1。

表 10-1　银行业的基本组织变革

现在	未来
孤立的工作	跨学科协作
经验丰富、领导者驱动的决策	一线数据驱动决策
刚性和风险厌恶	实验性和敏捷性
向内	向外
创造良好的体验	创造难忘的体验
敏捷	快速
了解组织的"绳索"	准备"蹦极跳"
实现多元化目标	将多样性作为"当务之急"

除此之外，报告还提出了若干实现人工智能转型的方法，实际上，这是一个综合方案，包括一系列关键项目。其中包括：

■ 创建一个由人工智能团队、技术团队和业务团队组成的"执政联盟"去确保达成共识。

■ 组建基于任务的执行团队，专注关键业务问题。

■ 实施学习政策，要求领导者成为有效的榜样，并进行有效的双向沟通。

■ 关键交付成果责任制，以及使用绩效分析有效跟踪进度。

■ 适当的激励措施，特别是在突出贡献者的职业发展方面。

创新还是适应？

对于许多组织来说，制订企业层面的人工智能变革计划是可取的，但实际上可能很困难。只有交付成果是经过验证的，费用投资和改变才会一步步发生。为了克服内部障碍，如文化方面的抵制，一些组织选择通过将新技术集成到当前的工作流程中来实施准创新。这样可以避免根本性的改变，以一种更安全的方式逐步引入新的思想和学习方法。

在许多方面，这与将现有流程数字化的新技术背道而驰，但同时，对于那些行动能力较弱的组织而言，也提出了更为保守的选择，这一点很重要。业务转型专家Futurion表示，成功的实施可以通过以下方式完成：

■ 利用外部资源来缩短实施周期。

■ 将审批周期最小化，使其既敏捷又迅速。

■ 采用敏捷的开发方法。

■ 让高管和董事会直接与技术人员和供应商联系。

■ 选择现有产品即使意味着选择受限。

■ 获得消费者的反馈，但反馈不能太多，否则输出会模糊不清。

■ 放弃自上而下的构思方法，鼓励自下而上的创新。

Futurion 在 2017 年基于对 28 位行业领袖调查做出的《创新产品上市速度报告：金融公司如何管理创新项目》中提出了三个问题：

1. 创新项目平均需要多长时间？

2. 项目的结构是怎样的？

3. 什么是学习？

也许毫不奇怪，他们记录的项目在持续时间上差异很大，典型的项目长度是 24 个月。他们说控制开发量是至关重要的。一位高管表示，有时开发过程太长，最初的构想实现不了……很多人在完成之前就放弃了。

但是，许多金融服务公司似乎"可以根据需要"加快速度，比如有必须遵守的最后期限。遵守法律法规也是一个很好的例子。如果没有人来激发组织的活力，创新者创造"燃烧的平台"也就不足为奇了。某些"燃烧的平台"是自然产生的。

最成功的创新方法似乎是复制软件公司的做法，而不是像传统金融服务那样行事。就这些项目的结构而言，成功的金融服务企业将其创新流程实施描述为以下三种。

瀑布式开发　瀑布式开发是一种线性的、顺序式的开发方式，这种方式是步骤的逻辑进展的代表。通常，这包括识别需求、分析、设计、编码（根据需要）、实施、测试、操作以及最终维护。这种方法被认为需要细致的记录保存。

敏捷开发　这是一种实现形式，其中开发以增量、快速版本的形式进行，每个版本都基于以前的功能进行构建。与瀑布模式不同，敏捷开发启动项目只需要很少的规划。不利的一面是，很难预测所需的时间和资源。这种方法主要是协作性的，侧重于原则而不是过程。

敏捷加瀑布式　此方法是瀑布式和敏捷开发的结合。开发人员可以计划项目的最终结果，以便在预测工作时间/资金的同时，还可以很好地记录工作，并且允许将项目分解为不同的阶段。

作为补充，还列出了其他项目管理方法。

V模型 "V"用于验证和确认，就像瀑布式开发一样，但是计划的每个部分在进入下一个计划之前都要经过验证和测试。

增量模型 实际上，这是一个系列微型瀑布或模块，每个模块都要经过需求、设计、实施和测试阶段。

RAD模型 快速应用程序开发模型，其中每个模块都与约定的时间框架并行构建，然后捆绑在一起成为一个可工作的模型；对于明确且需要在3到6个月内交付的项目很有用。

螺旋模型 类似于增量模型，但更侧重于风险管理。项目的每个阶段（例如计划、风险分析、工程评估）均根据商定的风险基准进行衡量。此模型在风险管理很重要的工作中特别有用，例如大型和关键任务项目。

总的说来，在这样一个技术世界中，金融服务企业的传统发展方法已经不够。它们需要效仿科技公司的做法，尤其是像苹果和亚马逊这样，它们正越来越多进入金融服务行业。

另一个重要因素是，希望转型的金融服务公司无法通过沿用传统做法来做到这一点，因为它们无法找到或留住合适的人才。Futurion调查的另一个有趣见解是即使在复杂的组织中，最成功的创新者也能去拥抱这种复杂性。他们使用分析见解（衡量进展）、有效利益相关者管理、合规管理和高质量沟通等基础工具来实现他们的目标。

"设计思维"的运用

创新者常常会创造新的功能，然后寻找最适合的行业。孵化器中经常用到导师，这样不仅可以帮助开发产品或解决方案，还可以帮助其进入市场。如果创新可以解决业务问题，那么这将对融资过程有帮助，并在一定程度上有助于创新的成功。

尽管创新者的领域似乎是属于年轻进入者的，但越来越多的具有成熟经验的企业家通过了解行业关键问题来应对变革。认识到任何行业的业务需求都变得至关重要。大多数成熟的创新者和企业家可能会从直觉上或通过经验来了解这一点，而经验不足的人可能需要做功课或依靠导师。

这在原则上与"设计思维"方法并没有什么不同，这种方法是一种"思维模式和工具箱"方法，可帮助组织专注于：

- 理解问题。
- 做"正确"的事情。
- "正确"地做事情。

寻找创新资本：一个示例

许多银行正面临着超越其正常业务范围并与更新、更灵活的竞争对手竞争的压力。除非为发展拨出专项资金，否则找到资金的挑战将不可避免。尽管在许多情况下转型的关键性已经被认识到，但与此同时，预算往往也面临挑战。

此特定示例是为了表明需要仔细研究现有业务的潜力，以确定可以从何处获得开发资金。在这种情况下，选取的案例是线上和社交媒体环境中的全渠道解决方案，并通过更好地管理其电信成本来获得资金。

以该创新示例为背景，全渠道银行为客户提供"无缝衔接的银行体验"，无论客户与银行互动是通过移动设备、零售银行还是互联网（见图10-2）。它反映了消费者对银行"用一种声音说话"的渴望。根据全球银行与金融网站的数据，美国的富国银行通过采取有效的全渠道策略，"购买率提高了1.9倍，客户保留率提高了20个百分点，每个家庭的交叉销售增加了6个产品"。

有了这样明显的好处，在全渠道上的投资对于银行来说至关重要，但是大部分IT投资仍然直接用于维护其原有系统。这导致银行更多在寻找方法释放资本，一种方法是电信费用管理（TEM）。World Wide Technology公司的首席技术官戴夫·洛克（Dave Locke）表示，"电信费用管理是释放资本的一种流行方法"。它使银行能够测算出分行后台和前台之间，甚至多个ATM之间的网络所产生的现有通信支出，并优化电信安排。洛克认为，这可以将电信成本降低多达40%，所节省费用可用于其他数字化计划。

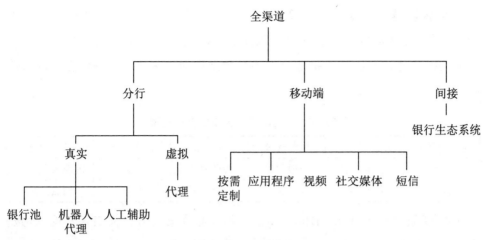

图 10-2 全渠道银行

银行业的金融科技

如果不考虑金融科技的影响，就不可能考虑银行业的未来，尤其是在人工智能时代。银行最初专注于后台系统，近来越来越多地关注面向客户的解决方案。金融科技已经扩展到包括"金融知识、咨询教育、财富管理、借贷、零售银行、筹款、汇款/付款、投资管理等"的技术解决方案（见表 10-2）。

据《福布斯》报道，金融科技初创公司仅在 2016 年就获得了 174 亿美元的资金。这些初创公司渴望成为"独角兽"，这是风险投资家李艾琳（Aileen Lee）在 2013 年创造的一个概念，暗示着其稀有性和神秘性。2017 年，这些"金融科技独角兽"的价值超过 800 亿美元。北美孵化了大多数金融科技初创公司（其次是亚洲），被视为培养"独角兽"的创新中心，这是相当有价值的荣誉。根据分析机构 CB 洞察（CB Insights）的说法，金融科技公司最热门的话题如下：

■ **加密货币和数字货币** 加密货币是指不存在实体形式的货币，可以进行即时和无边界的转移和交易。数字货币可以计量非常小的货币单位，例如十分之一美分。

■ **区块链** 以太坊在计算机网络上有记录，但没有中央账簿。中国银行是中国最大的银行之一，资产规模超过 800 亿美元，该银行将区块链视为一项关键要务，其独特举措之一是将其数据压缩为区块，以提供更大的可伸缩性。

表 10-2　金融科技创新的典型类型

会计与税务	分析与数据	资产管理	区块链	信用评分	数据聚合
讨债	欺诈识别	一般用途	保险技术	贷款	市场调查/情绪
付款	个人理财	定量	监管科技	房地产	财富管理

■ **开放银行（Open Banking）** 不仅允许第三方访问银行数据以构建金融机构和第三方提供商的互联网络，而且还可以建立不同银行系统之间的连接。

■ **保险科技** 与金融科技相当的保险科技，在银行保险和全能银行的背景下，对于银行而言可能尤其有趣。

■ **监管科技** 提供了分析支持，以帮助银行应对各种法规，对于全球化企业尤其重要。

■ **机器人顾问** 这些聊天机器人是银行功能的一部分，允许消费者在无须人工干预的情况下使用"自助服务"。

■ **网络安全** 鉴于物联网以及新兴生态系统的连接性和脆弱性，网络安全尤其重要。

■ **智能合约** 这些软件利用计算机程序自动执行买卖双方之间的合约。智能合约的关键要素是自治、去中心化和自给自足。自治意味着一旦交易开始，发起者就不需要进一步参与。去中心化意味着该系统不依赖一个网络或一台计算机。自给自足意味着在执行合同时，自动化系统能够收集和分配资金，甚至花费资金来提高其计算或存储能力。

■ **向无银行账户和存款不足者提供银行服务** 这是技术开发中易被忽视的方面，但尤为重要。这些服务旨在为传统银行所忽视的弱势或低收入人士提供服务。这个领域的目标人群是那些喜欢使用现金进行交易或只使用银行最基本功能管理资金的人们。根据贝宝（PayPal）的数据，全球有超过 2 400 万个此种家庭，他们被视为银行业增长的关键点。

根据营销公司 Get 2 Growth 的统计：

- 全球拥有 4.72 亿企业家。
- 每年有 3.05 亿个初创企业。
- 135 万科技初创企业。
- 3 173 家公司从加速计划中获得加速成长。

FSB（金融稳定委员会）是负责监控全球金融体系并提出建议的国际机构，该委员会将金融科技定义为"金融服务中以技术为基础的创新，可能导致新的商业模式、应用、流程或产品，对金融服务的提供产生实质性影响"。金融科技有潜力做到：

- 增加市场机会。
- 增加市场产品。
- 为客户提供更大的便利。
- 降低成本。

FSB 的分析重点指出了技术创新与银行市场之间的关键问题：

- 现有金融机构与金融科技公司之间的合作程度。
- 金融科技公司与成熟的科技公司（BigTech）相比，后者具有更大、更成熟的关系和网络。
- 金融机构对第三方数据服务提供商的依赖相对较低（例如，数据提供、云存储、分析以及物理连接）。

银行与金融科技公司的互动通常采取股权投资或提供孵化器的形式，银行会帮助希望发展业务和扩展业务的初创企业，不仅提供办公空间，还提供资金、指导和教育。根据 CB 洞察的研究，在 2019 年撰写本文时，美国的银行参与了 24 笔与金融科技公司的股权交易。此前，美国的银行在 2018 年创下了历史新高，向金融科技初创企业提供了 45 笔股权交易，比 2017 年增长了 180%。

金融科技有多种类别，有些横跨几个类别，而另一些则提供更具普遍性的创新。根据2016年的报告,金融科技公司有1 000多家,主要在加利福尼亚、伦敦、纽约和法国。在亚洲,由于人口规模和中产阶级的快速增长,中国和印度的金融科技公司数量都在快速增长。由于具有良好的监管环境,澳大利亚的金融科技公司也非常活跃。保险技术似乎也得到了相当大的关注。

2016年,按交易数量衡量,金融科技领域活跃的顶级风险投资公司全部位于加利福尼亚:

- Sequoia(红杉)
- Accel
- Index
- Andreessen Horowitz
- SVAngel
- Khosla Ventures
- 500Startups
- First Round Capital
- NEA

任何初创企业的寿命都很难预计。估计有90%的初创企业注定要失败。无论是金融科技公司还是其他公司,新业务通常都会经历五个关键时期:

1. 种子阶段,这是产生一个新想法并考虑其可行性的时期。

2. 正式的启动阶段,此时,在业务目标、目的、优先级和策略方面会犯许多错误,这可能解释了25%的企业活不过5年的原因。

3. 增长阶段,为企业创造固定收入和稳定客户流。

4. 扩展阶段,涉及新产品、服务或地区。

5. 成熟或退出阶段,是指进一步扩张还是决定不再发展企业。

本节的目的不是提供有关初创企业的具体指导,也不是指出如何通过种子资金或风险投资来筹集资金。相反,目的在于为读者提供专门针对银行业的初创企业类型以及创新范围。

我们不可能为创业提供必胜的公式,但是有一些趋势可供参考。Open

Influence（用于品牌宣传的在线营销平台）的创始人、企业家埃里克·达罕
（Eric Dahan）表示：

- 行动要谨慎，但要敢想，并尽可能保持零成本。
- 准备犯很多小而低成本的错误。
- 保持灵活性，并顺应市场趋势。
- 组建一个聪明的团队。
- 对想做的事充满热情并建立网络。

自称是连续创业者的菲拉斯·基滕纳（Firas Kittenah）也指出了成功的
五大特性：

1. 激情：相信产品，因为创业是艰苦的工作，需要热爱正在做的事情。
2. 动机：在没有任何人监督的情况下从内部驱动自己。
3. 计算：了解"成功"在数字上的含义，以及如何通过创建一系列短期
目标和中期目标实现它。
4. 教育：不一定从学术研究角度出发，而是让企业家充分阅读并了解市
场趋势。
5. 坚韧：从错误中吸取教训，认识到每个错误都是错失的机会。

也许有人会说，这些是很少有人会反对的、相对普遍的想法，关于初
创企业的调查数据还揭示了一些其他有趣的事实。毕马威 2019 年 5 月发
布的一份报告显示，拥有女性创始人的初创企业可能是更好的投资选择，
其回报率超过男性同龄创始人一倍。金融科技领域典型的女性"领导者"
包括 CFH Clearing 的梅塔普·安德尔（Mehtap Onder）、FX Street 的瓦
莱里亚·贝德纳里克（Valeria Bednarik）、Dukascopy 的首席执行官维罗
尼卡·杜卡（Veronika Duka）和 TRAction Fintech 的创始人索菲·格伯
（Sophie Gerber）。据毕马威金融科技全球联合领导人安东·鲁登克劳（Anton
Ruddenklau）称：

虽然女性创始人或联合创始人的数量很少，但她们反而通常会创造更高
的回报率，显然这是多样性的一个支持性证据。

即便如此，似乎仍然缺少投资于女性创始人所在初创企业的风险投资基金。例如，在英国，2018 年投资的资金中只有 3% 流向了由女性企业家管理的金融科技初创企业，即在 26.1 亿英镑的资金中，只有 5 400 万英镑。研究还发现，在英国的 261 笔交易中，只有 17 笔投资于有一位女性创始人的公司。问题的部分原因似乎是，创立金融科技公司的女性人数太少，这是金融部门总体上女性人数太少产生的连锁反应。

根据《创新金融》（Innovative Finance）的数据，2017 年金融科技高管中只有 17% 是女性。越来越多的人主张直面性别歧视。根据安·博登（Ann Boden）的说法，"人们倾向于招募、推广和投资像自己的人。除非你有更多的女性经理、领导者和风投，否则这不会改变"。他创建了斯塔林银行（Starling Bank），这家只依赖移动设备的数字银行筹集了超过 1 亿英镑的资金。

其他公司，例如位于伦敦的 Fintech Goldex 的西尔维亚·卡拉斯科（Sylvia Carrasco）则认为，创新过程的问题比这更根深蒂固，但也存在于男性主导的风险投资行业中。"直面歧视"如何扭转这种趋势？在谈到风险投资资金问题时，卡拉斯科建议有必要从政策上确保女性获得充足的资金：

> 由于比例如此之低，必须像法律一样强制，如果我负责一个风投基金，我会强制实施直面歧视的措施，因为这是我们增加投资的唯一方法。一旦达到 20% 左右，可能会辩称必须采取其他机制。

女性已经开始越来越多地出现在创新部门，并重点学习相关知识。例如，2017 年，一个全女性的意大利代表团访问了位于特拉维夫的 Enel 创新中心，该中心被称为中东的硅谷。代表团不仅与其他年轻的女企业家建立了联系，而且还讨论了通常由男性主导的行业问题，例如技术问题。

创新中心拥有女性管理人员的趋势正在增长，这对于一个代表性不足的行业来说是一个奇怪的结果。盖洛普在 2012 年进行的一项调查显示，女性往往会比男性成为更好的领导者，而且较高的敬业度可能带来更敬业、绩效更高的团队。根据报告，"这表明，女性经理人在培养他人潜力和帮助员工指引未来方面可能超过男性经理人"，这可能是管理创新中心的重要属性。

创新障碍

无论是与人工智能有关还是其他方面，组织无法实施转变的主要原因是什么？普遍的看法是人们不会拒绝他们认为符合自己最大利益的改变。如果变化符合客户的最大利益，但对员工个人不利，情况就不一样了。

企业的传统方法是将客户放在第一位，但另外一种说法是，一些成功的组织将员工放在第一位，然后再鼓励员工以类似的方式照顾客户。成功应用此方法的企业提高了员工满意度，使之进而转化为更高水平的客户服务。

在人工智能环境中，这可能是一颗难以下咽的药丸。技术转型通常取决于良好的投资回报，而这往往意味着减少员工人数。人工智能发展的创新与其他形式的自动化没什么不同。员工正处于危险之中，其生存可能会受到威胁。这几乎肯定会影响他们的变革方法。除此之外，这是一种不太合理的看待人工智能的方式，显然与科幻电影更贴近，但在某些情况下这确实造成了"恐惧因素"。有效的沟通是减少这种特殊担忧的关键。

表 10-3 列出了一些最有可能阻碍创新的原因，并提出了可能的缓解因素。这些建议并不全面，几乎可以肯定的是，在个人和组织层面还需要考虑其他因素。

表 10-3 创新障碍

创新障碍的原因	缓 解 因 素
地位丧失	很棘手，但一个不错的策略是"不要感到意外"。老年人通常擅长管理自己的消息传递
失去工作保障	工作保障的前景正在减弱，一些进入银行业的人希望获得终身工作（这种可能性越来越小）。提前进行职业指导是一个好方法
对不确定性的恐惧	正如马斯洛需求层次所反映的那样，大多数人都担心不确定性。我们生活在一个充满不确定性的世界中，改善应对策略对所有级别都很重要
对人工智能和高级分析的恐惧	通常，对技术缺乏理解会转化为对技术影响的恐惧。有效的沟通在减少这种特殊类型的焦虑中起着关键作用
同辈压力	这部分与竞争要素有关，竞争要素不仅存在于银行业，而且存在于几乎所有行业中。与协作相比，同行之间的竞争可能是不健康的。成功是一项团队运动，但要确保个人贡献得到认可
对管理的不信任	策略和目标的透明度是其中的关键组成部分，但最终该问题是人际关系问题，这是基于过去的经验得出的结论

续表

创新障碍的原因	缓 解 因 素
组织政治	任何重组都存在着权力斗争。有时明显，有时不明显，但总的来说会破坏组织的整体斗志。在人工智能中，潜在的斗争可能与新技术的可信度有关，因此，这是有待争论的"新战场"
对失败的恐惧	就行为而言，这是一个非常个人化的领域，但也可能与明确绩效目标的需求联系在一起。即使在不确定的时期，也必须面对现实
实施过程糟糕	这是转型过程的核心。有效的转型包括一系列相互关联的独立项目，通常与时间和目标相关。这必然需要一个好的、公正的"变革计划"管理者，还要有强大的利益相关者支持和一个好的执行发起人

结论

技术进步只有得到有效实施才能有效地货币化。人们越来越认识到，实施失败等同于技术本身的失败，这是由文化、组织或行为造成的。

本章探讨了与创新和实施相关的一些问题，首先是了解创新的含义以及如何做到这一点；其次是考虑了一些实施问题，包括黑客马拉松和使用外部资源（例如金融科技中心）；最后，考虑了潜在的创新障碍。

其中一个主要问题是组织无法兑现承诺的投资回报率，这要么是因为原计划过于乐观，要么是在衡量进展方面控制不力。在某种程度上，在创新实施的开始，财务部门似乎必须建立相对简单的 BI 报告工具，以避免在稍后阶段就已取得的成果产生分歧。

一些"遗留"的财务报告解决方案已被重新定义为人工智能实施的关键组成部分。虽然这可以说是一个众所周知的人工智能潮流，但他们提出一个重要的观点，并及时提醒人们，在公司推出未来的人工智能解决方案之前，必须具备分析的"基础"。

参考文献

1. 'NatWest Becomes First UK Bank to Launch Data Academy'. RBS News and Opinion. January 2019. (Viewed 4/11/2019) https://www.rbs.com/rbs/news/2019/01/natwest-becomesfirst-uk-bank-to-launch-data-academy.html

2. 'Big Ideas 2019'.ark-invest.com.14 January 2019. https://research.ark-invest.com/hubfs/1_Download_Files_ARK-Invest/White_Papers/Big-Ideas-2019-ARKInvest.pdf?hsCtaTracking=389fa33c-10c9-4345-8c9e-e457b82977f8%7C7114deb8-15db-4540-81d7-4a5f7de51e66)

3. Fishbein, Mike. '4 Second Mover Advantages: Why Competitive Markets Can Make for Great Companies'. (Viewed 10/10/2019) https://mfishbein.com/4-second-mover-advantages-whycompetitive-markets-can/)

4. Innovation in Banking: Killer Ideas? Or Idea Killers?' The Financial Brand. (Viewed 10/10/2019) https://thefinancialbrand.com/70631/innovation-ideas-banking-culture-trends/

5. 'Pyments Innovation Readiness'. PYMENTS.com. October 2017. (Viewed 10/10/2019) https://www.pymnts.com/wp-content/uploads/2019/02/Innovation-Readiness-Index-October-2017.pdf

6. 'The Post-Digital Era is Upon Us: Are You Ready for What's Next?' Accenture Technology. Vision 2019. https://www.accenture.com/t20190304T094157Z__w__/us-en/_acnmedia/PDF-94/Accenture-TechVision-2019-Tech-Trends-Report.pdf#zoom=50

7. Fountaine, Tim; McCarthy, Brian; Saleh, Tamin. 'Building the AI-Powered Organisation'. Harvard Business Review. July–August 2019. https://hbr.org/2019/07/building-the-ai-powered-organization

8. https://www.futurion.digital/about

9. Van Dyke, Jim. 'Innovation Speed to Market Report: How Financial Sector Firms Manage Innovation Projects to Meet Timelines and Customer Needs'. Futurion.com. http://info.ciandt.com/hubfs/2017%20Innovation%20Speed%20to%20Market%20Report%20.pdf

10. Van Dyke, James. 'Fintech Innovation Practices: Probably Less Consistent Than You Think'. Futurion. 17 November 2017. (Viewed 16/11/2019) https://www.futurion.digital/post/2017/11/17/fintech-innovation-probably-more-diverse-than-you-think

11. https://searchsoftwarequality.techtarget.com/definition/waterfall-model

12. 'What is Agile model – Advantages, Disadvantages and When to Use It?' TryQA.com. (Viewed 10/10/2019) http://tryqa.com/what-is-agile-model-advantages-disadvantages-andwhen-to-use-it/

13. 'What is V-model – Advantages, Disadvantages and When to Use It?' TryQA.com. (Viewed 10/10/2019) http://tryqa.com/what-is-v-model-advantages-disadvantages-and-when-touse-it/

14. 'What is Incremental model – Advantages, Disadvantages and When to Use It?' TryQA.com (Viewed 10/10/2019) http://tryqa.com/what-is-incremental-model-

advantages-disadvan tages-and-when-to-use-it/

15. 'What is RAD model – Advantages, Disadvantages and When to Use It?' TryQA.com. (Viewed 10/10/2019) http://tryqa.com/what-is-rad-model-advantages-disadvantages-and-when-touse-it/

16. 'What is Spiral model – Advantages, Disadvantages and When to Use It?' TryQA.com. (Viewed 10/10/2019) http://tryqa.com/what-is-spiral-model-advantages-disadvantages-and-when-touse-it/

17. 'Omni Channel Banking'. Global Banking and Finance Review. (Visited 10/10/2019) https://www.globalbankingandfinance.com/omni-channel-banking/

18. Shillito, Douglas. 'UK Banks Look to Cut Costs and Get Ahead in Digital Race'. OnlyStrategic.com. 26 February 2019. (Viewed 10/10/2019) http://www.onlystrategic.com/Articles/featured?id=85345&article=85345&key=c12c57948487d8ac097217ab2c89dcab&category=1

19. Wintermeyer, Lawrence. 'Global FinTech VC Investment Soars In 2016' 17 Feb 2017. (Viewed 16/11/2019). https://www.forbes.com/sites/lawrencewintermeyer/2017/02/17/global-fintech-vc-investment-soars-in-2016/#4287849b2630

20. 'How Many Startups are There? – Infographic'. (Viewed 10/10/2019) https://get2growth.com/how-many-startups/

21. Brown, Andy. 'Delivering Services to the Underbanked: What Will PayPal's TIO Deal Mean?' NCR.com. 27 June 2017. (Viewed 10/10/2019) https://www.ncr.com/company/blogs/financial/delivering-services-to-the-underbanked

22. Shillito, Douglas. 'FSB Report Assesses Fintech Developments and Potential Financial Stability Implications'. OnlyStrategic.com. 19 February 2019. (Viewed 10/10/2019) http://www.onlystrategic.com/Articles/featured/id/85254/key/a45f852f4be82f1205d3326ff5d 7b2ab/user/1000

23. 'Where Top US Banks Are Betting On Fintech'. CB Insights. 20 August 2019. (Viewed 16/11/2019) https://www.cbinsights.com/research/fintech-investments-top-us-banks/

24. Su, Jeb. 'The Global Fintech Landscape Reaches Over 1000 Companies, $105B In Funding, $867B In Value: Report'. Forbes.com. 28 September 2016. (Viewed 10/10/2019) https://www.forbes.com/sites/jeanbaptiste/2016/09/28/the-global-fintech-landscape-reaches-over-1000-companies-105b-in-funding-867b-in-value-report/#19a8667f26f3

25. Petch, Neil. 'The Five Stages Of Your Business Lifecycle: Which Phase Are You In?' 29 February 2016. (Viewed 10/10/2019) https://www.entrepreneur.com/article/271290

26. Dahan, Eric. 'How to Build a Successful Startup and Keep It Afloat'. Entrepreneur.com. 24 April 2015. (Viewed 10/10/2019) https://www.entrepreneur.com/

article/245287

27. Kittaneh, Firas. '5 Traits All Successful Startup Entrepreneurs Have'. Entrepreneur. com. 13 April 2015. (Viewed 10/10/2019) https://www.entrepreneur.com/article/244575

28. Brush, Silla. 'Fintechs Founded by Women Are Better Investments, KPMG Finds'. Bloomberg.com. 3 May 2019. (Viewed 10/10/2019) https://www.bloomberg.com/amp/news/articles/2019-05-03/fintech-bros-returns-lag-female-founded-startups-kpmg-finds

29. Flinders, Karl. 'Action Needed as Venture Capitalists Reluctant to Invest in Fintechs Founded by Women'. Computer Weekly. 14 February 2019. (Viewed 10/10/2019) https://www.computer weekly.com/news/252457631/Action-needed-as-venture-capitalists-reluctant-to-invest-infintechs-founded-by-women

30. Flinders, Karl. 'Positive Discrimination Needed to Remedy Shocking Under-Investment in Fintechs Founded by Women'. 12 February 2019. (Viewed 10/10/2019) https://www. computerweekly.com/blog/Fintech-makes-the-world-go-around/Positive-discriminationneeded-to-remedy-shocking-under-investment-in-fintechs-founded-by-women

31. 'Innovation in Tel Aviv, from Supporting Women in Business to Bootcamp'. Enol. com. 30 September 2017. (Viewed 10/10/2019) https://startup.enel.com/en/media/news/d201709-telaviv-hub-innovation-women-entrepreneur.html

32. 'State of the American Manager Report'. Gallup.com.2015. https://www.gallup.com/services/182216/state-american-manager-report.aspx

第 11 章

网络犯罪和 IT 韧性

概述

研究高级分析和人工智能对银行业的影响时，不考虑网络犯罪和 IT 韧性是不完整的。就未来银行来说，对信任和安全有基本要求。因此，有必要了解网络犯罪对银行系统日益增加的风险和影响。

严酷的现实是，如果基于信任以及数字交易的银行业不能正确地运营，最好的情况是客户的信心会受到影响，最坏的情况则可能是客户信心完全丧失。本章旨在从一般层面和银行的特定层面上，帮助读者更好地理解网络犯罪的本质，以及银行如何为当前和未来做好准备。涉及主题包括网络安全工具包和新角色的出现及其重要性。

由于欺诈是大家关注的关键领域之一，因此在这种特定情况下要考虑使用分析和人工智能。最后，本章会提供对网络法问题的一些见解。

花旗银行和万事达卡都致力于利用人工智能防欺诈

花旗银行对人工智能公司进行了大量投资，尤其关注电子安全和网络安全。例如，其收购的公司 Feedzai 主要监视客户支付行为中的异常情况。

万事达卡已同意收购 Ethoca，这是一家技术解决方案提供商，可帮助商家和发卡机构实时协作，快速识别和解决数字商务活动中的欺诈行为。万事达卡打算进一步扩展这些功能，并将 Ethoca 与当前的安全活动、数据洞察和人工智能解决方案相结合。

引语

就威胁而言，网络犯罪已成为"新领域"。国际标准组织关于 IT 风险的 ISO 27k 系列已经包含了网络安全部分，特别是在 ISO/IEC 27032 条款下，该条款将网络犯罪定义为："破坏网络空间中的机密性、完整性和信息可用性。"（ISO 27k 系列包含近 70 个标准，到目前为止，其中约 50 个涉及信息风险和安全管理。）

"网络空间"本身的定义是："通过连接到它的技术设备和网络，在互联网上的人、软件和服务之间产生的复杂环境，并不存在任何物理形式。"

网络攻击是蓄意破坏计算机系统或网络。其后果是破坏流程、破坏数据并渗透信息源，从而导致身份盗用。网络攻击可能包括多种形式，例如：

- 获得对计算机系统或其数据未经授权的访问。
- 使系统服务瘫痪的攻击（缩写为 DDoS），通常会要求支付赎金。
- 通过应用虚假的页面来入侵网站或对网站进行恶意宣传。
- 安装病毒或恶意软件导致系统和流程中断。
- 公司的员工不当使用计算机或应用程序造成公司损失。比如将信息下载到磁盘上可能会导致数据失窃。

这是银行很熟悉的一个主题。在英国，FCA（金融行为监管局）与 CMA 一起，邀请银行自愿发布由于网络入侵和其他技术问题而关闭 IT 的数量。根据提供的信息，大多数英国主要银行每月都会遭遇一次与 IT 相关的中断，尽管这些中断通常与 IT 整改相关，而不是与网络犯罪直接相关。

英国金融行业协会 UK Finance（拥有 250 家英国银行的联合机构）为竞争激烈且多元化的行业提供统一的声音，涵盖诸如金融风险和经济犯罪等问题。该组织最近评论说，其成员机构目前正在投资"数十亿英镑"，以确保 IT 和人员系统"强健与安全"，并指出"运营弹性在现代金融系统中至关重要，并且是该行业的关键优先事项"。

这带来持续的担忧。正在调查金融业 IT 故障的英国财政部特别委员会主席说，银行 IT 故障经常发生……这些故障似乎不可避免。虽然（在编写本报告时）调查结果尚未公布，但委员会也在考虑以下问题：

- 运营事故的频率，随着消费者和公司对技术依赖程度的提高，这种情况可能发生变化。
- 造成操作事故的最常见原因。
- 外包的影响。
- 对客户的影响，包括欺诈风险。
- 监管者确保公司充分防范服务中断的能力。
- 与应用新技术有关的机遇和风险。

埃森哲和 Chartis Research 在其 2016 年报告中还定义了不同级别的网络安全，如表 11-1 所示。

表 11-1　不同级别的网络安全

网络安全示例	覆 盖 面	优 点	缺 点
"防范网络空间服务"	主要是在线事件	区分在线和本地问题	不专注于物理攻击
"针对恶意攻击的检测、保护和恢复"	系统被蓄意攻击或破坏的地方	指定蓄意攻击	无法解决整个企业中的孤岛攻击问题
"对网络、计算机、程序和数据遭受攻击、破坏或未经授权访问的风险作出全面响应"	所有IT系统	十分宽泛	可能与其他安全定义重叠
"攻击风险控制系统"	旨在防止访问和保护系统	将风险控制定义为攻击者的目标	不能区分技术攻击和非技术攻击

如表 11-2 所示，英国政府安全局（GCHQ）的国家网络安全中心将网络攻击分为 6 级。

表 11-2　网络攻击的 6 个级别

类　别	影 响 区 域
1	英国国家安全，严重的经济或社会后果甚至导致生命损失
2	中央政府，英国基本服务，很大一部分英国人口或英国经济
3	大型组织或地方政府，对中央政府或英国基本服务造成相当大的威胁
4	中型组织，对大型组织或地方政府构成重大威胁

续表

类　　别	影 响 区 域
5	小型组织，或对中型组织构成重大威胁
6	攻击个人或针对中小型组织的初级网络攻击活动

操作风险中的网络犯罪

网络犯罪和操作风险管理之间存在融合。所谓操作风险，是指由于以下原因而发生的风险：

- 失败的流程。
- 失败的做法。
- 技术故障。
- 外部事件影响。
- 人为失误，包括心怀不满员工的故意破坏行为。

巴塞尔委员会还将操作风险定义为："由于内部流程、人员和系统缺陷或外部事件导致的直接或间接损失的风险。"

人们普遍认为，操作风险有三道防线。

1. 所有权，指拥有或管理风险的职能。管理人员自己负责识别和纠正"有风险"的流程，并采取适当的控制措施和建立适当的组织结构。

2. 监督，本身包括"风险管理功能"，它支持管理政策，创建并应用适当的风险框架，并识别当前和正在出现的风险。该职能可以包括个人、部门或委员会。

3. 保障，这实际上是内部审计职能。最佳做法被确认为是独立、公正、符合国际标准的审计，并可直接与上述风险管理部门联系。

埃森哲与 Chartis Research 共同撰写的报告（前面已提及）在操作风险的背景下详细研究了网络主题。报告指出，关于操作风险的传统思维必然因网络入侵风险而扩大。它们认为，网络风险不应被视为一种特定的风险类别，而应该在现有风险治理框架内进行管理。实际上，由于其特殊的技术性，网络风险被视为一个特殊的领域，但同时能按照管理第三方风险和内部欺诈相同的方式来进行管理。

报告认为最佳解决方案是以下各项的组合：

- 集成数据管理，机构可以全面了解信息，不应将企业孤岛化。
- 元数据的使用，这为保存的数据提供了更大的结构化空间。
- 实时报告，包括使用"更加动态和响应更迅速的风险管理"。
- 异常检测，用于发现"无法预知的新型攻击模式"。
- 集成案例管理，换句话说就是跨企业协作，而不是单个企业进行孤岛经营。
- 一致性，要求整个组织有共同的理解和定义，并可能随着时间的推移，在整个行业内实现一致。

管理网络风险的重点是要在不同职务之间进行有效的沟通。这包括首席数据官（CDO）、首席信息官（CIO）、首席信息安全官（CISO）和首席风险官（CRO）。随着网络犯罪问题的日益严重，可能有必要重新审视其中一些职务。将来，可能需要重新定义或合并这些职务及其功能。

至少对于组织而言，采用某种预先计划的方法来管理网络风险变得至关重要。要重视其对业务的影响，尤其是对客户和组织声誉的影响，千禧一代用户的关键决策因素之一就是安全性。

网络犯罪国际化

在其2019年的调查中，优普援助（Europ Assistance）的"网络晴雨表"研究了九个欧洲国家有关网络安全主题的消费者情绪。调查发现46%的消费者对网络安全感到担心，尤其是那些父母年迈或有孩子的人。将近1/3的受访者（31%）受到网络安全问题的困扰，而有孩子的人则感到更加担忧，达38%。在欧洲国家中，南欧地区似乎更关注该问题，西班牙公民（47%）和意大利公民（39%）尤其担心。考虑到整个欧洲的情况，大约1/4（26%）的人知道有人对其个人数据进行了攻击，而超过82%的人认为受到这种攻击"压力很大"。

这项调查表明，更令人担心的是，消费者显然缺乏个人数据遭到泄露的应对知识。只有 45% 的受访者表示知道该怎么做，而 48% 的受访者表示机构在帮助他们方面做得不够。在美国，人们似乎对数据安全问题有更深入的了解，65% 的人了解身份保护方案，而欧洲的这一比例则只有 40%。

消费者似乎对以下方面特别感兴趣：

- 报警服务（57%）。
- 全天候协助服务（54%）。
- 预防服务（47%）。
- 监控服务（48%）。

根据 Hiscox 保险公司的数据，在商业层面，不同国家的企业在网络就绪性水平上仍然存在很大差距。该公司在《2019 年 Hiscox 网络就绪报告》中记录了评估结果，总体而言，美国、德国和比利时的公司在就绪水平上得分最高，超过 4/5 的法国公司仍属于"新手"类别。

网络安全工具包

全球网络联盟（Global Cyber Alliance，以下简称 GCA）将自己描述为致力于消除网络风险的国际组织。它成立于 2015 年，目标是"通过基于风险、面向解决方案的方法应对和消除恶意网络风险"。其总裁兼首席执行官菲利普·雷丁格（Philip Reitinger）说：

全球网络联盟安全工具包之所以与众不同，是因为它是一个行动工具包。

我们的重点是建立一个动态的运营工具清算所，利用万事达卡等全球合作伙伴的深厚专业知识，以及实际 GCA 工具包用户的经验，帮助中小型企业应对风险并改善其网络安全状况。

他们的使命是：

■ 团结全球社区。

■ 实施解决方案。

■ 效果评估。

具体来说，他们提供了许多针对中小型企业的"工具包"或解决方案，旨在提供"可操作的指导"和具有明确指向的工具，以应对日益增多的针对中小型企业的网络攻击。该工具包提供：

■ 操作指南：关于网络资产保护，例如多因素密码、有效使用备份以及如何防止网络钓鱼和病毒。

■ 培训：包括模板和基础文档。

■ 公认的最佳做法：包括来自互联网安全控制中心、英国国家网络安全中心（Cyber Essentials）和澳大利亚网络安全中心（Essential Eight）的做法。

网络风险管理应用

人们越来越关注使用金融科技来解决网络风险问题。《2018年四季度Willis Towers Watson被保险人简报》特别着重于网络风险的管理，其涉及：

■ Guidewire的"Cyence风险分析"，该模型可模拟网络犯罪的经济影响。

■ Corax，可构建分析工具以支持新的网络保险产品的设计。

■ Paladin，可进行网络风险检测。

■ Zeguro，可构建工具以降低网络风险。

■ Refirm Labs，创建方法来审核和验证硬件安全性。

从保险的角度来看，网络问题被越来越多地描述为"沉默的网络"，指的是因网络相关损失引起的保险责任和义务。这些"沉默的"损失源于传统的财产保险政策并非专门为涵盖网络风险而设计，但也并未明确排除此类损失。它已成为一个越来越热门的话题。2017年，NotPetya勒索病毒已成为历史上最昂贵的网络攻击之一，其攻击了包括船运公司、律师事务所等在内的一系列机构，并要求支付比特币赎金。这次攻击被认为使得航运巨头

Merck 和联邦快递（FedEx）各损失超过 3 亿美元。

2017 年中期，英国审慎监管局（PRA）表示，"希望公司能够识别、量化和管理网络保险的承保风险"。但这是一个挑战。正如 Guidewire 的 Cyence 风险分析解决方案主管约翰·莫什特（John Merchant）所说的那样，"就网络而言，五年后已经是另一个世界了"。

更广泛的银行业网络问题

尽管从个人角度来讲，网络安全令人担忧，但仍需考虑更广泛的问题。在某种程度上，这些因素正日益催生一种新的网络犯罪保险类别，在许多情况下这种保险尚未在法院上得到验证。根据法国安盛公司的说法，至少有四个关键领域的问题需要解决：

■ 工业系统的渗透：也就是说，网络犯罪分子渗透到工业控制中的能力（2014 年，网络犯罪分子提高了一家德国钢铁厂的机械速度，直到其爆炸起火）。

■ 勒索风险："网络勒索"，主要指系统被渗透，被索要赎金，赎金通常通过某种形式的加密货币支付。

■ 名誉风险：渗透导致品牌信任丧失，公众对其失去信心。

■ 职业责任风险：那些不太关注数据丢失的组织（如律师事务所）意识到他们持有的是敏感信息，这些信息的丢失将会产生诉讼方面的及对所有者有害的影响。

保护未来的银行：新的网络安全威胁

在人工智能背景下展望银行业的未来，还需要考虑未来网络威胁的问题。信息技术专家迈克尔·纳多（Michael Nadeau）在他的报告《未来的网络威胁与挑战：你为即将发生的事情做好了准备吗？》中质疑世界发生改变导致互联网也在发生改变的说法。他说其实相反，互联网正在发生变化，导致世界也在发生变化。拓宽下思路，那么就有可能认识到，随着互联网的变化和发展，银行业也将随之变化。

他还提到了一个名为互联网协会（ISOC）的团体，该团体成立于1992年，现在依然强大。他们在2017年的报告《通往未来数字化的道路》中进一步强调了"互联网的未来是我们为下一代塑造的未来"。人类必须成为未来互联网的中心。

纳多还写了题为《2017年网络犯罪状况：安全事件有所下降，但其影响并没有减少》的文章。在调查中，他提到了美国每年都会进行的网络犯罪状态调查。在510名受访者中，IT安全预算平均为1 100万美元，但大多数受访者（61%）将网络安全视为IT问题，而不是公司治理问题。

除此之外，赛门铁克2019年的报告还记录了多项网络入侵状况。

1. "劫持"攻击激增，每个月平均有4 800个网站受到攻击。（"劫持"是黑客将一小段代码插入在线供应商的结账页面，从而可以窃取购买者的信用卡详细信息。）

2. 减少"加密劫持"，其中包括秘密使用你的设备来"挖矿"或访问加密货币。

3. "勒索软件"犯罪分子将目标从消费者转移到企业，犯罪率上升了12%。

4. 从配置不当的第三方供应链中窃取超过7 000万条记录，这是由于云计算的使用快速发展。供应链仍然是一个易受攻击的目标，攻击激增了78%。这对先前探讨的全能银行概念提出了挑战。

5. 物联网和设备是定向攻击的重要切入点，并且大多数物联网设备都容易受到攻击。全能银行试图提升自身价值的同时，也变得更加脆弱，这与上面第4条出现了同样的问题。

第4条和第5条特别重要，因为我们的社会越来越认为自己是"相互联系的"（至少在技术层面上）。赛门铁克认为，最薄弱的环节既存在于供应链中，也存在于更容易使用的设备中。"互联汽车"的概念与"互联家庭""互联工厂"并列，其中物联网表明关联设备是供应链中最薄弱的环节。关于商业和技术脆弱性的对称性观点令人担忧。银行通过外包扩展其他增值服务领域，可能会改善客户体验，但同时也会增加网络风险。银行必须有效管理整个供应链中的网络风险。

其他组织也指出了类似的问题。保险公司 Hiscox 在前文提到的《2019年 Hiscox 网络就绪报告》中指出，网络攻击的数量和成本急剧增加。在其对七个国家的 5 400 多个组织的研究中，3/5 的公司（61%）在 2018 年报告了一次或多次攻击，而其应对能力和响应能力并未显著降低。从美国、英国、法国、德国、西班牙和荷兰的代表性企业样本中，Hiscox 仅将 10% 的足够高分评为"专家"。

报告中的主要发现包括：

■ 攻击的强度和频率有所增加：2019 年报告中报告的攻击率为 61%，而 2018 年报告中这一数据为 45%。

■ 越来越多的中小型企业（拥有超过 50 名员工）受到攻击，报告事件从 33% 增加到 47%。在中型公司（拥有 50 至 249 名员工）中，2017 年至 2018 年的攻击率从 36% 增加到 63%。

■ 网络损失增加。网络攻击的平均成本从 2017 年的 22.9 万美元增加到 2018 年的 36.9 万美元，增长了 61%。大型公司（拥有超过 250 名员工）2018 年网络相关损失的平均成本据报告为 70 万美元，而 2017 年为 16.2 万美元。

《通用数据保护条例》的采用提高了网络安全性，并提高了人们对该问题的认识，但是仍然有进步空间。英国数字、文化、媒体和体育部（DCMS）对商业的调查还发现：

■ 74% 的英国公司将网络安全视为高级管理层的问题。
■ 73% 的英国公司尚未就此事制定正式政策。

该部门还发现，2017 年，英国 43% 的企业和 20% 的慈善机构遭受了网络攻击或出现了数据泄露。英国国家网络安全中心（NCSC）首席执行官西亚兰·马丁（Ciaran Martin）表示，"人们开始害怕网络安全问题。他们认为这是技术性很高且难以控制的风险"。因此，英国国家网络安全中心创建了一个董事会工具包，以帮助董事们了解网络风险管理，其提出了信息安全人员面对的五个关键问题：

1. 我们如何防御攻击？

2. 我们如何控制特权 IT 账户的使用？

3. 我们如何使系统保持最新状态？

4. 我们如何确保合作伙伴和供应商保护我们与他们共享的数据？

5. 哪些身份验证方法正在被用来控制对数据的访问？

应对网络攻击

此外，关于企业受到网络攻击，英国国家网络中心给出以下建议：

■ 保护网络安全：通过锁定网络限制黑客访问数据，但代价是中断企业自身的操作。

■ 激活"响应团队"：英国国家网络中心建议建立一支训练有素的响应团队，控制业务的关键部分（IT、HR、法律），或者与经过认证的网络安全提供商进行外部安排（例如，从"注册道德安全测试理事会"获得）。

■ 报告事件：例如，在欧洲，《通用数据保护条例》要求企业在 72 小时内通知 ICO（信息专员办公室）。欺诈或勒索案件应报告警方（2018 年，ICO 根据 2016 年的数据泄露法对优步罚款 385 000 英镑，当时该公司承认向黑客支付了 100 000 美元换取对 5 000 万用户的数据丢失保持沉默）。

■ 回顾和学习：在恢复正常业务之前，建议对企业的网络策略进行全面审核，并进行相应调整。

美国一个专注于中小型企业网络安全专家 Analecta 公司认为，通过适当的培训，可以减少 75% 的网络犯罪易感性，培训包括法律合规、动机和参与度等主题，以及改进对攻击的响应模式，并发展适当的能力。

企业实施网络安全计划的五大挑战是：

1. 充足的资源。

2. 接受安全意识方案。

3. 管理层的支持。

4. 最终用户的支持。

5. 有时间参与其中。

尽管银行可能拥有在其内部管理网络风险的政策和能力，但问题在于其业务合作伙伴可能没有。互联网协会的全球互联网政策高级总监康斯坦斯·博梅拉（Constance Bommelaer）补充说，生态系统中所有参与者的协作是促进完全安全性所必需的。他这样说：

您所依赖的银行服务生态系统、互联网服务提供商或您所在国家／地区的法律框架可能会使您的业务安全处于劣势。

随着"信任"对成功变得越来越重要，为了拥有绝对的信心并赢得客户的青睐，银行需要有效（直接或间接）管理其供应链。这是一种更加主动而非被动的角色。仅仅要求供应商提供安全合规性的"证据"还不够，银行必须在整个供应链的主动数据管理中发挥更大的作用。公司也可能会使用所谓的"白帽黑客"的方式模拟进行黑客攻击，以识别脆弱的区域。

此外，银行必须认识到，虽然技术是网络安全中的一个问题，但许多"泄漏"是相对简单的。这些泄漏可能是由于粗心和重复使用密码的员工，不满和故意窃取信息的人，或容易受骗的人打开未经许可的电子邮件。狡猾的罪犯越来越关注社会工程，他们在社交媒体上找到足够的个人信息，以便发送看起来足够可信、会被打开的信息。

但是，从实际意义上讲，供应链中这种运营交付的责任将落在何处？供应链管理专业人士的目标一直是获得最佳交易或构建正确的商业关系。对于传统的供应商经理来说，数据保护和网络安全管理可能只是"卫生因素"，是非必要工作的一部分。但是展望未来，这可能是所有因素中最重要的。

然而，一个问题是，大多数供应链中的小型企业通常被认为并不很关注网络安全问题。在网络安全方面，尤其是考虑到合规性涉及大量成本的情况下，银行以及其他大型机构应在何种程度上提供免费建议？如果需要有效地弥补网络空白，银行可能需要在此过程中发挥领导作用。可以在商业中创建某种"乌托邦社会"，在这种商业中，较大组织（例如银行）为较小的组织提供帮助，以满足双方各自的利益。在网上已经有很多免费的信息，许多供应商都提供了免费的会议访问权，但是也许有更好的方法来交流网络安全知识，以造福所有人。

供应链潜在的普遍弱点不容忽视。如果认为至少一个版本的"银行业的未来"是传统商业模式的"解构"，未来银行业实际上会成为供应链的一部分，然后银行（以及该运营模式中的其他"参与者"）面临着巨大的压力，他们需要管理好自己的网络风险部门。这可能是银行业未来成功的关键因素。

网络就绪

根据《2019 年 Hiscox 网络就绪报告》，网络就绪的支出正在增加。该报告表明，2018 年的平均支出为 145 万美元，比 2017 年增长 245%，并且似乎还在加速增长。

尽管如此，根据网络就绪模型来评估企业，可以发现：

- 只有 1/10（10%）的公司评为专家。
- 更令人担忧的是，近 3/4（74%）的公司被评为"新手"，德国和美国公司达到"专家"级别的数量急剧减少。

供应链的故障也特别明显，2018 年有 2/3 的公司遇到了与网络相关的问题。这一现象在技术、媒体、电信和运输领域尤为明显。

有些人倾向于将政府的行动和法规当作救星，但互联网协会的全球互联网政策高级总监康斯坦斯·博梅拉（Constance Bommelaer）认为，网络挑战过于巨大，无法以传统体制的方式来抗衡。她指责政府和机构的做法以"政策制定"为基础，是被动的而不是主动的。答案似乎并不完全在"政治"领域，即使（根据 Hiscox 的调查）《通用数据保护条例》的出台似乎产生了影响，84% 的欧洲大陆（和 80% 的英国）公司做出了一些改变。

网络安全供应商的潜在销售市场非常巨大。据市场专家称，网络安全市场的规模自 2018 年以来，其复合年均增长率达到两位数。美国在全球市场支出方面处于领先地位，而金融市场是该领域的领先者。

为了进行市场分类，网络部门被划分为三个关键要素：

- IAM（身份和访问管理），其中涉及加密、风险治理和合规性。
- UTM（统一威胁管理）。
- SIEM（安全信息和事件管理）。

他们将 IAM 部门（尤其是加密部分）视为重点领域之一，因为云端和个人设备上的信息量很大。他们认为，随着对面部和语音识别等生物识别功能兴趣的日益浓厚，加密将变得更加热门。在这样一个竞争激烈的市场中，技术供应商不可避免地希望让自己处于有利位置。诸如赛门铁克、Check Point 技术公司、Paloalto Networks 公司、飞塔公司（Fortinet）和火眼（FireEye）之类的一些主要技术供应商正在与 SAS 和 IBM 等更广泛的技术公司竞争。

这个市场空间如此之大，尤其是在创业企业和金融科技的影响下，总是有新进入者的余地，他们也许可以提供不同的观点以及技术能力。引起关注的公司之一是英国的 Darktrace 公司，该公司由剑桥大学、英国"军情五处"（MI5）、英国政府通信总部（GCHQ）和中央情报局（CIA）的数学专家和情报专家于 2013 年创立。其"企业免疫系统"能力中心位于剑桥和旧金山，使用人工智能来识别潜在的网络威胁，使安全团队有时间采取行动。

据 Darktrace 公司联合创始人之一的波比·古斯塔夫森（Poppy Gustafsson）说，他们的技术系统模仿了人类免疫系统，这种免疫系统"具有天生的自我意识"，凭借这种意识可以"识别细菌和病毒等异常现象"。据称，他们的技术可以复制这种方法，监控网络上每个设备的"生存模式"，并确定模式何时发生变化，此时安全措施会"自主"作出响应。

新的网络角色、新的网络责任

对于银行和其他主要金融机构来说，要有效应对网络威胁，就必须能够调用广泛、深入的技术方案且具有全球化的能力。为了能够提供全面的保护，专家需要能够调用商业解决方案，在身份管理、数据安全、应用程序安全、网络安全和端点安全等领域提供技术。

最佳解决方案包括普遍加密、安全智能分析、认知和人工智能以及取证工具。专家不仅需要防御网络入侵，还必须有能够处理有关 IT 安全事件和漏洞的信息，并提供有关组织（包括客户和供应链）潜在威胁的详细洞察。网络和风险专家越来越需要设计和实施分层的方法来管理组织的数据和基础架构。这包括控制和策略制定，以防御对网络、最终用户设备、服务器、应用程序、数据和云的安全威胁。

除此之外，还有文化问题。网络安全是每个人的事。内部风险专家还必须确保不仅对自己的组织，而且对更广泛的其他组织进行适当的培训和教育，以树立安全意识和有责任感的文化。

本书开头在银行业的背景下探讨了货币的含义，银行业是一个复杂的行业，有许多功能性职务，通常包含在管理和权限矩阵中。从外部看，几乎无法理解矩阵的复杂性以及哪种职业路线最有可能使个人走上成功的道路。网络犯罪专家不太可能被人工智能系统完全取代，未来一定会以特定技能组合的方式提供系统支持。

网络安全的挑战使银行业的复杂性和困难程度上升。除了前面提到的技术职务，未来有效的网络安全可能取决于两个关键职务：

■ **CSO（首席安全官）** 这将日益成为重要职位。真实企业和虚拟企业的安全都掌握在他们手中。他们不仅需要应对当前的威胁，还需要预测未来的威胁。这将是一项艰巨的任务，需要 CSO 有洞察力、想象力和技术专长，并且一些最佳的 CSO 可能来自"黑客社区"。

■ **供应链经理** 他们的职责不只是在银行生态系统内创建和管理关系、扩展品牌和客户服务范围，而且是在不损害银行自身 IT 安全的情况下这样做。主动性而不是反应性将成为常态。过去在谈判和合同管理等问题上受过传统训练的供应链经理会发现自己需要将 IT 能力提高一到两个甚至十个等级。

新出现的"混合"角色将包括传统供应商管理和网络安全管理之间的某

种混合形式。在这种新的职责范围内，将需要开发新的系统来提供帮助。基于人工智能的系统将需要用来补充这些新功能，以协助解决包括网络犯罪管理和欺诈检测在内的操作风险问题（见图 11-1）。

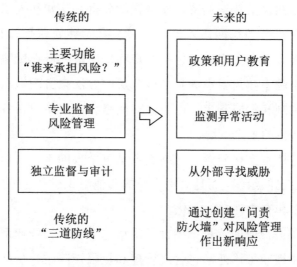

图 11-1　网络风险管理：创建额外的问责防火墙

银行业中的人工智能欺诈检测

银行业风险管理的重要元素涉及欺诈问题，高级分析和人工智能可能会为此提供解决方案。

欺诈检测高级分析

通常，银行和其他金融机构已经使用预训练算法的预测分析和规范分析来对交易的欺诈倾向进行评分。除此之外，闭环分析还有助于通过机器学习改进算法。其过程是，银行数据专家通过系统运行大量合法或欺诈性交易，机器学习模型去学习识别出哪些是欺诈性的。

通常，可能触发欺诈警报的是账户所有者永远不会购买的产品或不太可能购物的地点。系统经过"培训"可识别这些不一致之处，将其标记为可疑或者不允许进行的交易。随着越来越多的交易通过该系统进行，它将变得"更智能"。

银行能够越来越多地通过移动应用程序、自助取款机或众筹网站等经常性支付渠道使用这些功能。例如，众筹网站 Patreon 使用美国科技公司 Stripe 处理付款。它们的分析过程可以识别付款过程中的"交易指纹"，并识别异常。位置分析在识别欺诈方面也发挥着重要的作用，尤其是在账户持有人允许银行访问用户的智能手机以及识别其中包含的个人数据时。

这似乎是一个有趣的权衡。如果客户准备通过自己的设备共享他们的个人信息，那么银行将更有能力防止欺诈并保护个人的数字化资产。这似乎是一个双赢的局面，可以避免诸如伪造身份、身份被盗和欺诈交易等问题，但也有一个缺陷，那就是个人是否信任银行会保护好自己的个人信息。

欺诈管理和检测对于技术供应商来说是一个诱人的市场。像保险欺诈管理一样，银行的投资回报既显而易见，又引人注目，一些公司声称能够发现 30% ～ 50% 甚至更多的欺诈，准确率高达 90%。其他人则声称误报率最多可降低 80%，也就是说分析结果错误地表明特定客户的行为是欺诈行为。目标必须是将准确率从 90% 提高到某个数字，例如 99% 或更高，这将需要更高级的分析、机器学习和人工智能。可以预见，银行和软件提供商将能够 100% 成功地检测到当前的欺诈类型。到那时，检测设备要么被证明是对犯罪分子的威慑，要么是对更复杂欺诈的刺激与推动，特别是在面部和声音识别的"新世界"中。

可能发生的现实是，随着商业朝着完全数字化货币时代迈进，我们的现有信息或可能掌握的信息就形成了一种"金钱 DNA"。金钱的使用方式、花费的对象和地点可能会产生一系列特征。

人工智能和异常检测

异常检测与行为不一致或付款中的不准确的识别相关。以任何程度的精确度执行此操作都需要创建一套"基准正常值"，以测试和分析当前行为。此方法至少有四个问题：

- 正确建立基准。
- 确保基准具有足够的代表性。
- 对"正常"偏差的管理，或者是否有任何"偏差"是不可接受的。
- 异常检测对"客户体验"的影响。

人工智能的表达经常被误用为替代高级分析，但同时还存在需求，我们不仅要认识到与欺诈有关的问题，还要认识到电子商务市场多渠道、多设备、易变的特性。

当发现银行可能由于系统错误无意间使数千笔洗钱交易通过其平台时，SAS 专家科林·布里斯托（Colin Bristow）提出在支付流程中使用人工智能解决方案。布里斯托说："反洗钱工作必须非常准确、非常迅速，要比人类更快、更准确。"随着金融日益数字化，欺诈越来越难发现。企业必须使用人工智能等先进技术来应对，否则将成为越来越多高级欺诈者的牺牲品。

欺诈性使用数据

一个吸引人的问题是了解谁正在查看谁的数据。它可能不是欺诈性的，特别是如果信息已经公开，但是可能会被滥用，例如在剑桥分析公司（Cambridge Analytica）数据丑闻中，有人从脸书上获取了数以百万计的个人数据，且未经他们同意就用于政治目的。

据《福布斯》报道，谷歌（Google Alphabet）新上线的功能开始解决这个问题。他们报告说："所有信息都被快速索引和组织起来，然后客户对数据进行搜索，比如我的计算机是否将数据发送到了'X'？"网络安全调查人员可以问越来越多的问题。例如："'X'获取哪种信息，何时以及如何获取信息？"

它开辟了有趣的领域，如网络犯罪的"自助服务"，这也许最终需要消费者提高技术意识。这是一个复杂的领域，通常有自己的术语，表 11-3 提供了对该类别中一些较常见表达方式的解释。

表 11-3　常见网络犯罪表达方式

表 达 方 式	说　明
认证方式	在计算机系统中，"身份验证"是系统确认个人身份的过程。它被认为是信息保障的五大支柱之一（其他是完整性、可用性、机密性和不可否认性）
恶意软件	恶意软件是故意对计算机、服务器、客户端或计算机网络造成损害的软件，可能包括病毒或蠕虫
病毒	一种恶意软件，执行时会通过修改其他计算机程序并插入自己的代码来自我复制。当复制成功时，受影响的区域已被计算机病毒"感染"
蠕虫	互联网蠕虫是一种通过网络连接在计算机上复制自身的程序
木马	误导用户真实意图的恶意程序。这个词源于希腊神话中的"特洛伊木马"。例如，骗用户打开看起来不可疑的电子邮件附件（例如要填写的常规表格），从而访问个人或银行详细信息
网络钓鱼	通过创建看起来像真实（受信任）的网站来欺骗计算机用户提交个人信息
点击欺诈	点击一则广告，并不是因为对该广告所提供的内容有任何真正的兴趣，而是为了在"按点击付费"环境中产生欺诈性收入
僵尸网络	一系列相互关联的"机器人"可能会受到一组恶意软件的影响。"僵尸网络"一词源自机器人和网络。在这种情况下，机器人是指被恶意软件感染的设备，该设备随后成为由攻击者控制的受感染设备网络的一部分
密码	密码学是一种使用代码来保护信息和通信的方法，只有那些获得授权的人能阅读和处理这些信息
防火墙	执行关于允许哪些数据进入或离开网络的一组规则的软件
入侵检测系统	识别入侵的系统和流程，例如流量分析、异常检测或恶意软件检测
蜜罐	一种安全方法，实际上是隔离并监视更广泛的数据库中的一部分数据，目的是打击网络犯罪

网络与法律

网络法，有时被称为互联网法，是法律体系的最新补充之一。它涉及对使用互联网的人和企业的法律保护。大多数网络安全课程包括对相关法律的理解。网络法涵盖广泛的主题，包括：

- 言论自由。
- 访问和使用互联网。

- 在线隐私。
- 数字合约。
- 网络空间管理。
- 电子证据。
- 电子商务。

互联网和通信技术的发展引发了监管合规问题，以及其他各种民事和刑事制裁。其在以下三个重要领域可能发生犯罪：

1. 针对个人的犯罪，如网络欺凌、信用卡欺诈、网上诽谤。

2. 侵犯财产罪，例如盗窃知识产权，蠕虫和病毒，抢注计算机或对计算机进行物理损坏。

3. 针对政府的犯罪，如网络恐怖主义、网络战和窃取未经授权的信息。

各国正日益接受这一处于发展中的领域。

- 在英国，有多项与这一主题相关的法律，包括《计算机滥用法》《严重犯罪法》《欧盟指令 2013/40/EU》《警察与司法法》《恐怖主义法》《人权法》《数字经济法》《拦截通信法》《调查权力条例》《合法商业行为条例》等。

- 在美国，司法部依据三个不同的法规领域起诉网络犯罪：1986 年的《计算机欺诈和滥用法》（CFAA）；《窃听法》，涉及在调查犯罪时使用窃听设备；以及其他所有网络犯罪法规，所有这些都有不同的处罚。

- 在中国，互联网安全性由互联网服务提供商负责，这些提供商可能会受到吊销执照、罚款和公诉等处罚。负责安全性的是两个最重要的组织，对内是公安系统，其职责已编在 1997 年的《计算机信息网络和互联网安全、保护和管理条例》中，对外是国家安全部。

- 印度于 2000 年通过了《印度信息技术法案》（"IT 法案"）。

一个主要问题是，"传统"律师可能并不完全了解技术发展，而技术安全专家可能并不完全了解法律问题。这就有了一类新的法律咨询，涉及具有法律和技术知识的专家，而不是与网络安全专家合作的法律专家协调小组。

此类司法判例库正在形成，也就是说，法官从以前的案例中获得指导，以帮助其对类似情况作出判定。

结论

网络安全不仅对银行来说是一个巨大的问题，而且是一个具有自己专有术语的领域，这些术语通常是可以识别的，但除专家外很少有人能完全理解。

如果没有认识到数据和分析的影响以及安全和保障问题，就不可能同时考虑货币的未来和银行业的未来。这两个项目并非竞争差异的问题，而是保健因素（保健因素，包括公司政策和管理、技术监督、薪水、工作条件以及人际关系等）。随着可信度成为消费者决策的最重要因素，如果一家银行在数据方面不值得信任，它怎么能在资金方面值得信任呢？毕竟，如今的数字货币可能只不过是另一种数据形式。

因此，银行正越来越多地关注网络安全并进行相应的投资，也因此采取了其他措施，包括对数据安全失误的惩罚性罚款。一些银行正与大学和研究机构合作，共同应对风险。新的角色正在出现，先进技术将不可避免地成为银行应对这一问题的重要因素。对于金融科技和创新来说，这是一个成熟的领域。随着生物识别技术变得更加主流，网络安全性变成了一个更加复杂的问题，将迫切需要自动检测和人工智能的辅助。

万能银行或扩展银行作为未来模型的概念已在较早的时候就被考虑到了，它在一个更加紧密联系的世界中运作，并且更加符合客户的需求。如果最终采用该模型并结合双向数据流，由于生态系统中最薄弱的环节成了最可能的入侵点，安全风险就会增加。这可能发生在供应链中，也可能发生在客户或消费者身上。

数据安全的责任不仅落在银行肩上，更具体地说，还落在那些业务线中的职务肩上，例如数据安全官和供应商经理，他们的技能需要不断更新和完善。虽然这些专家不太可能成为首席执行官，但这些复杂而苛刻的职务可能会获得可观的报酬。

参考文献

1. Sennaar, Kumba. 'AI in Banking: An Analysis of America's 7 Top banks'. Emerj. 24 September 2019. (Viewed 22/10/2019) https://emerj.com/ai-sector-overviews/ai-in-banking-analysis/

2. 'Mastercard Acquires Ethoca to Reduce Digital Commerce Fraud'. Press Release. Mastercard. (Viewed 04/11/2019) https://newsroom.mastercard.com/press-releases/mastercardacquires-ethoca-to-reduce-digital-commerce-fraud/

3. 'The Global Risks Report 2015'. World Economic Forum. http://www3.weforum.org/docs/ WEF_Global_ Risks_2015_Report15.pdf

4. 'ISO/IEC 27032:2012 Information Technology – Security techniques –Guidelines for cybersecurity'. ISO website, online browsing platform. https://www.iso.org/obp/ui/#iso:std:isoiec:27032:ed-1:v1:en

5. 'Cyber Security'.25 April 2015. https://asmartc.blogspot.com/2015/04/types-of-cyberattacks-there-are-many.html

6. 'Current Account Services Providers' Links'. Financial Conduct Authority(FCA). 8 August 2019. (Viewed 04/11/2019) https://www.fca.org.uk/firms/fca-mandated-and-voluntaryinformation-current-account-services

7. Peachy, Kevin. 'Bank Customers Hit by Dozens of IT Shutdowns'. BBC.co.uk. 28 February 2019. (Viewed 10/10/2019) https://www.bbc.co.uk/news/business-47280513

8. https://www.ukfinance.org.uk/about-us

9. Flinder, Karl. 'Treasury Committee Launches Inquiry Into Bank IT Failures'. ComputerWeekly.com.27 November 2018. https://www.computerweekly.com/news/252453246/Treasury-Committee-launches-inquiry-into-bank-IT-failures

10. Culp, Steve; Thompson, Chris. 'The Convergence of Operational Risk and Cyber Security' Accenture. 2016. https://www.accenture.com/t20170803T055319Z__w__/us-en/_acnmedia/ PDF-7/Accenture-Cyber-Risk-Convergence-Of-Operational-Risk-And-Cyber-Security.pdf

11. 'New Cyber Attack Categorisation System to Improve UK Response to Incidents' National Cyber Security Centre. 11 April 2018. (Viewed 10/10/2019) https://www.ncsc.gov.uk/news/new-cyber-attack-categorisation-system-improve-uk-response-incidents

12. 'Consultative Document on Operational Risk,' Basel Committee on Banking Supervision. January 2001. https://www.bis.org/publ/bcbsca07.pdf

13. 'Three Lines of Defense in Effective Risk Management and Control'. Institute of Internal Auditors. 2013. https://na.theiia.org/standards-guidance/Public%20

Documents/PP%20 The%20Three%20Lines%20of%20Defense%20in%20 Effective%20Risk%20Management%20 and%20Control.pdf

14. Shillito, Douglas. 'Europ Assistance Cyber Barometer Explores Consumer Sentiment on Cyber Security Across Nine Countries'. OnlyStrategic.com. 17 February 2019. (Viewed 10/10/2019) http://www.onlystrategic.com/Articles/featured/id/85265/ key/81a6299b8ddf8 9688fa6cad20b332352/user/1000

15. 'The Hiscox Cyber Readiness Report 2019' https://www.hiscox.co.uk/cyberreadiness

16. Shillito, Douglas. 'Global Cyber Alliance and Mastercard launch cybersecurity toolkit for SMEs'. OnlyStrategic.com. 26 February 2019. (Viewed 10/10/2019) http://www. onlystrategic.com/Articles/featured?id=85353&article=85353&key=10d53b9bef79610 41925f2843a94 212b&category=1

17. 'Quarterly InsurTech Briefing Q4 2018' Willis Towers Watson. 25 February 2019. (Viewed 4/11/2019) https://www.willistowerswatson.com/en/insights/2019/02/ quarterly-insurtechbriefing-q4-2018

18. O'Neill, Patrick Howard. 'Not Petya cost Merck $310 Million'. Cyberscoop. 27 October 2017. https://www.cyberscoop.com/notpetya-ransomware-cost-merck-310-million/

19. Palmer, Danny. 'NotPetya Cyber Attack on TNT Express Cost FedEx $300m'. ZDNet. com. 20 September 2017. (Viewed 10/10/2019) https://www.zdnet.com/article/ notpetya-cyberattack-on-tnt-express-cost-fedex-300m/

20. Moorcraft, Bethan. 'What Is Silent Cyber Risk?' InsuranceBusiness.com. 26 November 2018. (Viewed 10/10/2019) https://www.insurancebusinessmag.com/us/ guides/what-is-silentcyber-risk-117150.aspx

21. https://axaxl.com/insurance/insurance-coverage/professional-insurance/cyber-andtechnology

22. Nadeau, Michael. 'Future Cyber Security Threats and Challenges: Are You Ready for What's Coming?' CSOonline.com. 19 September 2017. (Viewed 10/10/2019) https:// www.csoonline.com/article/3226392/future-cyber-security-threats-and-challenges-are-you-ready-for-whatscoming.html

23. Symantec Internet Security Threat Report 24 (February 2019)

24. 'Cyber Security'. Institute of Directors. Director magazine (April–May 2019), pp. 14–15

25. ncsc.gov.uk/index/guidance

26. 'Respond Effectively to a Cyber Security Breach'. Institute of Directors. Director magazine (April–May 2019), p. 48

27. 'Communicating Your Company's Mission, Objectives and Activities for Optimal

Cybersecurity'. Analecta. 15 March 2018. (Viewed 28/22/2019) http://blog.analecta-llc.com/2018/03/communicating-your-companys-mission.html

28. 'Size of the cybersecurity market worldwide, from 2017 to 2023 (in billion U.S. dollars)'. Statista. 16 October 2019. (Viewed 4/11/2019) https://www.statista.com/ statistics/595182/ worldwide-security-as-a-service-market-size/

29. 'Cyberspace Sentinels'. Institute of Directors. Director magazine (April–May 2019), pp. 17–21

30. Mejia, Niccolo 'AI-Based Fraud Detection in Banking – Current Applications and Trends'. EMERJ.com. 4 October 2019. (Last Viewed 10/10/2019) https://emerj.com/ ai-sector-overviews/artificial-intelligence-fraud-banking/?utm_term=43579&utm_ medium=artificial-intelligence-fraud-banking&utm_campaign=broadcast&utm_ source=email&utm_content=&_ke=eyJrbF9lbWFpbCI6ICJ0Ym9vYmllckBhb2wuY29 tliwg ImtsX2NvbXBhbnlfaWQiOiAiATWp4WnFnIn0%3D

31. Cook, James. 'Revolut CFO Resigns as Company Faces Questions Over Sanctions Screening'. Telegraph.co.uk. 1 March 2019. (Last Viewed 10/10/2019) https:// www.telegraph.co.uk/technology/2019/02/28/revolut-cfo-resigns-company-faces-compliance-questions/

32. 'Facebook–Cambridge Analytica data scandal'. WikiZero.com. (Viewed 09/10/2019) https:// www.wikizero.com/en/Cambridge_Analytica_scandal

33. Brewster, Thomas. 'Alphabet's Chronical Startup Finally Launches: It's Like Google Photos for Cybersecurity'. Forbes. 4 March 2019. (Viewed 10/10/2019) https://www. forbes.com/sites/thomasbrewster/2019/03/04/alphabets-chronicle-startup-finally-launchesits-likegoogle-photos-for-cybersecurity/?utm_source

34. https://www.techopedia.com/definition/342/authentication

35. https://en.wikipedia.org/wiki/Computer_virus

36. Barwise, Mike. 'What is an Internet Worm?' BBC.co.uk. 9 September 2010. (Viewed 10/10/2019) http://www.bbc.co.uk/webwise/guides/internet-worms

37. 'What is a Trojan Virus?' Kaspersky.co.uk. (Viewed 10/10/2019) https://www. kaspersky. co.uk/resource-center/threats/trojans

38. Feldman, Barbara. 'What is Phishing' Surfnetkids.com. 16 November 2010. (Last Viewed 10/10/2019) https://www.surfnetkids.com/resources/what-is-phishing/

39. Layton, Julia. 'What Is This Click Fraud That Is Costing Google Billions?' HowStuffWorks. com. (Viewed 10/10/2019) https://computer.howstuffworks.com/ click-fraud.htm

40. https://searchsecurity.techtarget.com/definition/botnet

41. https://searchsecurity.techtarget.com/definition/cryptography

42. https://en.wikipedia.org/wiki/Intrusion_detection_system

43. Graceful, Holly. 'UK Cyber Crime Law'. GracefulSecurity.com. 15 June 2016. (viewed 10/10/2019) https://www.gracefulsecurity.com/uk-cyber-crime-law/

44. Quora.com. (Viewed 28/11/2019) https://www.quora.com/What-are-the-current-cyber crime-laws-in-the-United-States-What-are-some-references-to-to-the-relevant-codes

45. 'People's Republic of China' CybercrimeLaw.net. https://www.cybercrimelaw.net/ China.html

46. Jain, Abhishek. 'Meaning of Cyber Law and Importance of Cyber Law'. Expert-Cyberlawyer.com. (Viewed 10/10/2019) https://expertcyberlawyer.com/meaning-of-cyber-law-andimportance-of-cyber-law/

47. Garg, Priyan. 'Precedents As a Source of Law'. Academike. 7 May 2015. (Viewed 10/10/2019) https://www.lawctopus.com/academike/precedents-as-a-source-of-law

第 12 章

结　语

　　所有以序言开始的书籍——尽管在本书中，序言是直截了当地问什么是货币和银行业——都应该有一个恰当的结语。虽然本书已经接近尾声，但人工智能的故事才刚刚开始，不仅是对银行业而言，而是对所有行业而言。

　　要探讨银行业的未来和人工智能，我们就需要探讨货币的未来。我们认识到，它当前存在的性质不是瞬间产生的，而是通过进化出现的。尼尔·弗格森（Niall Fergusson）在《金钱的崛起》一书中，提到了"金钱的下降"，好像它进入了某种形式的螺旋下降通道。我想指出的方向不是"向下"，而是它只是在应对变化多端的变化环境。这种变化环境不仅包括人工智能，还包括区块链、开放式银行和其他任何被证明是"下一件大事"的东西。

　　弗格森还表示货币系统存在固有的不稳定性，部分原因在于我们人类自己的行为，这种行为正日益发生变化以适应数字时代，但人类本身是有"硬件缺陷"的。似乎更明显的是，"我们"作为人类可能是未来金融进程中"最薄弱的一环"。

　　从进化论的角度看，那些最终被证明是"不适宜"的组织，如雷曼兄弟（Lehman Brothers）等美国一些主要投行，根本无法存在或已被迫转型为新的组织。但重要的是要区分查尔斯·达尔文的自然选择过程和监管体系人为变化的影响。达尔文的方法暗示了一种随机性；另外，监管是对市场压力和挑战的人为系统的反应，旨在保护最终用户。

　　货币已经进化了几千年，但是人工智能是一个年轻得多的东西。即使数学分析和算法研究的概念已经存在了两个世纪之久，它真正被纳入考量才不到 100 年。谁将成为领导者，谁将成为跟随者？货币的原理和演变将在多大程度上影响人工智能的发展？两者现在不可能完全孤立地存在。毕竟，如今除了"数据",什么才是真正的金钱?除了高度智能地使用所有形式和多次迭代的数据,人工智能最终还有什么呢?

两者都是受严格监管的行业,但在不同领域中运作。当前,银行系统监管机构与数据监管机构之间的交集非常有限,但是融合似乎是不可避免的。这两个行业都有自己的一套规则。在数字环境中,"数据规则"可能不一定要优先于"银行规则",但两者必定会受到彼此的严重影响。这似乎不是一个公平的竞争环境。银行越来越表现得像科技公司一样,但科技公司或许只是将银行业视为同其他行业一样的一种市场化选择。

未来银行最终将包括技术和金融能力的融合,这不仅会影响其运作方式,还会影响其角色和职责。银行业正处于转型期,一切都会受到影响。这不仅仅是曾被认为永远不会被取代的角色和职业的消失,而是两者都将"重塑自己"成为新的、分析驱动的、注入人工智能的新旧融合体。

我们都知道,银行和金钱永远不会"消亡",而是会随着时代的变化而变化。在本书的开始部分就讨论了"银行业4.0",这一表达在我们现在称为第四次工业革命,但是"银行业5.0"会出现在接下来的某一天。下一轮革命是什么,它将如何影响整体环境?

人工智能可能会越来越重视环境,而不是当前这样重视经济或商业应用程序。毕竟,环境问题是当务之急。已经出现了新的术语,比如"环境会计"。"银行业5.0"很可能与环境时代以及"货币的环境价值"有关。

几乎没有人否认,因为有了人工智能,我们所知道的银行业的每个要素都将发生变化。货币的概念将继续以某种形式存在,但可能会变得越来越数字化。现在,人工智能精灵已经完全脱颖而出,并肩负着专注于数据和数字化的使命,谁真的知道这趟旅程将带我们去何方呢?

在银行业中,所有这些变化是否值得担心?这完全取决于你是客户、员工、经理,还是领导者,因为每个人都会以各自特定的方式受到影响。我的猜测是,客户可能会受益最大,其次是银行股东,然后是科技公司,处于"中间"的员工将会遇到困难,因为他们传统的职业发展道路将受到影响。人力资源部门将尤其需要重新审视自身,以及认真审视个人绩效管理和个人年度目标的整体概念。新时代将带来新的就业挑战。

在人工智能注入的技术竞争环境中，对银行业来说重要的是其品牌及其与我们世界观的关系。就扩展品牌的范围而言，银行会被用来帮助管理我们生活的各个方面。它们已经发挥了很大的作用，但可能会发挥更大的作用，在我们的健康和教育方面、就业安排方面、老年保障方面以及如何生活、如何旅行、如何享受我们生活的方面。所有这些最终都会被人工智能连接起来并且拥有无限可能。

就像球迷成为终身支持者一样，也许我们可能仍然"终身"是同一家银行的客户。对于那些获得最佳和最适当支持的人来说，开放式银行将没有吸引力。毕竟，对未知的恐惧一直是人类本性的一部分。

将来货币和银行最终将变成什么样子？老实说，很难准确下定论，但是两者都会以某种方式变得不同，而当这种情况发生时，历史学家将认识到人工智能是促成这一变化的主要催化剂。一件事是肯定的：两者仍将以某种形式存在。希腊哲学家欧里庇得斯（Euripides，公元前485—前406）指出"金钱是智者的宗教"。幸运的是，目前仍然有足够多的智者需要这种特殊的宗教信仰，至少在被机器人取代之前。

银行金融科技

本附录列出了一些目前正在产生影响的金融科技公司（在撰写本书时），以便说明这一特定行业所发生的创新。

2018 年，研究顾问 CB 洞察发布了一张金融科技领域的热图，提供了很有用的见解。位于伦敦加那利港的金融技术类公司孵化器和来自亚洲及其他地区的初创公司也都加到了名单中。

各金融科技公司的名称和简介主要来自公司官网或点评网站，名单并不代表我的推荐，仅用以说明该行业正在发生的事情。当然这份名单还远远不够完整。

"标语"要么取自公司自己的网站，要么是我根据公司的在线营销内容做的总结。必须意识到这些都会在当今时代发生变化。

表中对各个公司进行了分类，这是我根据它们主要从事的领域进行的分类，在许多情况下它们也在多个其他领域开展业务。强烈建议读者直接查询这些业务及其范围。

信用评分／直接贷款

专注于信用评分和直接贷款的金融科技公司示例见表 1。

表 1　专注于信用评分和直接贷款的金融科技公司示例

公 司 名 称	标　　语	产 品 说 明
Affirm	"对……说是"	为人们提供小额即时贷款，可用于购买高达17 500美元的商品。在零售商结账或在线应用程序中提供支付选项。有一个信用检查，但没有最低信用分要求或最低信用记录。Affirm公司为信用记录不足而无法获得普通贷款的客户提供融资。与信用卡公司相比，通常会提供更优惠的利率
Avant	"超过60万人通过'Avant'体验了个人贷款的便利性"	针对信用评分较低的希望整理债务或满足其紧急短期支出的客户。无担保个人贷款需要信用审查，并在一小时内获得批准
Zest Finance	"我们努力向所有人提供公平和透明的信用"	具有端到端可解释性的机器学习信用和自动化风险建模解决方案。提高批准率并加快了速度
Applied Data Finance	"给银行存款不足的客户提供他们应得的信用额度"	消费者金融平台，旨在提供贷款。该公司的平台通过使用技术、高级数据分析和机器学习来评估信用风险，从而为次级借款人提供贷款和信用便利
Habito	总部设在英国的免费在线抵押贷款经纪商，用于新抵押或再抵押	分析英国市场上90多家银行的每笔抵押贷款，以"在几秒钟内"为用户找到最佳的抵押贷款
Cream Finance	"我们可以赚钱"	声称"通过使用最先进和最具代表性的评分技术，使消费者快速享受金融服务"。利用先进的算法和机器学习功能来快速评估和评价客户适用性，从而最大程度地减少消费者工作量并最大限度地加强了风险管理
Aire	"不作假设，调查一切"	通过深度财务分析、数据引用和"交互式虚拟访谈"为贷款决策提供信息，以预测那些没有较多信用记录人士的未来行为方式
Float	"为您的业务提供简便的融资"	一种瑞典的在线贷款模型，它取代了保理业务，是一种基于专有实时信贷模型去支付短期贷款的方法
Naborly	"可以信任的房客筛选"	使用人工智能帮助房东自动安全地验证房客的身份、收入和工作，同时免费提供完整的信用报告和犯罪背景调查

续表

公司名称	标　语	产品说明
Credit Vidya	"您的生意是贷款。我们帮助您决定贷给谁"	2018年，一家总部位于印度的B2B公司荣获《金融快报》"最佳银行奖"。其"CVSCORE"产品为信用风险评估提供了"新标准"。增加了15%的申请人获批贷款却有更低的违约率。"Incomex"是一种收入预测工具。"Eve"减少了就业欺诈，即人们被引诱到虚假公司工作
James	"信用风险人工智能"	一站式基于人工智能的信用风险管理机构，具有最先进的算法，拥有允许用户创建、验证、部署和监控的高性能预测模型。获2016年欧洲金融科技创业奖20/20
Veripark	"使企业成为数字领导者"	Veripark 是一家为金融机构提供多渠道交付、金融CRM 和贷款解决方案的全球提供商
WeCash	"我们通过技术改变了30亿人的消费金融体验"	总部位于北京的金融科技公司，业务遍及中国、印度、越南、印度尼西亚和巴西。在零售客户层面，消费者可以检查其信用评分并获得新贷款，在机构层面，用户可以建立有收益的贷款组合。公司连续三年获得"全球金融科技50强"奖。毕马威和脸书在2018年将其评选为中国最有价值的50个品牌之一
Bantu	"连接更多，成就更多"	"专为人们打造的另类数字银行"，它将人们与财务目标以及感兴趣的产品和服务连接在一起
Evergreen	"200英镑至1 500英镑的直接贷款人"	借助先进的FICO技术和分析经验，自动作出贷款决定。也以MoneyBoat.co.uk交易

个人金融助理

专注于个人金融助理的金融科技公司示例见表 2。

表 2　专注于个人金融助理的金融科技公司示例

公司名称	标　语	产品说明
Bambu	"所有人的机器人"	一家总部位于新加坡的机器人解决方案提供商，为金融和消费品牌提供整合，并从财富管理的数字化转型中受益
Revolut	"一个更好的账户"	通过使用"个人资金云"为客户提供了"在其他地方找不到的价值"，从而颠覆了金融业。它允许客户以银行间利率兑换货币，通过社交网络发送货币以及使用任何地方都接受的多币种卡进行消费

续表

公司名称	标　语	产品说明
Yomoni	"储蓄管理高效、简单、透明"	法国首个在线私人银行,旨在为所有人提供财富管理。该公司旨在让所有法国散户投资者受益于顶尖的投资组合管理服务,并为其长期储蓄提供更多选择
Digit	"省钱,省心"	使用账户余额、预期收入、未来账单和近期支出数据的算法来分析客户支出,以了解其正在支出的金额。"每天自动节省最理想的金额,让您更省心。"
Money-Lion	"借款、储蓄、投资"	流行的财务助理应用程序,在苹果商店和谷歌Play商店上排名前列,它使用人工智能、数据分析和社交媒体来作出消费者贷款决策。其还提供其他服务,如"免费信用报告和预算提示,以及通过应用程序直接进行投资。"
Personet-ics	"个人化数字银行"	被描述为"基于人工智能的大规模数字服务,提供有关客户财务的见解(NOMI见解)和全自动储蓄解决方案(NOMI查找和保存)"。Personetics主要是B2B工具,它使用一系列"开箱即用"方案帮助银行"提高参与度、满意度和响应度,从而实现快速实施。"
Kasisto	"成为那个银行……"	使公司能够通过智能对话(通常是聊天机器人和虚拟助手)与客户"互动和交易"。在传统人工智能平台的扩展中,KAI被描述为"下一代"银行业务功能: ■ 通过消除和限制客户查询来减少客户服务成本 ■ 通过情景报价增加产品和服务的销售 ■ 提高客户的财务素养 ■ 通过突出未实现的功能和对消费者的益处来提高品牌忠诚度
Trim	"减少互联网、有线电视和电话费"	也称为"Trim Saver"或"AskTrim",它不是一个应用程序,而是通过脸书信息工作的财务经理。该系统提供免费的聊天机器人服务,该服务声称可以通过分析银行和信用卡账户中的省钱机会来为客户省钱。通过取消订阅,消除银行费用和激活针对特定信用卡的购物券
Clarity Money	"您的金钱冠军"	在2018年被高盛收购,是移动用户的财务工具,可帮助他们掌握财务状况。谷歌Play商店将该解决方案评为"2017年度最佳解决方案之一",而苹果于2017年将该解决方案评为"我们喜爱的新应用"之一。)前公司所有者亚当·戴尔(戴尔电脑所有者的兄弟迈克尔)说:"Clarity Money将算法与咨询委员会的学术投入相结合,为消费者提供更好的财务选择。"

公司名称	标 语	产品说明
Cleo	"您的财务智能助手"	总部位于伦敦的金融科技公司,提供了一个由人工智能驱动的聊天机器人,可以代替客户的银行应用程序。根据对该公司的评论、脸书信息,聊天机器人提供了对多个账户和信用卡的支出洞察,按交易、类别或商家细分。此外,Cleo允许用户根据已获取的财务数据采取多种措施,例如为不时之需或特定目标留出资金,向其脸书信息联系人汇款,向慈善机构捐款,设置支出提醒等
Homebot	"通过Home-bot帮助客户积累财富,从而为房地产经纪人和信贷员推动回头客和转介业务"	这是一个可定制的机器人,可充当家庭的个人资产管理顾问,跟踪价值、再融资机会,甚至计算客户通过出租可以赚取多少收入
Active.AI	"制作智能微会话"	这是一家总部位于新加坡的金融科技初创公司,使用人工智能提供会话银行服务,将自己定位在聊天机器人(如Siri或Skype)和支付API行业中。使用"主动人工智能"技术使银行和其他金融机构能够通过人工智能在移动、聊天或启用语音的物联网设备上直观、智能地吸引客户

监管 / 欺诈检测

专注于监管 / 欺诈检测的金融科技公司示例见表 3。

表 3 专注于监管 / 欺诈检测的金融科技公司示例

公司名称	标 语	产品说明
Trifacta	"成千上万的公司与Trifacta有商业往来"	该公司声称,全球10 000家公司的100 000多名数据清理人员正在云端、线下终端或云端与线下终端混合的环境中使用其解决方案来支持各种分析和运营。 (数据清理,是当数据从一种"原始"形式转换和映射为另一种格式,目的是使其更合适和更有价值,其用于各种下游目的)
Paxata	"只需稍作准备就可以加快得到答案的速度"	企业级自助数据准备应用程序,可为分析软件(尤其是业务分析师)准备好数据。被公认为"Forrester Wave"中的领导者之一,该公司在三个方面对竞争对手进行基准测试:战略、产品实力和市场占有率

续表

公司名称	标　语	产品说明
Data Robot	"通过自动化机器学习成为人工智能驱动的企业"	被称为第一代机器学习公司，该公司声称其"Auto ML"用人工智能使每个步骤自动化。结合准则和最佳实践，以确保结果一致和准确。Gartner根据其执行力和视觉完整性能力，将DataRobot列入其2019年魔力象限中，成为面向数据科学和机器学习平台的"有远见者"
Sift Science	"数字信任与安全"	专注于欺诈管理，声称每月处理350亿个事件，提供实时报告、欺诈趋势识别以及欺诈分析人员自动执行和定制决策引擎的能力。Sift声称可以访问超过34 000个站点，并使用16 000个"独特的欺诈信号"，将欺诈率降低80%
Onfido	"以极限速度进行身份验证"	专注于身份欺诈识别，使用户可以通过文档和面部生物特征识别相结合的方式进行自我验证。该公司表示："我们基于人工智能的技术会评估用户的身份是真实的还是虚假的，然后将其与他们的面部生物特征进行比较。"
Feedzai	"打击金融犯罪的人工智能平台"	通过使用人工智能和机器学习，针对欺诈和反洗钱的风险管理提供解决方案。声称"保护2亿人"，每天进行3 000万笔交易。具有"包括低于10毫秒的延迟和高可用性"的功能。在2019年，Feedzai宣布与DataRobot建立合作伙伴关系，以打击银行业中的金融犯罪
Socure	"真实身份验证"	专注于身份欺诈识别和身份验证，声称有20%以上的"自动批准率"，识别出风险最大的2%申请人中的80%
Bigstream	"将安全分析程序的速度提高30倍"	提供与平台和硬件相关的软件，使用"超加速技术"专注于多种使用场景，包括安全性检测、预测分析、欺诈预防和深度学习等场景
Behavio Sec	"持续验证身份，不影响用户数字体验"	该供应商的生物行为识别技术旨在减少账户欺诈和数据盗窃。该解决方案可为银行、金融科技公司、零售商和云服务提供商提供持续的身份验证保护，以防止账户劫持和盗窃密码及其他凭证的欺诈
Comply Advantage	"下一代AML筛选和监控技术"（反洗钱）	风险管理解决方案侧重于新客户、付款筛查和交易监控，并与全球黑名单数据库链接。每天分析500万个项目
Corticol.io	"致力于将自然语言理解提升到新的高度"	专注于机器学习的"文本分析"和自然语言理解解决方案。功能包括情绪分析、自动摘要、语义搜索和会话系统，这些系统可自动从任何类型的文本数据中提取和分析关键信息
Fraugster	"欢迎来到无欺诈世界"	总部位于柏林，利用人工智能的自学习算法模拟人类分析师的思维过程并结合机器的可扩展性，从多个来源获取数据，在短短几秒钟内对数据进行分析和交叉核对，以确定交易是欺诈还是真实的，从而防止在线零售商的欺诈行为

续表

公司名称	标　语	产品说明
Jewel Paymentech	"每笔交易中的智能"	该公司总部位于新加坡，专注于平台支付领域，"帮助银行和支付服务商进行商户尽职调查，并使用预测分析管理交易欺诈风险"。还提供自动解决方案，以识别非法和假冒商品，作为其KYC（了解客户）流程的一部分
Tessian（以前称为"Check Recipient"）	"电子邮件的人为安全性"	提供机器学习等功能，用于分析实时和历史电子邮件数据，以便了解人际关系和通信的背景，并自动保护企业免受网络钓鱼、误发电子邮件、未经授权的电子邮件和人为执行的其他威胁。在2017年欧洲信息安全展上被评为英国最具创新性的网络安全公司
Fortia	"保护您的公司免受欺诈和违规风险影响的智能技术"	公司帮助进行金融机构数字化和自动化运营及监管流程，使用人工智能算法管理投资合规性，并遵守有关投资组合和基金管理的监管和法定义务（即 UCITS、AIFM）。此外，还提供存托银行业务

通用 / 预测分析

专注于通用 / 预测分析的金融科技公司示例见表 4。

表 4　专注于通用 / 预测分析的金融科技公司示例

公司名称	标　语	产品说明
Analytics Intelligence	"满足数据"	这是一家数据分析和人工智能公司。人工智能平台为企业客户提供了一个数字助手，用于协助在整个组织内检索、分析和分发洞察。人工智能助手使用自然语言处理，可以通过电子邮件、聊天和创建报告进行交流
Aubay	"创新之路"	这是一家数字服务公司（DSC），可支持包括工业、研发、电信和基础设施在内的所有部门的信息系统转型和现代化。特别侧重于大型银行和保险公司，它们占法国同类市场营业额的80%以上和欧洲营业额的65%
Redcloud	"加入互联市场"	相信消除实物现金可以解决全球整个金融供应链所面临的许多问题。他们的技术提供了一个开放的架构和移动技术平台，"为向任何人、任何地方、任何设备上（包括新兴经济体）分发服务提供了解决方案。"
Alto Stack	"您的业务与云无关：但与我们有关"	这是一家专门从事云、DevOps和自动化的技术咨询公司。他们的"使命"是通过设计、构建和优化公共云中的基础架构，帮助组织缩短从云中获得价值的时间

续表

公司名称	标　语	产品说明
Opera	"探索浏览的新标准"	声称提供了一个安全、创新的浏览器，该浏览器具有内置广告拦截器、免费VPN、单位转换器、社交信使、节电和其他功能，已被全球数百万人使用
Work Fusion	"智能自动化，利润丰厚"	这是一家智能自动化和RPA软件公司。该公司创建和管理用于银行和金融服务、保险、医疗保健、消费品、公用事业、电信、零售和其他领域的知识机器人。其声称将人工智能、RPA和人员整合在一个直观的平台中
Aicura Solutions	"更快启动"	声称可以提供现成的解决方案、API管理和安全的环境，从而可以实现更快、更实惠、更有意义的设计、构建和测试
Ayasdi	"创建智能应用程序的领先平台"	这是一家机器智能软件公司，为希望使用大数据或高维数据集分析，以及构建预测模型的组织提供软件平台和应用程序
Kensho	"为复杂系统带来透明的技术"	该公司"在全球最关键的政府和商业机构中部署可扩展的机器学习和分析系统。"
e-Sentire	"360度可见度，24×7×365保护"	对网络安全和风险管理进行管理检测和响应。销售本地软件、云服务和专业服务解决方案，帮助企业自动化人类专业知识。受其保护的管理资产有60亿美元
H2O.ai	"每个公司都可以成为人工智能公司"	自称为"第一的开源机器学习平台"
Cognitive Scale	"增强智能软件，改变客户参与度"	行业特定的增强智能软件，用于金融服务、医疗保健和数字商业市场。产品建立在增强智能平台上，使企业能够使用人工智能和区块链技术
Anodot	"自动报警。只有在您需要警报时，您才会得到警报"	该公司声称"通过人工智能分析来发现业务盲点，持续分析客户的所有业务数据，检测重要的业务事件，并通过在多个数据源之间建立关联来确定其发生的原因"
Lucena Quantative Analytics	"我们为金融业提供有影响的定量研究"	Lucena声称"释放了预测分析和替代数据的力量来进行投资决策"。该公司"通过使用先进的机器学习技术从数据中提取可操作的信号，将大数据提供商与数据情报搜寻者联系起来"
Netchain2	"节省93.8%的发票处理成本"	据说将提供第一个人工智能、全自动发票到付款、订单到现金的平台。该公司声称通过减少人工处理，最大程度地减少欺诈和错误，提供预测性信息并优化现金流来节省业务时间和金钱

公司名称	标　语	产品说明
Zeitgold	"完成您的文书工作"	提供了一种人工智能应用程序，用于会计、工资单、发票、未结付款和汇款的解决方案
AppZen	"金融偏爱大胆的人"	为人工智能支持的支出审核提供了解决方案，其应用程序可自动管理和审核支出报表，包括欺诈检测功能

量化和资产管理

专注于量化和资产管理的金融科技公司示例见表5。

表5　专注于量化和资产管理的金融科技公司示例

公司名称	标　语	说　明
αQ	"人工智能为投资者和交易者提供最先进的工具。我们提供超额阿尔法"	这是一家技术公司，专门从事金融定量和机器学习技术的应用，特别是在投资管理、风险管理和财务法规方面。该公司在精算金融领域积累了丰富的专业知识，弥合了金融市场与保险负债之间的鸿沟。该公司还帮助投资公司研究和可视化其交易策略的风险
Sigopt	"自动优化以加速和扩大模型开发"	最大限度地提高了机器学习、深度学习和仿真模型的性能。该解决方案在算法交易（通过使用高级优化技术允许采用新策略）、金融和保险（放大机器学习对风险、欺诈、借贷和精算决策的影响）以及政府和情报部门中应用
Walnut Investment	"系统投资的新时代"	总部位于巴黎的定量投资管理公司，"将人工智能应用于绝对回报策略""将先进的机器学习技术与金融专业知识相结合，以生成可盈利的自我学习交易系统"
Fount	"投资和放松"	韩国机器人顾问初创公司，提供基于算法的自动化投资组合管理服务。该公司声称，其自动交易顾问引擎通过将金融工程技术与资产分配理论相结合来计算资产的最佳组合，然后监视全球金融市场，并根据市场变化通过"动态再平衡"来分配资产。由人工智能驱动的个人养老金服务，使投资者可以通过机器人顾问平台构建和管理其养老金投资组合

续表

公司名称	标 语	说 明
Domeyard	"未来的对冲基金"	波士顿的一家对冲基金、商品交易顾问和商品池运营商。利用高性能计算和数据分析的先进技术，可以在包括股票、期货、固定收益、能源和大宗商品在内的多种资产中实施交易算法
Forward Lane	"用好你的时间。时间对我们每个人都是公平的。如何使用时间造成了我们最大的不同。"	这是一家人工智能金融科技公司，为财富管理公司、资产管理公司和商业银行提供人工智能、API平台。他们的解决方案以独特的推理为金融服务专业人士及其客户提供个性化的见解。"客户优先级"确定了与哪些客户互动以及为什么与之互动，而"专家对话"则通过直观的自然语言对话界面为研究分析师问答提供了支持
TruMid	"为信贷专业人员带来交易效率和市场智能"	金融科技公司通过数据、技术和直观设计的产品为信贷交易带来效率
Algoriz	"自动股票和加密交易。以英语输入，以秒为单位的交易"	基于人工智能的交易平台。用户只需以英语输入策略即可构建交易算法。还可以建立、回测和自动化股票与加密货币的交易策略
Binatix	"将专有的基于生物学的人工智能算法应用于大规模数据分析"	提供了强大的、受大脑启发的模式识别和机器智能技术

市场研究 / 情感分析

专注于市场研究 / 情绪分析的金融科技公司示例见表 6。

表 6　专注于市场研究 / 情绪分析的金融科技公司示例。

公司名称	标 语	说 明
Dataminr	"先知道，更快反应"	被CNBC认为是全球50家最具颠覆性的私人技术公司之一。提供不断更新的推文提要，其中包含突发新闻，使新闻制作者可以快速、准确地进行报道
Alphasense	"您的大脑，我们的人工智能"	通过专门的搜索引擎为金融服务专业人士提供人工智能驱动的业务见解。它可以提供"主要文件、收入报告、会议记录和投资者关系介绍"的搜索
Heckyl	"面向投资者、交易员和研究人员的分析平台"	提供实时的财务信息、新闻分析以及市场、公司和企业的热图

续表

公司名称	标　语	说　明
Digital Reasoning	"从您的通信数据中可以学到很多东西。您想知道什么？"	纳斯达克、高盛、瑞银等公司以及追踪恐怖分子和1 000个参与打击人口贩运的执法机构使用的自然语言通信监控技术。Synthesys系统把"人、地点和事物、术语、别称等词语的语义连接起来，甚至包含单词关系如何随着时间而变化"
Descartes Labs	"数据精炼厂，旨在了解我们的星球"	深度学习图像分析公司，专门研究深度学习和其他高级机器学习算法，对互联网上发现的静止图像进行分类与开发，因此它们可以应用于来自地球上各种传感器的视觉数据，如卫星、无人机等
Orbital Insight	"随时随地将数据转化为洞察"	一家地理空间大数据公司。该公司提供卫星图像的分析应用。对冲基金、资金管理公司和其他机构投资者可以与其合作，探寻新的投资机会和用数据驱动来管理投资组合
Acuity Trading	"我们使用数据和可视化技术来讲述市场的故事"	为银行和经纪商提供新闻情绪数据、内容和可视化工具，讲述推动交易活动的金融市场故事

收债

专注于债务追收的金融科技公司示例见表7。

表7　专注于债务追收的金融科技公司示例

公司名称	标　语	说　明
True Accord	"重新构想收债"	数据驱动的收债平台，其最终用户（消费者）的目标是实现"财务健康"。解决方案还着重于最终用户体验以及合规性
Collect-AI	"应收款、重新定义、数字化"	德国最大的电子商务零售商子公司，提供针对企业古老问题的现代化解决方案，即如何在不疏远债务人的情况下从债务人那里收回资金。使用智能系统使提醒系统自动化，使用数字方法来提高效率并降低成本，同时要注意以下几点： ■ 渠道：如何最好地"追逐"未偿债务 ■ 语气音调：如何运用语气音调最好地表达意图 ■ 时机：在最佳时间提醒债务人，会给出不同程度的反应

保险科技

专注于保险科技的金融科技公司示例见表8。

表 8　专注于保险科技的金融科技公司示例

公司名称	标　　语	说　　明
Lemonade	"忘记你所知道的关于保险的一切知识"	为租户和房屋保险提供技术支持和社会公益服务。零文书工作，"通过用机器人和机器学习代替经纪人和官僚机构来即时实现一切"
Metromile	"少开车，在汽车保险上节省更多钱"	一家位于旧金山的汽车保险初创公司，提供按里程收费的保险和驾驶应用程序
Square Trade	"发生事故时，我们的使命是再次变好"	一家位于美国的面向消费电子和电器的延长保修服务提供商。iPhone、智能手机、电视、平板电脑、笔记本电脑和电器设备的保护和保修服务主要提供商
NDGIT	"排名第一的银行和保险业API平台"	代表下一代数字银行。该公司为银行和保险业提供了可靠的API平台。通过将银行和金融科技数字生态系统联系起来，其技术通过开放银行API和PSD2解决方案向数字合作伙伴开放

区块链

专注于区块链的金融科技公司示例见表 9。

表 9　专注于区块链的金融科技公司示例

公司名称	标　　语	说　　明
BitGo	"我们相信数字资产将驱动全球经济发展"	声称通过提供最安全、最合规的托管和流动性解决方案，消除风险并提高数字资产市场的透明度
Alliance Block	"多合一投资生态系统"	一个由分散的人工智能驱动的投资生态系统，由社区驱动且完全透明。他们声称正在建立"未来投资银行"。他们致力于利用最先进的技术，将投资银行的所有部门整合到一个统一的平台中，并为中小型企业提供廉价、快速和明智的股权和债务融资渠道
BABB	"我们的目标是成为微经济的世界银行"	正在构建旨在增强全球微观经济能力的可访问、安全、便捷和具有成本效益的点对点移动银行服务。BABB应用程序及其配对功能可帮助用户在社交互动中交换商品、服务和其他价值。他们声称，"更多的是互动而非金钱"

投资

专注于投资的金融科技公司示例见表 10。

表 10 专注于投资的金融科技公司示例

公司名称	标 语	说 明
Acorns	"投资您的零钱"	专门从事小额投资和机器人投资的美国金融技术和服务公司
Wealthfront	"满足您的金融副驾驶"	该公司声称，"我们的多合一解决方案可为您提供所需的财务专业知识，而且随身携带。没有电子表格，没有烦人的销售电话，不需要专业判断力"。Wealthfront提供了优化客户财务的解决方案，"一切都无须您与任何人交谈"
SigFig	"简单易用，为每个人投资"	使用设计、数据科学和技术相结合，投资者可获得负担得起的高质量投资建议。他们的主张是建立一个智能、节税、多样化的投资组合，成本仅为传统顾问的一小部分
Wisealpha	"一个从根本上更好的赚钱方式"	FCA授权公司，旨在成为全球第一个借贷市场，为普通投资者提供维珍、AA和比萨快车等公司的高级有担保高收益投资机会

加密货币

专注于加密货币的金融科技公司示例见表 11。

表 11 专注于加密货币的金融科技公司示例

公司名称	标 语	说 明
Coinbase	"最简单地购买、出售和管理您的加密货币投资组合的地方"	总部设在加利福尼亚，他们在大约32个国家/地区代理比特币、以太坊和莱特币的交易，并管理全球190个国家/地区的比特币交易和存储
BCB Group	"主要数字资产合作伙伴"	加密货币主要经纪商，专为满足机构客户的需求而设计。这些客户需要OTC（场外）最佳执行方式，并且希望向自己的客户提供加密货币产品和服务
BitX	"加密转账"	在线交易所，通过简单的银行转账购买加密货币。公司为客户提供优惠的利率和良好的反馈，不断监控金融领域的所有趋势并对微小的变化作出反应
Nebeus	"低风险，值得信赖的托管人，比银行系统的利息要好得多"	提供全方位服务的金融服务平台，使客户能够购买、出售、存储、借出和借入加密货币

公司名称	标　语	说　　明
Xapo	"始终与您同在"	成立是为了解决比特币面临的两个最大问题,即可访问性和安全性。在不到4年的时间里,Xapo声称已成为加密货币的最大托管人,为其成员托管了超过100亿美元的加密货币。当前,它正扩展到比特币之外,以创建一个强大的银行替代方案,在客户财务生活的各个方面提供相同级别的可访问性和安全性

安全

专注于安全性的金融科技公司示例见表 12。

表 12　专注于安全性的金融科技公司示例

公司名称	标　语	说　　明
Druva	"云时代的数据保护"	除了基础架构和平台提供的功能,Druva还在软件层提供了云的合规性
Gemalto	"使组织能够为数十亿人提供可信赖的数字服务"	国际数字安全公司,提供软件应用程序、安全的个人设备(例如智能卡和令牌)以及托管服务。它是全球最大的SIM卡制造商。金雅拓现已加入泰雷兹集团
One Login	"适合您的员工,适合您的客户,适合您的应用"	基于云的身份和访问管理提供商,用于设计、开发和销售统一的访问管理系统。身份和访问管理平台安全地连接人员和技术,声称其范围包括"每个用户、每个应用程序、每台设备"
All Clear ID	"让我安心。为您和您的家人进行身份修复和监控"	保护员工和客户的安全提供商,帮助企业为数据泄露事件作准备,作出响应并从中恢复,包括成功管理历史上四个最大、最复杂泄露响应事件中的三个。屡获殊荣的All Clear ID团队以其专业知识、客户服务和创新解决方案而闻名
Authlete	"您的OAuth/OIDC服务器。使用Authlete实现更简单但更安全的体验"	专用解决方案,开发人可以节省数周或数月实施和维护授权功能。通过依靠Authlete提供关键安全功能,开发人员可以专注于构建更强大的应用程序并快速将它们推向市场

融资

专注于融资的金融科技公司示例见表 13。

表 13　专注于融资的金融科技公司示例

公 司 名 称	标　　语	说　　明
Kiva	"梦想是普遍的，机会不是普遍的。低至25美元的贷款即可为世界各地的组织创造机会"	组织允许人们通过互联网向80多个国家/地区的低收入企业家和学生提供贷款。Kiva的使命是"扩大财务渠道，以帮助服务不足的社区茁壮成长"
Prosper	"你好，金融繁荣"	P2P贷款中介。自2005年以来，Prosper声称已为95万多人提供了超过150亿美元的贷款
Upstart	"您的信用评分不止于此。在Upstart，您的教育和经验将帮助您获得应得的贷款"	一个在线借贷市场，它使用非传统变量（例如教育和就业）提供个人贷款，以预测信用度

支付

专注于支付的金融科技公司示例见表 14。

表 14　专注于支付的金融科技公司示例

公 司 名 称	标　　语	说　　明
蚂蚁金服（Ant Financial）	"为世界带来平等机会"	蚂蚁金服集团（前称支付宝）是中国阿里巴巴集团的子公司。蚂蚁金服是全球市值最高的金融科技公司，也是全球市值最高的独角兽公司，估值为1 500亿美元。该集团拥有广泛的功能，包括移动钱包、信用支付、在线银行、财富管理等
Klarna	"先购物，后付款"	一家瑞典银行，提供在线金融服务，例如在线店面支付解决方案，直接支付和购买后支付。他们的主要服务是承担商店的付款要求并处理客户的付款，从而消除买卖双方的风险
Venmo	"在经批准的商家处付款并进行购物"	贝宝拥有的移动支付和数字钱包服务。账户持有人可以通过手机应用程序将资金转给其他人，发送者和接收者都必须居住在美国。这是一种付款网络或"付款方式"
Paymentology	"全球领先银行的发卡服务"	该公司提供了一系列的发卡方支付处理解决方案，这些解决方案来自咨询、托管、授权和结算处理服务，或者来自白标产品和模块
i-Axept	"一键式电子商务"	一键式或非接触式电子商务公司可帮助商家最大程度地减少最后一分钟的"跑单"，并通过安全的支付解决方案获得更多的高利润交易

公司名称	标语	说明
Bankable	"我们是创新支付解决方案的全球架构师，赋能银行服务"	全球创新支付解决方案的架构师可赋能银行服务。虚拟账户管理平台是白标平台（是指那些可以提供业务但使用运营商品牌的平台提供商）或通过API提供，使任何人都可以部署支付解决方案，包括虚拟账户服务、电子账本、虚拟和塑料卡计划以及电子钱包和轻型银行解决方案
Flocash	"通过拓展新市场来发展您的业务"	针对商家、消费者和金融机构的在线和移动支付处理服务。非洲最大的支付网络，已与覆盖非洲35个国家的金融机构建立了直接联系，并可以覆盖这些地区的1亿名账户持有者
Card Alpha	"小型企业综合销售和支付解决方案"	正在开发中的金融科技平台（2019年），旨在解决业务挑战，如信用卡支付、将业务资金安全地存放在数字账户、通过电子转账和面向中小企业的业务借记卡进行支付

亚洲初创公司

亚洲金融科技公司示例见表 15。

表 15 亚洲金融科技公司示例

公司名称	标语	说明
Tiger Brokers	"我们是一家著名的在线经纪商，提供卓越的投资经验"	该金融科技公司致力于为股票投资者的最大利益服务，并成为全球投资组合的门户。2017年，由CB洞察授予其"2017金融科技250"称号，并连续两年被毕马威中国提名为"中国领先的金融科技50强"
Quantifeed	"设计您的投资经验"	总部位于中国香港的B2B金融科技公司，为金融机构及其客户提供数字投资解决方案。该平台允许用户浏览、定制、投资和管理股票、债券、基金和其他资产类别的投资组合
FinFabrik	"为所有人的金融"	该公司将资产所有者和投资者联系起来，使任何人都能获得投资机会。他们利用区块链技术，通过将传统的另类、非流动性资产转换为数字资产支持证券来更新资本市场的基础设施
Privé Financial	"最前沿的财富管理和投资提供商"	位于中国香港的金融高科技公司，提供了一个在线平台，该平台提供一套全面的财富管理、资产配置和结构化产品工具。该平台通过跨全球市场在多个资产类别上自动生成和执行证券交易
Quoine	"手机上的高级加密交易"	日本比特币交易平台，为企业和消费者提供虚拟货币的兑换

续表

公 司 名 称	标　　语	说　　明
Moneyby Design	"将区块链的力量带给机构"	开发了一种解决方案，可以创建能够为经济、社会和政治活动提供资金的代币。该系统称为"智能令牌化"，它声称允许用户"创建具有扩展且有用的功能令牌，并获得货币的真正力量"。该解决方案依赖它们所描述的全新的可访问功能，这些功能直接集成在名为GeoToken的货币中，并定义为第一个增强货币
WealthNavi	"将资产管理的麻烦降至零"	使用roboadvisor管理世界级资产
Dayli Financial Group	"丰富日常生活的金融"	基于人工智能、区块链、机器人顾问和加密货币的韩国金融业解决方案
Doomoolmori	"多元化的投资解决方案"	一个机器人顾问服务，旨在实现8%的低风险目标回报率

参考文献

1. '2018 CB Insights Fintech 250 List of Fastest-Growing Fintech Startups'. Comply Advantage. com. (Viewed 29/10/2019) https://complyadvantage.com/blog/complyadvantage-named-2018-cb-insights-fintech-250-list-fastest-growing-fintech-startups/

2. 'Top Wealthtech Startups in East Asia'. Fintech News Hong Kong. 18 February 2019. (Viewed 20/10/2019) http://fintechnews.hk/8489/wealthtech/wealthtech-east-asia-chinakorea-japan/